나경원의 증언

나경원의 증언

나경원 지음

백년동안

유나와 현조, 그리고 모든 우리 아이들에게

책을 펴내며

눈을 질끈 감았다. 황막한 벌판에 홀로 남겨진 가녀린 소녀가 된 기분이었달까. 작년(2018) 돌아가신 어머니의 얼굴도 몇 차례나 뇌리를 스쳐가며 나는 한없이 작아지는 느낌이었다.

'어떻게 해야 하는가?'

'나는 이제 어디로 가야 하는가?'

수없이 되뇌고 또 되뇌는 고뇌의 시간은 그리 길게 허락되지 않았다. 원내대표실에 우두커니 앉아있던 나는 다시 일어섰다. 곧 의원총회가 시작될 예정이었다.

2019년 4월 30일, '패스트트랙 폭거'가 완결된 새벽의 일이다.

웅성거리며 모여든 자유한국당 의원들 앞에 다시 섰을 때, 나를 바라보는 의원들의 눈빛도 지친 기색이 역력했다. 절망감·패배감·무력감이 해일처럼 각자의 마음속을 덮쳐왔을 것이다. 하지만 우리는 섣불리 "힘들다"는 말을 할 수 없었다. 그 말을 하는 순간 우리의 전선은 완전히 허물어질 것이라는 공포심이 더 컸기 때문이었으리라. 눈빛으로 서로를 위로했다. 의원들·보좌진·당직자들 모두 느끼고 있었다. 서로가 서로에게 보내는 말 없는 응원과 격려를.

무박 4일, 제대로 자지도 먹지도 못하며 투쟁의 시간을 보냈다. 여의도 생활을 시작한 지 17년째, 새벽별 바라보며 돌아가는 일은 그동안 수없이 많았지만 몸도 마음도 이토록 지치기는 처음이다. 어차피 이렇게 될 줄은 알고 있었지만, 그래도 막을 수 있지 않을까 하는 한 가닥 헛된 희망이 그나마 나를 버티게 했나보다. 불빛이 꺼지지 않은 빌딩 숲의 여의도가 야속하게도 아름다웠다.

집에 도착해 그대로 현관문 앞에 주저앉았다. 다시 일어서지 않아도 한 번도 나무란 적 없는 나의 집이 속삭였다.

'잘했어, 나경원. 네가 이겼어. 넌 지지 않았어. 오늘의 패배는 승리한 패배야.'

위로를 들으며, 기록해야겠다고 다짐했다. 2019년이 나에게 허락한, 아직 임기의 반도 안 지난 제1 야당 원내대표의 시간을 꼼꼼히, 충실히 남겨야겠다고 스스로 약속했다.

물론 원내대표의 살인적인 일정은 집필의 시간을 여유롭게 허락하지는 않았다. 그러나 새벽에 시작해서 새벽에 끝나는 하루하루의 전쟁 같은 일상 속에서도 나는 늘 마음속으로 고민했다. 내가 이 책을 써야만 하는 이유는 무엇인가. 내가 반드시 남겨야 하는 기록은 우리의 역사 속에서 어떤 의미를 가질 것인가.

2016년 극도의 혼란스러운 촛불정국을 거쳐 2017년 5월 통합과 공존이라는 화두의 그럴듯한 취임사를 읊으며 문재인 정부는 출범했다. 찢어지고 쪼개진 국론을 수습하고 민심을 아우르길 바랐던 우리 국민들이 맞이해야 했던 것은 '적폐청산'이라는 미명하에 이뤄지는 보복의 정치와 부정의 정치였다. 포용대신 배척을, 화해대신 복수를, 치유대신 상처를 확인한 나는 엄청난 좌절감을 느껴야 했다. 설익은 대북정책으로 화려한 이벤트를 연출해 국민의 여론을 호도하고, 탈원전 드라이브로 국가 에너지 정책의 근간을 흔들면서, 각종 인사 참사로 행정부를 '친문 사령부'로 탈바꿈시키는 말 그대로 '퇴보'의 연속이었다. 폭발적인 국정 지지율과 기울어진 언론 운동장에서 울려 퍼지는 정권에 대한 찬양, 심지어 보수 야당 정치인들에게서 나오는 아부는 나를 고통스럽게 만들었다. '반드시 막아야만 한다'는 확고한 신념으로 나는 무장해가고 있었다.

그리고 나는 보수 야당 원내대표로 선출되어 2019년을 맞았다. 이 책이 주로 다루고자 하는 2019년에 우리가 주목해야 하는 이유는, 그 해가 바로 문재인 정권의 거대한 권력과 그들이 가진 본질적 한계가 서로 충돌하고, 문재인 정권의 본질적 속성이 국민들에게 노출되기 시작한 해였기 때문이다. 2019년부터 본격적으로 다수의 국민들이 우리 헌정질서가 심각한 위기에 직면해있음을 체감하기 시작했고 일반 국민들 사이에서도 '이건 아닌데...'라는 불안감이 확산됐다. 하노이 회담 실패, 조국 사태, 공수처법과 준 연동형 비례제 선거법의 패스트트랙 상정과 강행 처리 등은 적폐청산과 남북 화해무드로 애써 가려왔던 '권위주의 좌파'의 실체를 드러내고 말았다. 바로 그 지점에서 나는 국민들에게 문재인 정권의 위험성을 확실히 인식시키고, 자유민주주의 헌법 질서를 지키는 파수꾼의 역할을 해야 했다. 내가 이 책을 통해 남기고자 한 것은 바로 그 처절한 저항과 끈질긴 협상의 생생한 이야기다.

코로나19의 확산과 함께 찾아온 2020년, 21대 총선에서 미래통합당은 '완패'를 했고, 그 결과 180석의 거대 여당이 탄생했다. 그리고 이들은 공수처를 이제 막 시작하려고 한다. 사법부와 입법부는 물론 검찰, 언론, 시민사회 등 모든 권력이 이 정권의 손아귀에 들어간 지금, 이들은 더 이상 두려울 것도, 망설일 것도 없다. 뭐든 마음만 먹으면 밀어붙일 수 있는 힘을 가졌다. 연금 사회주의, 반기업 규제, 세금 폭탄 등 더 거친 정책들이 쏟아져 나온다. 속도조절마저도 이젠 이 정권의 취사 선택 사항이다. 돌이킬 수 없을 만큼 대한민국을 막다른 길로 끌고 갈지도 모른다.

더 나은 내일을 만들고 싶어 하는 정치인인 나는 늘 지금 이 순간에도 내일을 만들어가는 길 위에 놓여 있다. 나는 앞으로 어떤 내일을 만들어가야 하는가. 나에게 주어진 내일에 대한 과제는 무엇인가. 혹자는 이념과 사상은 이제 철지난 이야기라고들 하지만, 나에게 있어 이념과 사상만큼이나 더 중요한 민생은 없다. 어떤 철학과, 어떤 가치 위에서 내일을 열어갈 것인지 고민하는 것은 나에게 주어진 숙명이나 다름없다. 잘못된 이념과 사상에 사로잡힌 집권 세력은 불확실한 내일, 기대하기 어려운 내일을 만들어가고 있다. 분명, 잘못된 일이다.

이 책은 비단 2019년만을 다루지는 않는다. 2002년 처음으로 정치에 입문한 내가 이후 4선 국회의원, 서울시장 후보, 국회 외교통일위원회 위원장, 제1 야당 원내대표에 이르기까지 걸어온 정치 인생이 함께 녹아들어 있다. 그 1년을 전후한 한국 정치의 생생한 현장을 굵직굵직한 정치적 사건들 위주로 전하면서, 군데군데 나의 과거를 소환하며 사건의 의미를 독자와 함께 곱씹어 보려 한다.

또 이 책은 대한민국의 더 나은 내일을 위한 제안서이기도 하다. 1987년 이후 줄곧 성숙과 공고화의 길만을 밟아온 우리 자유민주주의 체제가 문재인 정권 들어 크나큰 시련을 겪는 과정에 대해 우리는 면밀히 살펴봐야 한다. 자유민주주의 체제는 헌법에 적힌 글귀만으로 지켜지는 것이 아니다. 권력의 분립과 민주적 절차를 신봉하는 양심이야말로 우리 헌정 질서를 지탱하는 힘이다.

나는 이 책을 통해 대한민국의 기둥을 다시 세우고 싶었다. 또 그것이 내가 앞으로 헤쳐 나가야 할 정치 여정의 나침반이기도 하다.

2019년 내내 밀려야 했고, 속아야 했고, 실망해야 했고, 눈물을 흘려야 했던 나의 발자취가 부디 우리 역사에서 다시는 반복되지 않기를 소망한다. 그 소망을 실천하는 것이 나에게 주어진 영원한 숙명이다.

2020년 11월

나 경 원

차 례

01

도전에서 응전으로

잔류파 압승. 판사 출신 4선 의원. 삼수 끝에 보수 정당 최초의 여성 원내대표…….

2018년 12월 11일 저녁, 내가 자유한국당의 새 원내대표로 선출되었음을 알리는 기사들의 제목은 하나같이 '여성' '삼수' 그리고 '2배 차 압승'에 집중하고 있었다. 모두 객관적으로 사실이기는 하지만 어딘가 모르게 공허했다. 정통 보수 정당 자유한국당의 원내대표에 처음으로 여성 의원이, 삼수 끝에 압승하며 당선됐다는 '외피'에만 관심이 쏠리고 있었다. 선거 결과 발표 직후부터 줄 이은 언론 인터뷰들을 거치면서도 아쉬움은 가시지 않았다. 본질적인 물음 하나가 빠져 있었다.

'왜 지금 나경원인가?'

대개 4~5선급의 중진이 맡는 원내대표를 흔히 당대표와 함께 '투톱' 이라고 부른다. 원내대표는 소속 당 의원들의 의정 활동을 총지휘하는 야전 사령관과도 같은 자리다. 특히나 제1 야당의 원내대표는 법안·예산·국정감사를 비롯한 갖가지 정치·정책 현안을 놓고 원내 협상과 대여(對與) 투쟁에 맨 앞장서야 하는 자리다.

'왜 지금 나경원인가?'

원내대표에 세 번씩이나 도전하면서 끊임없이 나 자신에게 묻고 또 물은 질문이다. 이제 나를 뽑아주고 응원해 주고 지켜봐 주는 분들의 의중을 헤아리면서 나 스스로 답을 찾아야 할 때가 왔다.

사드와 북한인권법

4선째 국회의원을 지내면서 다양한 정치 경험을 했다.

18대 국회(2008~2012) 때는 당시 여당 한나라당의 재선 의원으로서 문화체육관광방송통신위원회(문방위)의 간사를 맡아 우리 당 소속 위원들을 이끌고 대야(對野) 조율의 전면에 나서면서 위원장과 위원들 사이의 가교 역할을 했다. 이후 최고위원을 두 번 지내며 당 지도부 일도 경험해 보았다.

역시 여당 새누리당 시절 19대 국회(2012~2016) 보궐선거에서 3선에 성공한 나는 2015년 2월 26일에 19대 후반기 외교통일위원회(외통위) 위원장에 선출되었다. 헌정사상 최초의 여성 외통위원장이라고 했다. 외통위는 국회 상임위원회 중에서도 평균 4선쯤 되는 중진 의원들이 대거 포진하고 5~6선이 간사를 맡기도 해 '원로원' '상원의 상원'으로 불리는 곳이다. 당시 야당 위원들의 면면만 살펴봐도 이해찬·김한길·정세균 의원 등, 총리와 장관·당대표를 지낸 그야말로 야권의 지도자군(群)이 외통위 소속이었다. 국정의 어떤 난맥과 교착 상태라도 위통위에서만 풀린다면 국회가 순항할 수 있어 보일 정도였다.

외통위원장 1년 3개월은 많은 것을 깨우쳐준, 보석과도 같은 시간들이었다. 일일이 나열할 수도 없이 많은 현안들을 다루는 가운데서도 특별히 기억나는 일을 꼽으면 단연 '사드(THAAD, 고고도 미사일 방어 체계)'와 '북한인권법'이다.

주한 미군 내 사드 배치는 내가 외통위원장이 되기 1년 전인 2014년부터 이미 논의가 시작된 사안이었다. 사드 배치를 추진하는 미국과 이에 강하게 반발하는 중국 사이에서 외통위가 지혜롭게 교통정리를 해야 했다.

중국은 사드 배치를 막기 위해 다양한 경로로 외교전을 펼쳤다. 외통위원장 취임 3주째 된 3월 16일, 방한 중인 류젠차오(劉建超) 중국 외교부 부장조리(차관보)가 국회 외통위원장실로 나를 예방한 자리에서 공동 브리핑을 제안하며 나를 가리켜 미인 운운한 일이 외교적 결례 논란을 빚기도 했다.

나는 중국의 전방위적 압박에도 아랑곳없이 사드 배치 공론화가 필요하다는 입장을 견지했다. 하지만 공론화는 국회 위원회나 위원장의 뜻대로만 되는 것이 아니었다. 당시 많은 의원들이 중국과의 외교적 마찰을 우려해 공론화에 부정적이었고, 당내에서조차 나의 공론화 입장은 비판의 대상이 되었다.

중국과의 마찰은 단기적이고 일시적인 반면, 사드 배치 필요성을 부른 근본 원인인 북한의 핵·미사일 위협은 남북 간 전력 비대칭을 심화시키는 매우 심각하고 지속적인 리스크다. 따라서 사드 배치 필요성 자체는 논란의 대상이 될 수 없는 '상수(常數)'이고, 다만 그 시기와 방식만을 변수로 하여 원만한 해결 방법을 찾는 것이 맞는 길이었고, 이 상황은 이후 조금도 변하지 않았다. 나는 사드 논의 초기에 국회 외통위원장으로서 공론화에 앞장선 것이 올바른 선택이었다고 지금도 확신한다.

11년째 국회에서 잠자고 있던 북한인권법의 최종적인 본회의 통과는 외통위원장으로서 나의 가장 큰 성과였다고 해도 과언이 아니다.

북한인권법의 당위성은 여당 몫 외통위원장에 도전할 때부터 나의 지론이었다. 당 외통위원장 후보를 뽑는 의원총회 정견 발표에서, 바로 내가 17대 국회 때 노무현 정부에 '유엔총회 북한인권결의안'에 참여할 것을 촉구하는 국회 결의안을 최초로 대표 발의했던 장본인이었음을 상기시켰다. 송민순 당시 외교부장관이 후에 회고록(『빙하는 움직인다』, 창비, 2016)에서, 결의안 참가 여부를 놓고 김만복 국가정보원장이 "북한 의견을 확인해 보자"고 하고, 확인 결과 기권으로 결정되었다고 폭로한 그 결의안이다.

북한 인권과 나의 인연은 2005년으로 거슬러 올라간다. 당시 우리 한나라당의 정책위의장을 맡고 있던 고 박세일 교수가 북한 인권에 관심을 가져보는 게 어떻겠느냐고 처음 제안했을 때, 나는 이렇게 반문했다.

"우리 한나라당이 북한 인권에 대해 목소리를 내는 게 국민들 입장에서 얼마나 진정성이 느껴질 수 있을까? 열린우리당이 북한과의 관계 개선에 집착해 북한 인권에 뚜렷한 입장을 내지 않는 상황에서 우리가 북한 인권을 강력하게 외치면 자칫 북한 인권을 정치 공세용으로 활용한다는 오해를 불러일으킬 수도 있다. 나아가, '좌파는 국내 인권, 보수는 북한 인권을 챙긴다'는 프레임에 갇힐 수도 있다."

나는 한나라당이 '북한 인권'이라는 테두리를 넘어 인권 전반을 세심하게 챙기는 '인권 정당'으로 가야 된다고 주장했다. 그러면서 내가 주장한 것이 바로 외국인 노동자·군인·청소년·수형자 인권까지 아우르는 '5대 인권법' 제정이었다. 인권 선진화의 일환으로 북한 인권의 개선을 촉구하는 목소리를 낸다면 우리의 진정성을 보여줄 수 있다고 생각했던 것이다. 이런 전력이 있었기에, 외통위원장에 선출된 직후 "10년간 미뤄온 북한인권법도 여야가 머리를 맞대서 반드시 마무리할 수 있도록 노력하겠다"는 포부를 밝혔다. 발의와 폐기를 거듭해 온 북한인권법은 늘 나에게 무거운 마음의 짐인 동시에 나를 끌고 가는 강력한 목표의식이었다.

야당 새정치민주연합(2015년 말 '더불어민주당'으로 당명 변경. 이하, 새정치민주연합과 더불어민주당은 구분 없이 '민주당'으로 범칭함)은 북한인권법에 격렬하게 반대했다. 당시 민주당 대표가 야권의 가장 강력한 대선 '잠룡(潛龍)'으로 꼽히던 문재인 대표였다. 인권 변호사 이력을 내세우며 틈만 나면 인권을 외치는 그가 정작 우리 국토의 반쪽에서 지구상 최악의 인권 유린이 자행되고 있는 현실에 눈감는 모습을 나는 그가 당대표이던 그때도, 대통령이 된 지금도 이해할 수 없다.

북한인권법을 통과시키기 위해 '패스트트랙(신속 처리 안건)'을 활용할까 고민하기도 했다. 이 책에서도 내내 등장할 패스트트랙은 2012년 '국회선진화법'으로 도입된 제도지만 당시까지 한 번도 활용된 적이 없었다. 2015년 4월 당정 협의를 거쳐 패스트트랙 상정 논의를 공식화했다. 당시 우리 당이 원내 단독 과반인 데다 외통위원도 23명 중 14명이 우리 당이어서 승산은 충분했다. 그러나 결국 나는 패스트트랙 상정을 접기로 했다. 북한인권법이 절대적으로 옳은 법이라 하더라도, 패스트트랙같이 다수의 힘을 빌린 강제 처리 수단에 의존하지 말고 마지막까지 야당을 설득해서 원만한 합의 처리를 하는 것이 의회 민주주의 정신에 부합한다고 생각했기 때문이었다. 다행히 당내에도 그 점에 공감대가 형성돼 있었다.

당시 외통위 민주당 간사는 심재권 의원이었다. 나는 꿈쩍도 안 하는 심 의원의 마음을 설득하기 위해 이해찬 의원에게 호소해 보기로 했다. 노무현 정부의 총리와 민주통합당 대표를 지낸 당시 6선의 이해찬 의원이 외통위 소속이었는데, 위원장인 나에게 꽤 협조적이었기 때문이다. 그러나 이해찬 의원의 반응은 뜻밖이었다. 심재권 의원이 '워낙 높은 운동권 선배'라 자기도 함부로 이야기하기 힘들다는 것이었다. 이해찬 의원이 민주당에서는 '어른 중의 어른'인데 운동권 선배라 어렵다니, 운동권 문화가 참 특이하다고 생각했지만, 그래서 민주당이라는 정당이 내부적으로 끈끈할 수 있는 것이 아닌가 하는 생각도 들었다.

나중에 내가 원내대표를 하는 동안 이해찬 대표는 건강 상태가 그리 좋지 못했던 것으로 기억하는데, 이인영 민주당 원내대표가 나와 어떤 합의나 결정을 하고 나면 꼭 "이 대표께 일일이 물어봐야 하는데 건강이 안 좋으셔서……"라며 마치 문중 어른 모시듯 깍듯이 위하던 모습도 그런 문화의 연장일 것이다. 민주당에서는 노무현 전 대통령과 김근태 전 장관, 두 선배에 대한 어떤 회한 같은 게 있어 보였다. 노 전 대통령을 명예롭게 보내지 못한 회한이 오늘날 문재인 대통령에 대한 맹목적인 충성으로 이어지고, 김근태 전 장관의 마지막 정치 여정에 힘을 실어주지 못한 미안함이 이해찬 대표에 대한 과도한 존중으로 이어지는 것은 아닐지. 나는 정치인이자 한 정당의 구성원으로서 그런 문화가 내심 부럽기도 했다. 어른과 선배를 예우하고, 어딘지 체계 잡힌 질서와 문화 속에서 선후배가 함께 정치를 해나가는 모습에서 강한 정치적 힘을 느낄 수 있었다.

그때 우리는 북한인권법을 결국 패스트트랙에 올리지 않았다. 당시 나름대로 우호적이던 이해찬 의원이 2019년 공수처법과 연동형 비례대표제를 둘러싼 패스트트랙 대충돌(후술) 때 우리 제1 야당을 향해 "도둑놈들"이라며 독설을 내뱉으며 패스트트랙 상정안을 통과시키는 데 앞장선 것을 보며 격세지감을 느낄 수밖에 없었다.

열 달에 걸친 대화 노력 끝에 북한인권법안은 2016년 2월 26일, 11년 만에 외통위를 통과했다. 닷새 뒤인 3월 2일, 본회의장에서 북한인권법 가결을 선포하는 의사봉이 땅 땅 땅 울려퍼질 때 나는 마음속으로 환희보다 송구함의 눈물을 쏟아냈다. 북녘도 엄연히 우리 땅이고 그곳 주민들도 대한민국의 보호를 받아 마땅한 국민들이다. 헌법상 대한민국 국민들에게 우리 국회가 마땅히 했어야 할 일을 너무나도 늦게 했기 때문이다.

그러나 북한인권법은 아직도 실질적인 열매를 맺지 못하고 있다. 북한인권법의 실효성 있는 추진을 담당할 '북한인권재단'이 법 통과 4년이 넘도록 출범하지 못하고 있기 때문이다. 2016년 9월에 재단 사무실까지 마련했지만 민주당이 이사 추천을 보이콧하면서 21개월 만에 사무실을 철수했고, 내가 원내대표로 있는 동안에도 가시적인 진전을 보지 못한 채 북한인권법은 사실상 사문화(死文化)된 상태다. 북한인권재단의 출범을 누가, 언제 해낼 수 있을까?

탄핵의 강을 건너

20대 국회의원을 뽑는 2016년 4·13 총선에서 나는 4선에 성공했지만, 우리 새누리당은 단 1석 차이로 야당 더불어민주당에 다수당을 넘겨주어 '여소야대' 정국이 되었다. 내가 2004년 국회에 처음 들어온 이래 여소야대는 우리 당 이명박 대통령 당선으로 2008년 상반기에 소수 여당을 한 달 반 경험해 본 것 말고는 처음이었다. 5월 29일 19대 국회 폐원과 함께 나의 외통위원장 직무도 끝날 예정이었다.

20대 첫 원내대표의 임기는 당연히 국회 개원일인 5월 30일부터지만, 20대 국회를 더 안정적으로 출발시키자는 뜻에서 19대 의원들의 결의로 국회 개원 전부터 원내대표 경선이 시작되었다. 나는 처음으로 새누리당 원내대표 경선에 출사표를 던졌다.

경선은 일찍부터 정진석 의원과 나의 2파전으로 점쳐졌다. 5월 3일 열린 의원총회에서 나는 43표를 얻어 정진석 후보에게 26표 차로 1위를 내주었다.

그러나 정진석 원내대표에게는 그리 긴 임기가 허락되지 못했다. 8월 9일 전당대회에서 이정현 의원이 신임 당대표에 취임하고, 얼마 지나지 않아 터져나온 '최순실 사태'는 여당 새누리당을 격랑 속으로 밀어넣었다. 급기야 당 내부에서조차 박근혜 대통령 퇴진 요구가 불거지는 극단의 혼란 속에서 정진석 원내대표의 고민은 얼마나 무거운 것이었을까?

만약에 그의 자리에 내가 있었다면 난 어떤 선택들을 내렸을까…….

탄핵소추안은 2016년 12월 9일 국회 본회의를 통과했고, 이날로 박근혜 대통령의 직무는 정지되었다. 사흘 뒤인 12월 12일, 이정현 당대표와 정진석 원내대표가 사태에 책임을 지고 동반 사퇴했다. 7개월여 만에 다시 실시하는 새 원내대표 경선은 그 이틀 뒤인 12월 14일로 잡혔다.

이정현·정진석 지도부 사퇴로 당내 계파 간 갈등의 골은 봉합할 수 없이 깊어지고, '비박계'로 불리는 이들의 집단행동이 가시화되며 분당(分黨)의 그림자가 어른거리던 때였다. 나는 분당만은 막고 싶었다. 한번 찢어진 정당이 다시 힘을 합치기까지 걸리는 시간은 결코 짧고 간단치 않다. 나는 분열된 당을 다시 하나로 뭉치고 나라를 되살리겠다는 의지로 두 번째 출사표를 던졌다. 그러나 아쉽게도 정우택 의원에게 7표 차로 뒤져 또다시 고배를 마셨다. 아직도 '원내대표 나경원'의 시간은 쉽사리 허락되지 않았다.

그 후 새누리당에서 벌어진 혼란상은 떠올리기조차 민망할 정도다. 탈당 러시, 신당 창당……. 결과론이지만 그것은 2017년 대통령 선거 패배와 2020년 제21대 4·15 총선 참패로 이어지는 보수 대분열의 서막에 불과했다. 고백하건대 나 역시 탈당을 진지하게 고민하지 않았던 것은 아니다. 그러나 바로 얼마 전 원내대표 경선에서 '새누리당 사수, 하나된 보수 정당'을 외치던 내가 아니었던가.

'초심(初心)을 지키자. 정도(正道)만 걷자.'

나는 마음을 다잡고 잔류를 택했다.

그해(2016) 말 우리 당 의원 29명이 탈당해 이듬해 초 바른정당을 창당했고, 우리 새누리당은 두 달여 인명진 비상대책위원회(비대위) 체제를 거쳐 2017년 2월 자유한국당으로 새출발했다. 곧이어 박근혜 대통령이 헌법재판소 결정으로 탄핵 파면되고 문재인 대통령이 취임하며 자유한국당은 9년여 만에 야당이 되었다. 나의 야당 경험은 2004년 초선 때 말고 처음이었다.

혼란스러운 촛불 정국을 관통하며 출범한 문재인 정부는 이미 임기 초반부터 그 '본색'을 드러냈다. '적폐청산'이라는 이름 하에 이뤄지는 대대적인 수사와 전 정권 업적 뒤엎기는 야당에게 무시무시한 공포로 다가왔다. 어쨌든 '전임 대통령 탄핵'이라는 매우 무거운 역사적 사건을 배경으로 취임한 정부라면, 적어도 국민 통합과 민심 수습에 더 공을 들여야 했다. 이미 상처로 얼룩진 정치권에 또 다시 '보복'의 메스를 들이대는 문재인 대통령은 우리 정치를 더 큰 혼란과 갈등으로 몰아넣고 말았다.

탄핵당한 정권의 후임 대통령이어서 그런 것일까. 문재인 대통령은 사상 최고치의 국정 지지율을 유지하면서 막강한 장악력을 보였다. 야당이 야당 역할을 하는 것조차 눈치를 봐야 할 정도로 기세 등등했다.

강력한 대북 정책 드라이브로 언론과 여론의 관심을 한 쪽으로 돌리고, 문재인 정부는 곳곳에서 권력을 장악해나가는 프로세스를 밟아나갔다. 훗날 조국 사태가 터졌을 때 정도가 되어서야 비로소 언론도 문재인 정부에 대해 비판적인 시각을 내기 시작했지, 2018년까지만 해도 문재인 정권을 정면으로 지적하는 언론을 찾기는 결코 쉽지 않았다.

시간이 흐를수록 탄핵은 더 큰 괴물을 탄생시키는 결과를 낳았다는 생각을 지울 수가 없었다. 점점 2016년 방미 당시 공화당 의원들과 나눴던 대화가 내 머릿속을 맴돌았다. 한창 나라가 시끄럽던 2016년 11월, 나는 트럼프 대통령 당선 직후 국회 방미단에 합류해 미국을 찾은 일이 있었다. 당시 미국 정치권도 한국에서 진행되고 있는 탄핵 사태에 큰 관심을 갖고 있었는데, 트럼프 대통령을 당선시킨 공화당의 한 중진 의원이 나에게 "당신이 속한 여당도 대통령 탄핵에 찬성하느냐?"고 물었다. 나와 정병국 의원이 "우리 당에도 찬성하는 목소리가 있기는 하다"는 식으로 대답했더니 그 공화당 의원은 의아하다는 표정으로 "어떻게 당신들이 배출한 대통령을 탄핵시킬 수 있느냐? 어떻게 그렇게 쉽게 권력을 내어줄 수 있느냐?"고 했다. 그 표정을 보며 '혹시 우리가 잘못된 길로 가고 있는 건 아닐까?' 하는 불길한 예감이 들었던 것이다. 민주주의 정치를 보다 오래한 미국의 정치인들은 우리보다 '권력'이라는 것의 속성과 본질을 더 잘 꿰뚫고 있는 것은 아니었을까. 불길한 예감은 비정한 현실이 되고 말았다.

탄핵 찬반 논란은 결코 쉽게 풀 수 없는 복잡한 실타래다. 지금도 보수가 하나로 뭉치기 힘들게 만드는 민감한 이슈이기도 하다. 하지만 그렇다고 탄핵의 시간에 우리가 머물러 있어서도 안 됐다. 그러기에는 문재인 정권의 권위주의 정치가 너무 강하게 우리를 짓눌렀다. 탄핵의 제대로 된 진실을 밝히는 것 또한 결국 정권을 가져와야만 가능한 일이었다. 나는 어떻게 하면 우리 당을 하나로 묶고, 단결된 대오를 형성해 문재인 정권의 폭주를 막아낼 수 있을지 고민하고 또 고민했다. 그 고민이 나의 원내대표 선거 재도전의 원동력이 됐다. 적당히 눈치보고 여론에 편승하는 정치가 아니라, 정말 해야 할 말을 하는 용기있는 정치를 하기 위해서는 내가 그 주도권을 행사할 수 있는 자리로 가야했던 것이다.

그러나 나는 고민 끝에 2017년 12월 원내대표 경선에는 나가지 않았다. 여러 당내 역학구도도 작용했지만 조금 더 시기가 무르익어야 한다는 생각도 들었다. 20대 국회의 분위기를 조금 더 체득하고, 의원들과의 교류를 더 넓혀서 효과적인 리더십을 구축하기 위한 시간이 필요하다는 구상도 있었다. 그렇게 한 해 거르고 난 다음, 2018년 12월 나는 세 번째 원내대표 경선 도전에 나선다. 탄핵의 강을 거너 우리는 새로운 대지에 발을 딛어야만 했다.

'속사정과 진정.'

선거운동을 하며 새로 얻은 두 가지 깨달음이자 자산이다.

가라앉을 대로 가라앉은 당 분위기 속에서, 선거운동을 위해 의원 한 분 한 분을 직접 만나러 다녔다. 의원회관이 아니라면 지역구 사무실이든 활동 현장이든 자택이든 아무튼 찾아갔고, 직접 만나지 못하면 배우자라도 만나고 왔다. 즐겁고 소중한 '국회 식구 민생 탐방'이라고나 할까.

부끄럽지만 국회의원들 살림살이가 흔히들 생각하는 것보다 단출하고 소박한 편이고 일부는 열악하기까지 하다는 것도 이때 처음 실감했다. 당선과 낙선을 번갈아 하고, 선거법 위반 등 혐의로 피소(被訴)되고, 법정 다툼으로 집을 줄이거나 내놓는 일이 비일비재해서다. 그러나 가장 값진 소득은 역시, 자나 깨나 국가와 국민만 생각하는 '공적 마인드(public mind)'로 똘똘 뭉친 동료 의원들의 충정을 확인한 것이었다. 무용담 같은 의정 경험담에 같이 웃고, 어려웠던 시간들을 떠올리며 같이 눈물을 흘리기도 하면서, 나는 의원들의 '진짜 동지' 원내대표가 되어야겠다는 다짐을 더욱 확고히 다졌다.

원내 야전 사령관을 의원들만의 무기명 투표 뽑는 원내대표 선거는 그야말로 선거의 달인들끼리 겨루는, '선량(選良) 중의 선량'을 가리는 자리다. 나는 '계파 종식으로 보수 통합을' '친박·비박을 금기어로 만들어야'라는 공약을 내걸었다. '복당파' 김학용 의원과 2파전으로 치른 경선에서 나는 두 배 가까운 표 차이로 압승을 거두며 정통 보수 정당의 역사상 첫 여성 원내대표에 선출됐다. 수없이 스스로 묻고 또 물은 질문, **왜 지금 나경원인가**—우리 의원들은 그 답을 알고 있었고, 표로써 응답해 주었다. 이후 1년 나의 투쟁은 당과 의원들의 기대와 요청에 부응하여 그때의 약속을 실천하는 과정이었다.

법복을 벗고 2002년 이회창 한나라당 대통령 후보의 특별보좌관으로 정치에 입문한 지 16년. 그때까지 나는 시종 도전자의 자세였지만, 이제는

'한 번도 경험해 보지 못한 나라, 한 번도 경험해 보지 못한 위기'가 나에게 도전으로 다가오고 있었다. 나는 결연히 도전을 받아들이기로 했다.

희망과 혁신

국회 본관 238호 자유한국당 원내대표실. 그동안 회의며 간담이며 티타임, 때로는 '뒷담화'를 하러 늘상 드나들던 방이지만, 이제는 나의 집무실이 된 238호에 처음 들어서는 기분은 복잡 미묘했다.

그러나 잠시 감회에 젖는 일조차 사치였다. 바로 공식 일정에 들어가야 했다. 우선 기자 간담회부터 열었다.

야당 원내대표에게 언론들이 쏟아낸 주문은 두 단어로 요약됐다.

'희망과 혁신.'

우리 당은 물론 나에게도 더없이 절실한 요청이었다. 자유한국당은 2016년 총선에서 석패하고, 탄핵의 결과 2017년 대통령을 내준 데 이어, 2018년 6·13 지방선거에서도 참패하며 김병준 비대위 체제로 운영되고 있었다. 각고의 노력으로 어느 정도 신뢰를 회복했다고는 해도 '버림받은 정당'의 어두운 그림자를 아주 떨쳐내지 못한 상태에서, 21대 총선까지는 1년 4개월밖에 남아있지 않았다. 우리 당의 20대 국회 마지막 원내대표가 될지도 모르는 나에게 떨어진 '희망과 혁신'이라는 명령은 그 어

2018년 12월 11일 야당 자유한국당 원내대표에 당선되어 보수 정당 최초의 여성 원내대표가 되었다. 오른쪽은 러닝메이트인 재선의 정용기 정책위의장.

느 때보다도 무거웠다.

'희망이 뭔데? 또 혁신은?'

그것은 '통합과 용기'였다. 희망은 통합에서 찾을 수 있었고, 혁신은 용기에서 비롯되는 것이었다. 우리 당은 물론 보수 진영 전체가 통합되지 않고 분열돼 있었으며 권력 투쟁과 감정싸움에 빠져있었다. 그런데 정작 상대 진영과의 정치적 대결에서는 늘 용기가 부족했고, 우리 스스로의 가치와 방향에 제대로 확신도 없었다. 갈팡질팡, 사분오열 — 바로 보수의 현주소였다. 통합해야만 희망을 가질 수 있었고, 용기를 내야만 진정한 '혁신 보수'로 재탄생할 수 있었다.

문제는 언제나 '사람'이었다. 우리 앞엔 보수 통합이라는 난제가 버티고 있었다. 한쪽에서 박근혜 전 대통령과의 단절을 주장하는 이들이, 반대편에선 탄핵 무효를 외치는 이들이 샌드위치처럼 당을 협공해 들어온다. 우리 당을 탈당한 의원들이 바른정당을 만들고 다시 국민의당과 합당해 바른미래당이 되어있었고, 그 정반대편에 대한애국당(후에 우리공화당)이 있었다. 어느 한쪽에 먼저 손을 내미는 순간 반대편에서 원망 섞인 불만이 터져나올 것이 불 보듯 뻔했다. 두 마리 토끼를 다 잡으려다간 이도저도 아닌 '잡탕'으로 전락해 버릴 수 있는 형국이었다. '희망과 혁신'의 이미지를 구체적으로 보여줄 '인적 쇄신'의 필요성에는 모두가 공감하면서도 뾰족한 방법론을 찾기 힘들었던 이유다.

'떠난 집토끼' 바른미래당 먼저, 그러나 적통(嫡統)인 자유한국당이 중심이 될 것.

그것은 거스를 수 없는 순리였다. 서둘러 원칙을 천명했다.

우리 당의 문은 늘 활짝 열어놓아야 된다고 생각합니다. 바른미래당과의 당 대 당 통합이라는 이러한 부분에 대해서도 우리가 생각할 수 있겠지만…… 원하시는 의원님들과 함께하는 것부터 시작할 수 있다고 생각합니다.

언론은 일제히 나의 '통합' 메시지에 주목했고, 보수 통합 논의가 급물살을 탈 것이라는 관측을 내놓기 시작했다. 하지만 막상 그런 발언을 한 나는 아직 속으로 큰 기대는 갖지 않고 있었다. 총선 패배와 대통령 파면, 그리고 대선과 지방선거 연전연패로 겪은 2년여 고통의 시간이 저마다에게 입힌 상처는 쉽게 아물 수 있는 것이 아니었다. 통합의 길은 그만큼 멀고도 험난했다.

실제로 내가 원내대표이던 2019년 내내 보수 대통합은 끝내 가시적 성과를 보지 못했다. 내가 물러난 뒤인 2020년 2월에야 우리 자유한국당과 유승민·하태경 의원 등의 새로운보수당, 이언주 의원의 미래를향한전진4.0이 합당하여 미래통합당이 되었다(9월에 다시 국민의힘으로 개칭). 그러나 앞으로 명분을 내세우고 뒤에서 실리를 따지며 통합을 꾸물거린 대가는 가혹했다. 우리는 통합 후 첫 총선에서 참패하며 의석을 되레 더 잃고, 간신히 개헌 저지선을 지킨 데 안도해야 했다.

02

연동형 비례대표제

연동형 비례대표제(연비제), 고위공직자범죄수사처(공수처), 패스트트랙(패트).

나의 원내대표 1년을 수놓을 3대 키워드였다.

특히 나의 원내대표 임기는 그중 연비제로 시작해서 연비제로 끝났다고 해도 과언이 아니다.

단식으로 시작해서 단식으로 끝난 1년이기도 했다.

원내대표 경선이 있던 날은 손학규 바른미래당 대표와 이정미 정의당 대표가 연동형 비례대표제 도입을 골자로 하는 선거법 개정을 주장하며 벌써 엿새째 단식 농성 중이었다. 총선을 한 해 남짓 앞둔 시점에서 연동형 비례대표제는 두 소수 야당 대표가 동시에 단식에 들어갈 정도로 커다란 이슈였다. 제1 야당 원내대표에 갓 취임한 나를 향한 기대도 자연히 높을 수밖에 없었다.

"적극 검토한다"

연동형 비례대표제란, 유권자가 자기 지역구 후보자 외에 정당에도 한 표를 던지게 해 최종 정당 득표율에 따라 의석을 재배분하는 제도다. 우리나라 연동형 비례대표제가 입법되는 과정에서 보듯 구체적인 배분 방식에는 여러 가지 변형이 있을 수 있다.

연동형 비례대표제를 도입해서는 안 된다는 나의 입장은 오래전부터 확고했다.

가장 큰 문제는 유권자의 '한 표'의 값이 달라진다는 것이다. 기존의 '소선거구제' 기반의 지역구 국회의원 선거와 '정당 투표제' 기반의 전국구 비례대표 의원 선거에서는 내가 던지는 표가 어디로, 누구에게 가는지가 명확하다. 내가 지역구 후보에게 던진 한 표와 지지 정당에 던진 한 표는 고스란히 그 후보, 그 정당의 득표가 된다. 그러나 연동형이나 준(準)연동형 비례제에서는 그렇지 않다. 이 제도에서는 전체적으로 분배할 비례 의석수를 1차로 정당 투표에 따라 배분한 다음에, 그 의석수가 지역구 의석수보다 많으면 그 차이만큼을 비례 의석수로 채워준다. 그렇게 되면 지역구 당선자가 많은 정당은 비례 의석수를 그만큼 다른 정당에게 양보해야 되는 불합리한 결과가 도출된다. 누군가의 한 표는 반영되고 누군가의 한 표는 반영되지 않아, '한 표'의 값이 달라지는 것이다. 게다가 이렇게 배분하고 남은 비례 의석수를 또다시 정당 득표율에 따라 나누어, 특정 정당이 반복해서 비례 의석수를 더 가져가는 이득을 얻기도 한다. 이렇게 되면 똑같은 한 표가 어떤 정당에는 2배, 극단적으로는 3배의 가치까지 가질 수 있다.

이 정도의 설명을 읽고 단번에 연동형 비례제를 이해할 수 있는 사람은 얼마 되지 않을 것이다. 한마디로 연동형 비례제는 유권자 국민이 이해하고 계산하기 어려운 선거제도라는 말이다. 이런 선거 제도가 민의를 제대로 반영하는 선거제라고 할 수 있을까?

무엇보다, 연동형 비례제가 처음 거론될 때는 국회 의석수를 늘린다는 전제가 있었기에 나는 애당초 찬성할 수 없었다. 결국 총 의석수는 300석 그대로 유지되었지만, 2020년 4·15 총선에서 거대 양당의 꼬마 비례정당 창당과 나중에 도로 합치는 눈 가리고 아웅 식의 합종연횡, 기이한 비례대표 공천 시스템 등은 그러잖아도 경멸받는 정치를 막장 코미디로 만들어 버렸다.

하지만 두 소수 야당 대표들의 단식에 아랑곳없이 교착 상태를 이어가는 것 또한 제1 야당으로서는 부담스러운 일이었다. 신임 원내대표가 취임하면 그간의 갈등을 풀고 '새 판'을 시작하는 모양새를 만들어주는 것이 정치판의 도의이고 관례이기도 했다.

나는 원내대표 취임 첫 기자 간담회에서 "손학규·이정미 대표의 단식이 하루빨리 정리될 수 있도록 노력하겠다"고 밝히고, 이날 손 대표의 단식 농성장을 방문하기도 했다. 김관영 바른미래당 원내대표도 "밥 좀 먹이자"며 나를 밀어붙였다.

그 주말인 12월 15일, "연동형 비례대표제 도입을 위한 구체적인 방안을 적극 검토하고, 선거 제도 개혁 법안과 권력 구조 개편을 위한 원포인트 개헌 논의에 착수한다"는 여야 5당 원내대표 합의는 그렇게 이루어진 것이었다. 손·이 두 대표는 그로부터 이틀 더 지나 아흐레 만에 결국 단식을 풀었다. 71세 고령의 손학규 대표는 몸무게가 7킬로그램이나 빠졌다고 했다.

나는 합의문을 도출하는 과정에서 절대로 양보할 수 없는 선을 정해 놓고 있었다. 그것은 '그 무엇도 당장에는 합의해 주지 않는다'는 것이었다.

당시 6개항 합의를 담은 문서를 그대로 옮겨본다.

"적극 검토한다" "합의에 따른다" "합의 처리한다" 등, 장차 논의하겠다는 의지만을 담았다. 완전한 찬성부터 완전한 반대까지 모든 가능성을 열어두고, 당장은 꽉 막힌 정치 일정에 숨통을 틔우고, 자유한국당만 뺀 여야 4당이 연동형 비례제를 강행 도입하는 움직임만은 막아내야 했다. 제6항으로 '권력 구조 개편을 위한 원포인트 개헌 논의'까지 추가했지만, 문구는 역시 "논의를 시작한다"였다(결과적으로는 논의를 시작조차 하지 않았다). 사실상 아무것도 합의한 것 없는 합의문이었다.

합 의 사 항

더불어민주당, 자유한국당, 바른미래당, 민주평화당, 정의당 5당은 선거제도 개편과 관련하여, 아래와 같이 합의한다.

1. 연동형 비례대표제 도입을 위한 구체적인 방안을 적극 검토한다.

2. 비례대표 확대 및 비례·지역구 의석비율, 의원정수(10% 이내 확대 여부 등 포함해 검토), 지역구 의원선출 방식 등에 대하여는 정개특위 합의에 따른다.

3. 석패율제등 지역구도 완화를 위한 제도도입을 적극 검토한다.

4. 선거제도 개혁 관련법안은 1월 임시국회에서 합의처리한다.

5. 정개특위 활동시한을 연장한다.

6. 선거제도 개혁 관련 법안 개정과 동시에 곧바로 권력구조개편을 위한 원포인트 개헌논의를 시작한다.

2018. 12. 15.

더불어민주당 원내대표

자유한국당 원내대표

바른미래당 원내대표

민주평화당 원내대표

정 의 당 원내대표

법을 만드는 국회에서, 법안의 토씨 하나 갖고 갑론을박하는 게 국회의원들이다. 이 합의문은 아무런 실체적 효력 없는 '의지 표명'에 불과하다는 것을 정치인이 모를 리 없다. 그런데도 정치개혁특별위원회(정개특위) 위원장인 심상정 정의당 의원을 필두로 바른미래당·민주평화당까지 일제히 "연동형 비례제 도입에 합의했다"는 식으로 선전에 나섰다. 언론 헤드라인도 '여야, 선거제 개혁 합의' 일색이었다. 심지어 문재인 대통령까지 "중앙선거관리위원회 안(지역구 200석, 비례대표 100석 기준의 권역별 연동형 비례대표제)을 기본으로 해 여야 합의를 본다면 얼마든지 함께 의지를 실어서 지지할 뜻이 있다"며 가세했다.

'4+1'부터 글렀다

20대 국회는 70여 년 의회 민주주의 역사에서 보기 드문 최악의 이합집산 국회였다. 정당이 표방하고 추구하는 이념과 사상, 정강과 정책과 무관하게, 말 그대로 당리·당략과 의원 개인의 사심에 따라 당이 갈라지고 또 합쳐지고, 의원이 이리 옮기고 저리 떠나고…… 현역 정치인들조차 헷갈릴 정도였다.

당시 여당인 더불어민주당과 야 4당인 자유한국당·바른미래당·민주평화당·정의당을 흔히 '4+1'이라고 불렀다. 이 5당이 참여하는 '정개특위'는 내가 원내대표에 취임하기 전인 2018년 7월에 발족하여 정의당 심상정 의원이 위원장을 맡고 있었다.

나는 그 '5당 협의체'라는 것부터 결코 받아들일 수 없었다. 그것은 기준도 없고 원칙에도 맞지 않는 '자유한국당 고립' 협의체였다. 여당인 민주당과 제1 야당인 자유한국당을 제외한 나머지 정당들은 이합집산·헤쳐모여를 통해 반짝 존재하는 중이거나, 원내교섭단체(의원 20인 이상)도 구성하지 못하는 꼬마 정당들이었다. 대등한 5당 협의체라는 것이 애당초 말이 되지 않는다. 기준에도 '기준'이 없었다. 단적으로, 6석의 정의당과 4석의 민주평화당은 '여야정 협의'의 당사자가 될 수 있는데 2석의 대한애국당은 왜 안 되는가 말이다.

나는 '객관적이고 명쾌한 단 하나 기준'으로, 20석 이상인 원내교섭단체(민주당·자유한국당·바른미래당)만 참여하는 '3당 협의체'를 처음부터 분명히 했다. 5당과 청와대가 함께하는 '여야정 협의체'를 빨리 상시화하라는 청와대의 압박과, 교섭단체 기준이 아니면 결코 받아들일 수 없다는 나의 완강한 태도 사이에 끼인 민주당 홍영표 원내대표는 곤혹스러웠을 것이다.

홍영표 원내대표는 그 얼마 전 2018년 5월에 우리 당이 주도한 '드루킹 특검' 출범을 막지 못한 트라우마가 있었다. 오점을 만회하기 위해서라도 연동형 비례대표제와 뒤에 이야기할 공수처 법안을 임기중 관철해야 한다는 압박감이 이만저만이 아니었을 것이다. 제1 야당의 반대로 여야정 협의체를 끝내 성사시키지 못한다면 그가 마지막으로 꺼내들 수 있는 카드는 패스트트랙 상정밖에 없었다.

솔직히 말하면, 나의 전임 원내대표 역시 '5당 협의체'에 동의했기에, 당 정책의 일관성이라는 면에서 나도 5당 협의체를 완전히 부정할 수만은 없는 난처한 상황이었다. 문재인 대통령의 초청으로 5당 원내대표가 청와대에서 오찬을 함께하는 자리에서 당시 전임 원내대표가 '여야정 상설협의체' 구성에 합의를 해주어, 5당 협의체가 일단 가동되고 있었기 때문이다. 앞서 정개특위 위원장을 정의당에, 사법개혁특별위원회(사개위) 위원장을 여당(박영선 의원)에 잇따라 내주고 5당 협의체에까지 합의해 준 것은 제1 야당으로서는 크나큰 패착이었고 후임인 나에게 막중한 부담을 안겨줬다. "그때 5당 협의체에 동의해 놓고 이제 와서 왜 딴소리를 하느냐"고 따지면 공당(公黨)의 원내대표로서 "내가 해준 합의가 아니었다"고 발뺌만 할 수도 없는 것이었다.

이 대목에서 꼭 짚고 넘어가야 할 오해가 하나 있다. 흔히들 당시 민주당은 공수처 설치에만 혈안이 되어있었고 연동형 비례대표제에는 그다지 미련이 없었을 것이라고 짐작하곤 한다. 하지만 민주당이 연동형 비례제에도 공수처 못지않게 강한 의지를 갖고 있음은 조금만 들여다봐도 뻔히 알 수 있는 것이었다. 지금이야 문재인 정권과 여당, 또 '유사 여당'이 180석 절대다수의 위력에 취해 있지만, 당시만 해도 잇따른 실정(失政)으로 다가올 총선에서 다수당 자리도 자신할 수 없던 민주당이었다. 연동형 비례제는 좌파 군소 정당들에게 의석 몇 개를 내주고 그 대가로 그들과의 연대를 확보함으로써 '좌파 영구 집권'을 가능케 할 혁명과도 같은 과업이었기 때문이다.

민주당 원내대표에게 "도대체 왜 이렇게 연동형 비례제에 집착하느냐"고 물은 적이 있다. 여당이고 원내 제1당이며 정당 득표율도 안정적으로 나오는 민주당으로선 굳이 연동형 비례제가 아니어도 얼마든지 선거를 무난하게 치를 수 있을 텐데 말이다. 그의 대답은 허탈하도록 심플했다. "「한겨레」가 문재인 정부 개혁 어젠다로 정해 줬다"는 것이었다.

민주당과 문 정권에게는 과거 노무현 대통령의 불명예스러운 퇴장과 비극적 최후라는 트라우마가 있다. 그것이 제주 해군기지, 한미 FTA, 이라크 파병 등으로 '열혈 지지층'을 저버린 대가라고 믿는 이 정권은 '타협·양보·조정은 곧 자멸'이며, 정의당이든 해산된 통합진보당이든 좌파 정당끼리는 무조건 한 배를 타고 가야만 한다는 강박에 사로잡혀 있다. 좌파 핵심 지지층을 실망시키는 순간 그것이 부메랑이 되어 정권 몰락을 불러올 것이라는 두려움 속에서 민주당은 좌파 어젠다인 연동형 비례제를 포기해서는 안 되는 역사의 과업 같은 것으로 보고 있었다. 틀린 것이라고 해도 그것을 내려놓음으로써 극렬 지지층을 실망시켜서는 절대로 안 된다 — 그동안 문재인 정권이 보여 온 아집·불통은 이러한 믿음의 결과다. 이것이 어쩌면 노무현 정부와 문재인 정부의 좁혀지지 않는 본질적인 간극일지도 모르겠다. 흔히 문재인 정부를 '노무현 정부 시즌 2'라고

들 하는데, 나는 담백하게 그냥 '문재인 정부'으로 명명해도 될 것 같다고 생각한다. 그만큼 두 정부는 같은 듯 보여도 다른 점이 많다.

'나쁜 연금술사' 심상정

심상정 정개특위 위원장이 합의문을 근거로 의원 수 확대 논의에 본격적으로 불을 지피려 했다. 민주당 홍영표 원내대표는 "확대 여부 등 포함해 '검토'한다고 했지 언제 합의했냐"며 선을 그었고, 바른미래당 김관영 원내대표도 입을 싹 씻었다. 그들도 저 때의 합의는 말뿐이란 걸 잘 알고 있었다. 하지만 그들도 필요할 때는 '검토'를 '합의'로 포장하고, '합의 처리'해야 할 일을 자기들끼리 '야합 처리'하기 일쑤였다. 이런 일이 2019년 내내 일어났다. 국회라는 곳은 '검토'라는 것도 필요하기만 하다면 언제든 '합의'로 탈바꿈시킬 수 있는 나쁜 연금술사들의 대장간이었다.

심상정 위원장은 정의당 대표가 되고 나서도 2019년 10월 28일, "국회의원 특권을 내려놓고 예산 동결을 전제로 국회의원 정수 10퍼센트 이내 확대를 검토하자는 것이 작년(2018) 12월의 5당 원내대표 합의"라며 열 달도 더 된 합의문을 들먹였다. 앞의 합의문 제2항을 이야기한 것인데, 합의문을 보면 의원 정수 등은 엄연히 "정개특위 합의에 따른다"고 했고, 심지어 '10퍼센트 이내 확대'는 괄호에 넣고 '여부'라는 단서까지 달아놨다.

사실 심상정 위원장은 합의문을 발표한 그날부터 "5당이 연동형 비례제에 합의했다"며 문구를 아전인수로 확대해석해 온 터였다.

심상정 대표가 의원 정수 확대를 들고 나오자 나는 "없는 합의를 운운한 게 벌써 두 번째다. 정치인이 지켜야 할 선을 넘었다. 오늘까지 사과하지 않으면 바로 법적 조치를 하겠다"고 경고했다. 심 대표는 사과하지 않았다.

법적 조치 운운하긴 했지만, 나는 정치인들끼리 서로 고소·고발을 남발하며 사법부에 판단을 구하는 '정치의 사법화'에 반대다. 정치권에서 벌어지는 문제는 원칙적으로 정치권 안에서 풀어야지, 이걸 사법 기관으로 들고가는 건 정치권의 자정(自淨) 능력과 문제 해결 역량을 스스로 부정하는 것이기 때문이다. 그럼에도 심 대표의 거짓말이 도가 지나쳤기에 경고 삼아 법적 조치를 운운해 본 것인데, 심 대표가 사과를 하지는 않았지만 이후 거짓말 버릇이 거짓말같이 사라져 한편 통쾌하면서도 뒷맛이 씁쓰레했다.

소수 정당으로서 연동형 비례제에 대한 정의당과 심상정 의원의 집착은 대단했다. 그들은 연비제를 관철하는 과정에서 지금도 회자되는 두 가지 악수(惡手)를 두고 말았다.

첫째는 2019년 3월, 심상정 정개특위 위원장이 연동형 비례대표제를 소개하는 기자 간담회에서 "그냥 비례대표제와 '연동형' 비례대표제는 무엇이 다르냐?"는 기자들의 질문에 "산식(算式)이 복잡하다. 국민은 몰라도 된다"고 대답했다가 여론의 집중포화를 얻어맞은 일이다.

또 하나는 뒤에 얘기할 '조국 사태' 때 정의당이 민주당과의 '연비제 야합'을 의식해 조국 법무부 장관 후보를 저들의 이른바 '데스노트'에 올리지 않은 것이다. 그 바람에 논객 진중권을 필두로 정의당 지지층이 순식간에 빠져나갔고, 2020년 총선에서 정의당은 20대 때와 같은 6석을 간신히 지키며 명분과 실리를 다 잃고 말았다. 야합의 결과가 심 의원과 정의당의 바람과 정반대나 다름없이 나온 것이다. '심상정의당'의 나쁜 연금술은 그나마 지지자들에게 '정통 진보'의 기대감을 주던 정의당을 하루아침에 '야합 부역 정당'으로 '셀프 퇴보'시키는 연금술이 되고 말았다.

'비례제 폐지'로 맞불

"왜 지금까지 안 하다가 이제 와서 협상하는 척하느냐!"

민주당과 정의당 등은 나에게 이런 프레임을 자주 씌우곤 했다. 협상의 문을 닫고 대화의 판을 깬 책임을 나에게 전가하려는 지속적인 프레이밍이었다. 하지만 3당 사이 대화와 협상은 멈춘 적이 없다. 연동형 비례제를 놓고 정국이 얼어붙은 바람에 2월 임시국회가 공전하는 동안에도 여야는 물밑에서 지속적으로 회동하며 의견을 조율하고 있었다. 홍영표와 후임 이인영 민주당 원내대표, 또 바른미래당의 김관영과 후임 오신환 원내대표가 분명히 알고 있는 사실이다.

'야합의 판도라 상자'는 3월 임시국회와 함께 열렸다. 연동형 비례제에 처음부터 부정적인 자유한국당을 정치적으로 고립시키기 위한 민주당과 그들의 '2중대' 야당들의 합동 작전이 본격화되기 시작했다.

먼저 바른미래당과 정의당이 선거제 개편을 강력하게 요구하고 나오면서 협상의 주도권을 잡으려 했다.

첫 번째 관문은 '협의체' 구성 문제였다. 청와대와 민주당을 포함한 4당은 일관되게 5당 베이스의 '여야정 협의체'를 고집했다. 여야정 협의체에 대한 문재인 대통령과 민주당 이해찬 대표·홍영표 원내대표의 집착은 생각보다 강했다. 청와대가 국회와 뭔가 협의하고 논의하는 '그림'을 어떻게든 만들어 국민들에게 보여줌으로써 잇따른 실정과 정쟁의 1차적 책임을 덜고 싶었던 듯하다. 게다가 자유한국당만 빼고 나머지 4당 모두 연동형 비례제에 우호적인 만큼 5당 협의체는 정권에도 유리했다.

나는 우리 당 정개특위 위원 중 정유섭 의원과 머리를 맞대고 숙의한 결과, 파격적인 역제안으로 맞불을 놓았다.

'비례대표 폐지, 국회의원 300석에서 270석으로 축소'를 골자로 하는 완전히 새로운 선거제 개편안을 내놓은 것이다. 우리가 오로지 연동형 비례제에 어깃장을 놓기 위해 극단적 카드를 내놨다는 분석까지 나올 만큼 파격적인 제안이었다.

그러나 비례대표 폐지와 의석수 축소는 다른 4당을 골탕 먹이려고 어깃장으로 던진 카드가 결코 아니었다. 내가 그때까지 정치를 하면서 느껴온, 선거제에 대한 오랜 고민이 담긴 충심 어린 제안이었다.

비례대표라면, 알다시피 내가 바로 그 제도 덕에 국회에 처음 들어온 당사자다. 비례대표제는 두 아이의 엄마이자 판사로 살던 나를 정치권에 들어올 수 있게 해준 획기적인 관문이었다. 비례대표제는 나처럼 지역구 기반이 없는 대신에 전문성이나 직능 대표성이 강한 사람들을 국회로 들여보내는, 장점이 뚜렷한 장치다. 그러면서 태생적으로 '지분 나눠먹기', 측근들에 대한 '코드 보은'용으로 전락할 위험성을 안고 있는 게 비례대표제다. 그렇게 운영되는 비례대표제는 오히려 우리 정치의 대표적 구태인 밀실 정치, 계파 정치, 보스 정치를 더 심화시킨다.

또 한 가지, 나는 비례대표 의원으로 첫 단추를 끼웠지만 이후로는 지역구에서 내리 3선을 하며 '지역구 정치'의 위대함을 실감했다. 진짜로 좋은 정책 제안이 유능한 대학 교수나 법조인·전문가의 머리에서만 나오는 것은 아니라는 것을 나는 지역구에서 뼈저리게 체감했다. 시장통에서 만난 상인의 무심한 한마디, 어디 국밥집 주인장이 던진 조언, 유치원 선생님이 내는 아이디어가 훨씬 더 반짝반짝 다가오곤 했다. 지역구에서 활동하는 정치인들 대부분도 아마 같은 생각일 것이다. 그것이 내가 지역구에서 '토요 데이트'를 꾸준히 진행한 이유다. 지역 주민들을 만나서 현장의 삶과 정치적 수요를 직접 듣는 것은 나의 의정 활동과 정치 활동의 값진 기반이자 자산이다.

우스개로 "지역구는 지옥구, 전국구는 천국구"라고 한다. 지역구 의원이 소화해야 하는 정치적 일정과 업무가 그만큼 과중하다. 내가 비례대표로 처음 국회의원이 됐을 당시는 각 의원마다 '대의원 추천권'을 줬는데, 지역구 의원은 1명당 30~50명, 비례대표 의원은 1명당 일률적으로 4명의 대의원을 추천할 수 있었다. 그때 나와 일부 비례대표 의원들이 당 원내대표를 찾아가 "왜 추천 몫이 이렇게 차이나느냐"고 불만을 토로하기도 했는데, 선배이고 중견 정치인인 원내대표는 엷은 미소를 띠고 '그래, 당신들은 그렇게 생각할 수도 있겠지' 하는 듯한 표정이었다. 그랬던 내가 훗날 지역구 의원을 해보니, "4명도 많네!"라는 말이 절로 튀어나올 정도였다. 나 자신 지역구 의원이 되고 나서야 지역 정치의 진가를 비로소 깨달은 것이다.

지역 정치의 힘은 실로 대단하다. 지역은 '균형'을 도모한다. 예컨대 이념적으로 매우 극단적인 성향의 국회의원이 있다고 해보자. 그 의원이 자신의 뜻대로만 정치를 할 수 없도록 하는 통제 장치가 바로 지역 여론이다. 지역구는 말 그대로 전국구의 축소판이다. 예를 들어 전국 규모의 어린이집연합회 회장이 있으면, 지역에는 그 지역 연합회 회장과 어린이집 원장들이 있다. 전국연합회장뿐만 아니라 지역 회장, 개별 원장들의 목소리도 절대 지나칠 수 없는 여론이다. 이 분들이 내놓는 비판·제안·지적들이 정치인으로 하여금 자기 내키는 대로만 정치를 할 수 없게 균형을 잡아주는 것이다. 지역구에서 지역 주민과 함께 호흡하면서 정치인은 극단적 정쟁과 이념화에서 벗어나 주권자의 명령과 호소에 차츰 고개를 숙이게 된다. 이것이 지역 정치의 힘이다. 전 미국 하원의장 팁 오닐은 이를 일컬어 "모든 정치는 지역 정서다(All politics are local)"라고 했다. 나는 그런 지역 정치의 힘이 우리 사회, 우리 정치권에서 더욱 커지길 바란다.

그리고 우리 정치에서 늘 문제가 되는 것이 바로 인구 편차에 따른 선거구 간의 불균형이었다. 국회의원이란 국민의 대표이고, 대표하는 단위는 지역구다. 그런데 지역구별로 유권자 수가 들쭉날쭉하다면 국회의원의 대표성이 왜곡된다. 이 편차를 줄이도록 지역구 획정을 다시 하는 것은 해당 지역구 의원의 '밥그릇'을 건드리는 것이 되어 결코 간단하지 않다. 그런데 비례대표를 없애면 총 의석수를 줄이더라도 지역구 숫자가 늘어나므로, 인구 밀집 지역을 더 잘게 나눠서 가능한 한 고르게 유권자 숫자를 조정할 수 있다. 그것이 우리의 '의석수 축소, 비례대표 폐지' 안이었다.

그런데 전국구 비례정당 득표율이라는 또 다른 '밥그릇'을 건드렸으니, 아니나 다를까 여당과 다른 야당들은 생난리가 났다. 드러내 말들은 안 했지만 당내 눈초리도 싸늘했다. 하지만 그러잖아도 꼴 보기 싫은 국회의원 정수를 줄여버리자니까 국민들은 뜨겁게 호응했다. 실제로 우리 당에서 자체적으로 실시한 여론 조사에서는 물론, 친 정권 성향의 조사기관과 매체들의 조사에서도 국민들의 지지가 확인됐다.

그러나 비례대표제 확대를 골자로 하는 연동형 비례제에 대한 나머지 4당의 집착을 꺾기엔 역부족이었다. 이제나 저제나 의석수 늘릴 생각에 혈안이 돼있는데 도리어 의석수를 줄이자니, 그것은 그들에겐 결코 용납할 수 없는 기득권 침해였을 것이다. 그렇게 3월 임시국회는 개원 전부터 전운이 감돌았다.

연동형 비례대표제는 나의 원내대표 임기가 끝난 직후 '준연동형 비례대표제'라는 해괴한 이름으로 본회의를 통과했다. 그에 대처하는 편법으로 자유한국당의 후신인 미래통합당이 '비례용 위성정당' 미래한국당을 만들자 민주당 사람들도 더불어시민당과 열린민주당으로 맞불을 놓으며 상호 원색적인 비난전이 이어졌다. 그러나 21대 국회 개원 전에 미래한국당과 더불어시민당 당선자들이 전원 원대복귀함으로써, (준)연동형 비례대표제는 나의 소신대로 태어나지 말았어야 할 '귀태(鬼胎)' 선거제도였음이 입증되었다.

'연비제 드라이브'로 정국을 몇 번이나 파행과 결렬로 몰고간 민주당조차 21대 총선 평가 보고서를 통해, 자신들이 주도해 탄생시킨 준연동형 비례대표제에 문제가 있음을 인정하고 원점에서 재검토할 것을 시사했다. 2019~20년을 적신 잔물결 속에서 한때 승리의 쾌감에 젖었을지 몰라도, 대한민국 헌정사라는 도도한 물결 속에서 보면 패배였다. 그들은 이김으로써 역설적으로 완벽하게 졌다.

03

청산·장악·비리의 삼중주

‘우윤근 비리 올리자 靑(청)이 나를 쫓아냈다.’

앞의 ‘합의 아닌 합의’를 위한 회동이 예정된 2018년 12월 15일, 아침 신문 톱 헤드라인이다.

손학규·이정미 대표의 단식, 낮에 있을 5당 합의 발표로 머리가 어지러웠던 나는 제목만 힐끗 보며 ‘또 박근혜 캐비닛인가?’ 했지, 문재인 정권의 문제일 거라고는 짐작도 못 했다.

청와대 민정수석실의 감찰 무마에 관한 김태우 전 청와대 민정수석실 특별감찰반 수사관의 일련의 폭로 사태의 첫 신호탄은 그렇게 터졌다.

터졌다 특감반

김태우 전 수사관의 전날 폭로는, 우윤근 주 러시아 대사가 민주당 국회의원 시절 부당한 청탁과 함께 금품을 수수한 일을 우 대사 임명 전에 특감반이 확인하고 보고했는데도 청와대 '윗선'에서 이를 무마하고 우 대사 임명을 강행했으며, 김 전 수사관 자신은 괘씸죄로 검찰에 원대복귀하게 됐다는 내용이었다.

'촉'이 왔다.

'무엇인가 더 있다!'

나중의 조국 사태와 2020년의 윤미향(정대협·정의연)·추미애 사태에서 보듯, 정권이 연루된 '게이트'성 비리가 터지면 여당은 걸핏하면 "사실 관계를 확인한 뒤……"라고 발뺌부터 하고 본다. 이럴 때 야당 자유한국당이 앞장서서 치고 나가기보다 검찰의 수사와 언론의 보도나 따라가는 소극적 대처로 일관하는 게 나는 늘 불만이었다. 어쩌면 60년 여당의 습기가 덜 빠져서일지도 모른다.

국회는 다른 국가 기관에 요구해 엄청난 양의 고급 자료, 기밀성 자료를 받아낼 수 있고, 위원회 활동과 국정조사권 발동으로 심도 깊은 조사를 직접 할 수 있다. 특감반 사태만큼은 자유한국당이 국회를 중심으로 조사를 이끌어가기 위해서는 특정 상임위뿐 아니라 관련 상임위 전부를 넘나들며 문제를 파고들 전담 팀이 필요했다. 나는 곧바로 태스크포스(TF) 팀을 꾸리게 하고 김태우 전 수사관 측과 접촉을 시도했다.

이 사건은 절대 수사관 한 명의 감찰 활동과 그에 대한 탄압, 무마 시도 선에서 그치는 문제가 아닐 것이었다. 그 위로 이인걸 특감반장은 물론 조국 민정수석, 임종석 비서실장, 궁극적으로 문재인 대통령까지 이어져 있을지 모르는 그 '비리의 줄기'를 캐내기 위해 모든 역량을 총동원한 TF 팀들이 2019년 내내 여러 형태와 조합으로 꾸려지면서 성과를 낼 수 있었다.

그러나 우리 당이 김 전 수사관과 직접 접촉하는 모양새는 서로에게 바람직하지 않았다. 그를 정치적인 인물로 만들어 버리면 사건이 정쟁으로 변질돼 '정권 비리'라는 본질이 희석될 수도 있었다. 우리는 신중, 또 신중하게 움직였다. 김 전 수사관과의 소통은 주로 보좌진 수준에서만 이뤄졌고, 원외 당협위원장인 김용남 전 의원이 그의 변호인으로 활동하면서 자연스럽게 당과의 가교 역할을 했다. 그렇게 조심스럽게 마련된 채널을 통해 중요한 단서들을 하나하나 확보해 나갔다.

첫 보도가 있고 나흘 뒤인 2018년 12월 19일, 나는 의원총회에서 특감반의 첩보 보고서 목록을 화면으로 띄워서 공개했다. 민간인 불법 사찰 의혹을 제기하고도 남을 만한 목록이었다. 내가 띄운 화면을 이튿날 「조선일보」가 1면 톱 사진으로 대문짝만 하게 실어 보도했다. 모 기자가 말했다.

"원내대표 되고 나서 이렇게 빨리 1면에 나온 분은 없었을 거예요."

김태우 전 수사관은 이후 내내 정권 차원의 숱한 협박과 회유에 시달렸다고 한다. 당장 검찰에 구속될 처지였으니 유혹은 또 얼마나 많았을까? 그럼에도 시종일관 의연하게, 또 전략적으로 대응하는 그를 보며 나는 고마움과 함께 경외감마저 느꼈다.

영혼 탈곡기

당시 터져나온 여러 혐의 중에서도 가장 나를 충격에 몰아넣은 것은 바로 공무원을 대상으로 이뤄진 '휴대폰 사찰'이었다. 감찰이라는 이름으로 행해진 대대적인 공무원 사찰은 도저히 자유민주주의 사회에서 용납하기 어려운 사생활 침해이자 인격권 박탈이었다. 강력한 상명하복 문화와 딱딱한 위계질서 안에서 움직이는 공무원, 특히 '연금'이라는 이슈에 엄청나게 민감할 수밖에 없는 공무원들에게 휴대폰을 '임의 제출'하라고 하면 과연 누가 그것을 거부할 수 있을까? 상급 공직자가 권한을 정치적으로 남용하는 대표적인 사례이며, 일반 국민으로서도 충분히 공포를 느낄 만한 사안이었다.

어떻게 하면 이 이슈를 더 쉽고 간명하게 국민들에게 전달할 수 있을까 고민하던 중 전희경 의원과 대화를 나눌 기회가 있었다. 전 의원은 "이거 완전히 영혼을 탈탈 터는 거에요. 영혼 탈곡기네요, 완전히"라고 했다. 그래서 2019년 1월 9일, 나는 조국 당시 민정수석에게 '휴대폰 사찰 수석, 영혼 탈곡기'이라는 칭호를 붙여줬고 이것이 여러 언론에 회자됐다.

조 전 장관에게 붙인 별명이었지만, 과연 조국이라는 한 개인에게만 해당되는 표현일까?

문재인 정권은 스스로를 '진보' 정권으로 표방해 왔다. 참다운 의미에서 진보(progressive)라고 하려면 개인의 정치적 자유와 사상의 자유, 표현의 자유를 폭넓게 인정해야 마땅하다. 하지만 '우리와 같은 생각'에 대해서만 사상과 표현의 자유를 보장하고 '다른 생각'은 악(惡)으로 치부하며 억누른다면 그것은 더 이상 진보라고 불릴 자격이 없다. '다름'을 '틀림'으로 규정하고 거부하는 문재인 정권은 애당초 민주주의 정치라는 링에 오를 자격이 없다. 우리 사회에서 진정한 '진보' 정치 세력이 태어난다면, 그들은 보수의 뿌리와 이념을 인정하고 보수 정치 세력을 대등한 카운터파트로 인정하는 세력이어야만 한다.

2019년 초까지 이어지며 정국을 뜨겁게 달군 특감반 이슈는 이후 한동안 묻혀 있다가, 여름 이후 '조국 사태'가 터지면서 다시 청와대 민정수석실에 이목이 집중됐다. 그러나 조국 사태는 민정수석실보다 조국 개인과 일가의 부패와 범죄 혐의에 더 초점이 맞춰져 있었기 때문에 권력형 비리 의혹 방면으로는 파괴력을 발휘하지 못했다.

그러다 조국 법무부 장관이 사퇴하고 2019년 10월 말, 검찰이 유재수

부산시 부시장의 금융위원회 기획조정관 시절 비리 감찰 무마 의혹을 대대적으로 수사하기 시작하면서 특감반 이슈가 다시 세상을 뒤흔들었다. 자유한국당이 뿌린 씨앗이 뒤늦게 결실을 맺는 것 같다는 성취감을 느낄 수 있었다.

야당은 말 그대로 '야(野)'당이다. 눈에 보이는 상대뿐만 아니라 자기 안의 좌절감과 무력감과도 늘 싸워야 하는 숙명을 안고 있다. 더구나 소수 야당이라면 '뭘 해도 안 될 거야'라는 자학과 패배주의의 유령이 늘 곁을 맴돈다. 어떤 문제 제기를 하면서도 그것이 당장 명확히 규명될 수 있을 것이라 기대하기는 무리이고, 우선 실마리라도 던져두고 나머지는 사회 또 다른 부문의 호응에 맡기는 '기다림'이 야당의 미덕이다. 세상이 우리 목소리를 들어주든 말든, 중요한 것은 진실의 실마리를 확보해 두는 것이다.

2018년 말 자유한국당은 '특감반 사태'라는 씨앗을 심었고, 그것이 10개월가량 지나서야 검찰의 본격적인 수사 대상이 됐다. 야당의 존재 이유가 바로 여기 있다. 아무도 문제를 제기하지 못할 때, 야당은 해야만 한다. 당장은 국민의 반응과 관심이 적어도 야당은 떠들어야만 한다. 그래야 누군가가 그것을 기반 삼아 진실을 향해 다가갈 수 있다. 그것이 내가 특감반 사태에 집중적으로 달려들었던 이유다.

운영위의 임종석과 조국

다시 2018년 연말로 돌아가, 특감반 문제를 국회 차원에서 문제 삼지 않고 해를 넘길 수는 없었다. 특감반은 청와대 민정수석실 소속이므로 우리는 청와대 소관 상임위인 국회 운영위원회의 현안 질의에 임종석 비서실장과 조국 민정수석이 동반 출석할 것을 요구했다. 청와대와 여당은 "민정수석이 국회에 출석한 전례가 없다"며 거부했다.

민정수석의 운영위 출석이 이례적인 것은 사실이다. 그러나 특감반 사태의 성격과 내용에 비추어 조 수석이 출석하지 않는다는 것은 용납할 수 없는 책임 회피이고 본질 흐리기였다. 우리는 청와대로서도 정면 돌파 외에 별 수가 없었을 것이라 판단해 밀어붙였고, 여당은 어쩔 수 없이 조 수석을 출석시키기로 양보했다.

조국 수석을 운영위에 출석시키기로 12월 27일 최종 합의한 가운데, 청와대의 요청이 있었는지 홍영표 원내대표로부터 "합의 사실을 오후 5시까지 절대 비공개로 해달라"는 부탁이 왔다. 나는 저들의 내부 조율이 잘 안 돼서 그런가보다 막연히 추측하고, 부탁대로 공개를 미루고 5시까지 기다리고 있었다. 그날은 산업안전보건법(김용균법)을 처리할 2018년 마지막 본회의가 열리는 날이기도 했다. 5시가 넘자, 운영위 개최에 합의했다는 속보가 터져나왔다. 우리에게는 비공개를 부탁해 놓고, 저들이 조국 수석의 운영위 출석을 공개한 것이다. 청와대와 여당은 '선(先) 김용균법 합의, 후 운영위 개최'라는 '스토리'를 만들어내기 위해 그렇게 시간 벌기를 한 것이다.

12월 31일, 2018년의 마지막 날. '특감반 비리'에 관한 국회 운영위원회 현안 질의에 드디어 임종석 실장과 조국 수석이 출석해 나란히 앉아 있는 모습은 지금 돌이켜보니 어쩌나 괴랄스러운지……. 그것은 다음해 2019년 한 해 동안 온 국민이 둘로 쪼개져 아스팔트 위에서 대치하게 한 '조국 사태'와 '조국 복수 혈전'의 전주곡이었다.

청와대 입성 1년 7개월을 막 넘긴 조국 수석은 어리버리한 샌님 티를 아직 못 벗은 정치 신인이었다. 우리 당 위원들의 질의도 자연히 조 수석보다 그의 상관인 임종석 실장에게 집중되는 편이었다. 어쩌다 조 수석에게 질의가 갈 때도 임 실장이 마치 가디언이라도 된 것처럼 자주 조 수석의 답변을 끊고 "그게 아니고요……" 하면서 보충설명을 대신 해줘야 했다. 불과 열 달 뒤 법무장관 때의 그 '근자감' 넘치는 언동을 생각하면 지금도 잔털들이 솟는 느낌이다.

이날 운영위는 내내 거짓말과 핑계·변명으로 일관한, 임종석·조국 콤비의 대국민 여론전이었다. 턱없이 부족한 자료, 쫓기는 시간, 게다가 한 해의 마지막 날이라 언론의 관심히 비교적 저조했던 것도 야당에 불리하게 작용했다. 운영위가 끝난 후 언론과 국민의 비난은 되레 우리 당에 쏟아졌다. 언론은 우리가 '준비된 한 방'도 없이 비서실장과 민정수석을 불러내는 '쇼'에만 혈안이 되었다고 깎아내렸다.

왜 운영위 날짜를 더 나중으로 잡아 여유 있게 준비하지 못했냐는 지적이 있지만, 사실은 이렇다. 민주당은 12월중이 아니면 운영위 개최 자체를 보이콧할 기세였다. 나도 한창 여론이 고조된 시점에 운영위를 개최하는 것이 더 큰 반향을 일으킬 수 있을 것이라고 판단했다. 해를 넘기면 이 이슈가 다른 신년 이슈들에 희석돼 버릴 수 있다는 초조한 마음이 컸다. 그 후 손혜원 의원의 목포 부동산 투기 이슈가 터졌기에, 운영위를 그때 여는 것이 차라리 나았을 수 있었지만, 이것은 어디까지나 결과론이다. 당장 다음 주, 한두 달 뒤를 누가 안단 말인가?

자유한국당이 운영위 개최를 따내는 대신 김용균법을 통과시켜 주기로 '딜'을 했다는 것도 사실과 다른 '청와대발 프레임'이다. 애초 운영위와 김용균법은 서로 아무런 관련이 없는 별개의 논의 주제였다. 김용균법 처리에 협조하는 대가로 우리가 얻은 것은 운영위 개최 건이 아니라, '공기업 채용 비리 국정조사 계획서' 채택이었다.

9개월여 뒤, 이번에는 법무부 장관 후보자가 된 조국의 인사 청문회도 비슷했다. 청문회에 앞서 조국 후보자의 '기자 간담회'라는 것이 국회에서 열렸다. 유례없는 '셀프 청문회'를 보며, 운영위에 임종석과 조국을 출석시킨 2018년의 마지막 날 우리가 본 것은 장차 펼쳐질 문재인 정권의 더욱 치밀한 '거짓말 정치'의 예고편, 아니, 선전 포고였음을 뒤늦게 절감했다. 아쉬움이 많이 남는 한 해의 마지막 날이었다.

그러나 선달 그믐날의 임종석·조국 출석은 분명히 소득이 컸다. 우선

2018년의 마지막 날 국회 운영위원회 현안 질의를 앞두고 임종석 대통령비서실장(가운데), 조국 민정수석비서관과. ⓒ연합뉴스

이날 현안 질의 대상에 포함된 유재수 등이 후에 형사재판에서 유죄 판결을 받았으니 국회의 문제 제기는 마땅히 할 일을 한 것이었다. 무엇보다, 임 실장과 조 수석이 이날 운영위에서 선서하고 답변한 발언들은 훗날 조국 사태를 비롯한 정권 비리와 개인 비리 재판들에서 유력한 유죄 증거로서 이들의 발목을 잡게 될 터였다.

운영위를 마치고 2019년 새해 첫날의 새벽. 긴급 사보임(위원 사임으로 결원이 생겼을 때 다른 위원을 보임하는 일)으로 운영위에 투입된 특감반 TF 위원들과 함께 아주 이른 아침밥을 먹으러 감자탕 집에 들어섰다. 24시간

영업을 하는 음식점이 드문 서여의도에서 우리가 으레 가는 음식점이었다. 전투와 같은 하루를 보내 모두들 지친 우리는 소주 한 잔씩으로 상처받은 영혼들을 소독했다. 이 집 감자탕은 늘 냉동된 고기를 사용하는 탓에 약간의 아쉬움을 주긴 했지만, 그래도 깻잎을 듬뿍 넣어줘서 깻잎맛이 좋아 자주 가곤 했다. 따뜻한 국물 한 숟가락을 입에 넣으며 잠깐의 휴식을 취했다.

그러면서도 나는 뭔지 모를 희망을 갖고 2019년을 맞고 있었다. 이 정권의 이중성도 결국은 만천하에 드러날 때가 되지 않았나 하는 '감'이 왔다.

조해주 청문회 패싱

문재인 정권 출범부터 습관처럼 반복돼 온 '인사 참사'는 나의 원내대표 임기중에도 계속됐다.

원내대표 취임 하루 뒤인 2018년 12월 13일, 문재인 대통령은 조해주 국민대 교수를 중앙선거관리위원회 상임위원에 지명했다. 조해주 교수는 그 전해 제19대 대통령 선거 캠프에서 문재인 후보의 특보를 맡았던 인사다. 정권 출범 초부터 '캠코더(캠프·코드·더불어민주당) 인사'로 악명 높았던 정권이지만, 가장 엄정한 정치적 중립이 요구되는 선관위원, 그것도 상임위원 자리에 캠프 사람을 꽂아넣겠다는 것은 상상을 초월하는 일이었다.

문재인 정부 들어 법률상 정해진 공직자의 인사 청문회는 유명무실해지고 있었다. 문 대통령은 처음부터 청문회를 요식 행위 정도로 치부하여, 국회의 청문 보고서 채택 여부에 아랑곳하지 않고 자기가 점찍은 인사의 임명을 강행해 왔다. 그러나 선관위원마저 그런 식으로 인사를 하는 데 우리는 경악했다. 인사 청문회 자체를 용납할 수 없었다. 청문회를 열어준다는 것은 어쨌든 인사 검증의 대상이라는 것을 인정하는 셈이기 때문이다.

2019년 1월 9일, 자유한국당과 바른미래당의 불참 속에 조해주 후보 인사 청문회는 파행되었다. 우리가 요구한 행정안전위원회(행안위) 전체회의는 여당의 반대로 열리지 못했다. 이대로 임명을 강행한다면 이 정부 들어 처음으로 장관급 인사를 청문회 없이 임명하는 사례가 될 터였다. 여야는 가까스로 1월중에 다시 청문회를 개최하기로 합의해 대통령의 막무가내 임명을 잠시나마 지연시킬 수 있었다.

미뤄진 청문회가 이번에는 여당의 몽니로 불발되었다. 증인 요구를 받을 수 없다는 게 이유였다. 증인 없는 청문회라니, 청문회는 명분용으로 열어주고 그걸 기화로 임명을 강행하려는 수작 아닌가. 나는 "만약 조해주 임명을 강행한다면 2월 임시국회는 없다"며 초강수를 뒀다.

청와대는 꿈쩍도 하지 않았다. 1월 24일, 문 대통령은 기어코 국회 인사 청문회 없이 조해주 선관위원에게 임명장을 수여했다. 2월 임시국회의 문은 그렇게 닫혀버렸다.

조해주 선관위원 임명식이 있은 1월 24일부터 우리는 농성에 돌입했다. 그런데 농성의 방식과 일정을 결정하는 과정에 혼선이 있어, 정밀한 투쟁 계획을 세우지 못한 채 선불리 농성부터 들어가는 실책을 저지르고 말았다. 웃음거리가 된 '5시간 30분 릴레이 단식 농성' 사건이다. 당시 뼈아픈 질책은 '작은 실수가 본질을 왜곡시켜 진정성을 알리는 데 커다란 장애가 될 수 있다'는 중요한 깨달음을 주었고 이후 농성 등 장내외 투쟁을 위한 소중한 오답 노트가 돼주었다.

릴레이 농성에서 소득도 없지는 않았다. 「신의 한 수」「펜 앤드 마이크」 등 유튜브 기반의 보수 대안 언론들이 우리 농성을 실시간 중계함으로써 우리 당과 유튜브 언론 사이에 접점을 형성하는 계기가 된 것이다. 그 후 자유한국당이 개최하는 집회와 연설회·행사마다 많은 유튜버들이 취재 와서 현장 상황을 국민들에게 실시간으로 알림으로써 우리 당의 투쟁력을 더욱 높여주었다.

조해주 선관위원 임명 강행은 앞선 수많은 인사 참사에 견주어도 수위가 남다른 사건이다. 우리나라 공직 선거에서 선관위의 영향력은 굳이 말할 필요도 없을 정도다. 광범위한 유권 해석 권한은 물론, 선거법 위반 조사를 독점하는 선관위이기에 마음만 먹으면 얼마든지 선거판을 기울게 할 수 있기 때문이다. 실제로 1년여 뒤 4·15 총선 때 선관위가 민주당의 '100년 친일 청산' 플래카드는 괜찮다고 하면서 우리 당의 '민생 파탄 무능 OUT' 플래카드는 선거법 위반이라 판정하는 등 정권의 친위대 노릇을 착실히 한 것을 보면 그때 우리의 반발이 기우가 아니었음을 알 것이다.

손혜원과 김경수

조해주 선관위원 임명 강행 전후로 특감반 사태와 유사한 사건이 두 개 더 터져나왔다.

하나는 2019년 1월 중순에 터진 손혜원 민주당 의원의 목포 땅 투기 의혹이었다. SBS가 하루에 세 꼭지의 단독 기사를 쏟아내며 시작된 '손혜원 게이트'는 다시 한 번 정권의 부도덕한 민낯을 드러냈다.

손혜원 의원은 브랜드 네이밍 전문가 출신으로 대통령의 최측근으로 분류되는 인사다. 손 의원과 대통령부인 김정숙 여사와의 특수한 관계까지 겹쳐 의혹은 순식간에 대형 스캔들로 부상했다. 손 의원은 결백을 주장하며 닷새 뒤 민주당을 탈당했지만, 일개 의원이 비리에 연루되어 탈당을 선언하는 자리에 원내대표(홍영표)를 대동해 "최순실보다 더하다"는 빈축을 샀다. 야당 원내대표인 내가 다 얼굴이 화끈해지는 순간이었다.

손혜원 의원은 3월에는 선친(손용우)이 독립 유공자로 지정된 과정의 특혜 의혹이 또다시 도마에 올랐다.

거듭되는 손 의원의 비리는 그가 '공적 마인드'와 '사업(또는 가정사) 마인드'를 구분하지 못하는 데서 온 것이라고밖에 말할 수 없다. 국회의원은 여느 공무원과 달리 다른 공·사의 직을 겸직하는 데 제한이 거의 없다. 그럴수록 공직자로서 해야 할 일, 해도 될 일과 해서는 안 될 일을 철저히 구분해야 하는 것은 물론이다. 손 의원은 2020년 6월에 목포 부동산 투기 혐의로 징역 4년을 구형받고 법정을 떠나면서 "어느 한순간도 돈 문제에서 남에게 부끄러운 일 하지 않았다"고 강변해서 보는 이들을 아연케 했는데, 이렇게 공적 마인드가 없는 그에게는 아무래도 정치판보다 광고판이 더 어울리는 것 같다.

손혜원 의원은 이후 더불어민주당조차 "우리 자식 아니다"라며 손사래를 친 비례위성정당 '열린민주당' 창당에 참여해 2020년 4·15 총선의 핵폭풍을 예고하는 등 기세를 올리기도 했으나, 뚜껑을 연 결과 열린민주당은 3석으로 쪽박을 차고 말았다. 목포 땅 투기 재판에서는 2020년 8월 12일 1심에서 징역 1년 6개월을 선고받고 불복하여 항소중이다.

2019년 1월 30일에는 대통령 선거 여론 조작 사건인 '드루킹' 형사 재판에서 김경수 경남도지사가 1심 유죄 판결과 함께 법정 구속됐다. 극렬 '친문'들의 개별적인 일탈로 치부되며 묻힐 뻔했던 드루킹 사건의 진상이 제대로 규명될 수 있겠다는 일말의 희망을 품을 수 있었다.

물론 드루킹 재판은 앞으로 항소심과 대법원 상고심까지 첩첩산중이다. 실제 김경수 지사는 법정 구속된 지 77일 만에 보석 허가를 받아 도정(道政)에 복귀했다. 하지만 2심 재판조차도 결국 김경수 지사의 유죄를 인정할 수밖에 없었다. 물론 공직선거법 위반 부분에 대해서는 무죄를 선고해 '타협적 판결'이라는 오명을 피하기는 어려웠지만, 적어도 김경수 지사와 드루킹 일당의 댓글 조작 범행의 밀접한 연관성은 분명히 확인됐다. 이것은 문재인 정권에게는 치명타일 수밖에 없고 정권의 정통성까지 위협하는 판결이기도 하다. 문제는 대법원이다. 이재명 지사, 은수미 시장에게 면죄부를 준 대법원이 또 어떠한 논리로 김경수 지사를 기사회생시킬지 모른다. 장악당한 사법부는 이토록 진실을 허망하게 비틀어버릴 수 있는 것이다. 과연 대법원은 진실을 직시할 용기가 있을까? 김경수 지사의 운명에 따라 다음 대선의 판도마저 바뀌기 때문에 정치적 압박이 거셀 것이다. 대한민국 사법부의 존엄이 얼마나 지켜질 것인지 우리는 유심히 지켜 볼 필요가 있다.

사법 농단이냐 '사법부 농단'이냐

사법부의 '피'를 바꾸려는 문재인 정권의 사법부 장악 정치 공작은 우리가 생각하는 수준을 훨씬 뛰어넘는다.

2017년 9월 김명수 대법원장 취임 이후 사법부는 삽시간에 특정 정파 세력에 의해 장악되어 가고 있었다. 드루킹 사건 1심에서 김경수 지사에게 유죄 판결을 내린 성창호 판사는 한 달여 만인 3월 초 검찰에 의해 '사법 농단' 혐의로 기소되었다. 그것은 2심 판결에 영향을 미치기 위한 정치적 기소였다. 절대 묵과할 수 없었다. 여당은 노골적으로 성창호 판사를 정치적으로 물어뜯으면서 김경수 지사 유죄 판결에 대한 화풀이를 하고 나섰다. 전형적인 '사법부 압박'의 모습이었다.

사법부는 체제의 정체성과 질서를 지키는 최후의 보루다. 대통령의 반헌법적 통치를 제어할 수 있는 힘도 결국 대법원과 헌법재판소라는 최고 사법 기관에서 나온다. 대규모 시민 봉기나 무력 쿠데타로 사법부가 마비되지 않는 이상, 헌정 질서를 수호하는 마지막 책임은 사법부에 있다. 탄핵소추·심판 과정과 법리 판단에 논란이 있긴 하지만 아무튼 박근혜 대통령 파면도 '아스팔트 위의 촛불 명령'이 아니라 헌법재판소의 결정에 의해 이루어진 것 아니던가.

북한 같은 독재 국가들에서는 사법부의 존립 자체가 의미가 없다. 수많은 '민주주의 국가'가 '권위주의 국가'로 퇴행하는 과정에서 사법부의 몰락이 가장 결정적인 장면들이라는 점만 봐도 사법부 독립이 자유민주주의에 얼마나 중요한지 알 수 있다. 거꾸로 국가 안보 아닌 '정권 안보'를 위해서는 맨 먼저 길들이고 장악해야 할 대상이 사법부이기도 하다.

문재인 정권은 출범 후 줄곧 사법부 장악을 위한 시도를 계속해 왔다. 2014년 헌법재판소의 통합진보당 해산 결정 때 유일하게 반대의견을 내고 2017년 박근혜 대통령 탄핵심판 때 주심으로서 편파적 진행 논란을 일으킨 김이수 헌법재판관을 문 대통령 취임 직후 헌법재판소장으로 임명하려 시도했다가 불발된 것이 신호탄이었다.

김이수 헌재소장 임명에 실패한 문 대통령은 2017년 8월, 김명수 당시 춘천지법원장을 파격적으로 대법원장으로 지명하면서 본격적으로 사법부 농단에 들어간다. 김 대법원장은 우리법연구회·국제인권법연구회 등 사법부 내 좌파 성향의 모임을 두루 거친 판사였다. 문 정권에게 반드시 필요했던 것은 전임 양승태 대법원장 체제를 청산해야 할 적폐로 만들고, 그걸 빌미로 사법부의 내부 질서를 완전히 정권의 입맛에 맞게 재편하는 일이었다. 그래서 문 정권은 출범 직후부터 줄곧 양승태 대법원 체제를 들쑤셨고, 그가 퇴임하자마자 온갖 혐의를 적용해 가며 명예를 더럽히기 시작했다.

그 대표적인 공격 수단 중 하나가 바로 일제 강제징용 피해자 4명이 일본 기업(신일철주금)을 상대로 제기한 손해배상 판결의 지연을 문제 삼는 것이었다. 이 사건은 앞서 일본 법원에서 2003년에 최종 기각된 후 2009년에 한국의 서울중앙지법에 다시 제소되었다. 서울지법과 서울고법에서 잇따라 원고(피해자들)가 패소했다가, 대법원에서 파기환송되어 2013년 서울고법에서 원고 승소 판결이 났다. 그러자 이번에는 피고(신일철주금)가 재상고했고, 그 재상고심이 5년가량 대법원에 계류되며 판결이 나지 않고 있었다. 법조계와 학계에서는 이것을 법원이 정부의 외교적 해결을 기다려주는 '사법 자제'로 해석하는 견해도 있었는데, 문재인 정권은 이를 박근혜 대통령·양승태 대법원장 체제에서 저지른 '재판 거래'로 치부하고 적폐몰이에 나섰다. 그리고 2018년 10월 30일, 김명수 대법원은 원고 승소의 확정판결을 내려버린다.

대법원 판결은 예상했던 대로 한일 외교관계의 마찰로 이어졌다. 강제징용 배상 판결, 전임 대법원장 구속, 신일철주금의 한국 내 자산 압류, 일본 초계기의 위협 비행 등, 일본과의 갈등 조짐은 날로 격화됐다. 나는 그때쯤부터 일본이 뭔가 보복의 한 방을 때릴지 모른다는 불안한 추측을 갖기 시작했다. 과연 2019년 3월경부터 일본은 '수출 보복' 카드를 만지작거리면서 강경 대응을 거듭 예고해 왔다.

강제징용 판결로부터 8개월이 지난 2019년 7월 1일, 일본 정부는 반도체 핵심 소재 3개 품목에 대한 수출 규제를 시작으로 본격적인 '무역 보복'에 들어간다. 8월에 한국이 한일 군사정보 보호협정(GSOMIA, 지소미아) 파기를 일방적으로 선언함으로써 사회는 또다시 엄청난 분열에 빠지게 된다. 한일 관계는 역대 최악 수준까지 악화됐다.

나는 대법원의 강제징용 배상 판결이 옳은가 그른가 가릴 수 있는 위치에 있지 않다. 대법원 판결이 수년간 미뤄져 온 것을 '사법 자제' 법리로 옹호할 생각도 없다. 원고든 피고든 소송 당사자는 판결을 애타게 기다리고 있을 것이 분명하기 때문이다. 그렇다고 국익과 국가 간 외교 관계를 완전히 무시한 채 그저 기계적인 논리로만 이 사건을 바라볼 수는 없다. 강제징용 배상 판결이 어떻게 나오느냐에 따라 1965년 체결한 한일 청구권협정의 효력부터 영향을 받게 되기 때문이다.

문재인 정권이 진정으로 강제징용 배상 사건의 합리적 해결을 원했다면 어떻게 했어야 할까? 문 정권의 주장대로 1965년의 한일 청구권협정이 '국가가 부당하게 개인의 손해배상 청구권을 부정한 불법행위'라면, 그 불법행위를 한 당사자인 대한민국 국가가 먼저 피해자 개인들의 손해를 배상한 뒤 일본과 구상권 협상을 하는 것이 순리 아닐까? 그게 아니더라도 최소한 대법원 판결이 나오기 전에 외교적 해결책을 마련해서 사법부의 판결과 외교적 현실이 서로 충돌하지 않도록 미연에 방지했어야 한다. 백 보를 양보해 설사 원고 승소 판결이 먼저 나왔더라도, 납득할 만한 협상안을 정부가 마련해 판결로 인한 부작용을 최소화하도록 노력하는 것이 국가의 당연한 의무라는 얘기다. 하지만 문재인 정권은 그러한 노력을 전혀 기울이지 않은 채 그저 판결을 재촉하기만 했다.

나는 바로 이러한 점에 비추어 문재인 정권이 강제징용 배상 판결을 '정치적으로' 필요로 했다고 하는 것이다. 정치인으로서, 제1 야당의 원내대표로서, 그리고 한때 사법부에 몸담았던 사람으로서 결론부터 말하자면, 강제징용 배상 판결이라는 것이 더 큰 목표, 더 본질적인 목적을 위해 '이용'당했다는 것이 나의 생각이다. 바로 문재인 정권의 '사법부 농단'이다.

양승태 전 대법원장을 비롯해 박근혜 정부 당시 사법부의 주요 인사들은 이미 '재판 거래'를 비롯한 사법 농단 혐의로 수사를 받고 있었다. 김명수 대법원의 강제징용 배상 판결이 있은 후 곧바로 양승태 대법원장에 대한 압수수색과 소환이 이어졌다. 조해주 선관위원을 강행 임명하기 몇 시간 전인 2019년 1월 24일 새벽, 사법 사상 처음으로 양 전 대법원장이 구속 수감되었다.

정권의 '사법부 농단' 역시 그때까지는 아직 서막에 불과했다.

2020년 4·15 총선에서 압승한 직후부터 청와대와 민주당은 한명숙 전 총리의 뇌물 유죄 사건을 재심하라는 요구를 모락모락 피워올리기 시작했다. 한 전 총리 사건은 2심에서부터 대법원까지 최종적으로 유죄가 인정된, 부정할 수도 없고 그래서도 안 되는 뇌물 사건이다. 결국 한명숙 전 총리의 동생이 전세자금 1억 원의 수표를 쓴 것은 사실이 아니던가.

힘과 숫자가 된다 싶으면 결과까지 뒤집으려는 것, 이것이 문 정권의 사법부 농단의 핵심이다.

식물 국회

2019년 2월 내내 국회는 늦은 겨울잠에 빠져 있었다. 표면적인 이유는 조해주 선관위원 임명 강행이었지만 사실 그것이 근본적인 문제는 아니었고, 더 깊은 속사정이 있었다. 바로 민주당의 '국정조사·특별검사 원천 봉쇄' 전략 때문이었다.

연초부터 연이어 터져나온 특감반 사태와 손혜원 게이트는 당연히 국정조사 감이었다. 2018년 여름 미진한 채 마무리된 드루킹 특검에 대해서도 우리는 지속적으로 재특검을 요구하고 있었다. 제1 야당으로서 당연히 내놔야 할 주장들이다.

나중의 일이지만 유재수 감찰 무마 의혹만 하더라도 윤석열 검찰의 대대적인 수사가 없었더라면 제대로 수면 위로 올라오기조차 힘들었을 것이다. 이런 권력형 게이트에 대해 여야를 초월해 국회가 국정조사에 나서는 것은 상식적이다 못해 의무이기까지 하다. 박근혜 정부 동안 총 일곱 차례 국정조사가 실시된 것과 비교해 보면, 문재인 정권 전반기 2년 반 동안 단 한 차례의 국정조사도 이뤄지지 않은 것은 해도 해도 너무한 일이었다. 아무리 여당이라도 국회 내 정당으로서 해야 할 일이 있는데, 민주당은 이 정권과 운명 공동체를 넘어 '생존 공동체'라도 되는 것처럼 요지부동이었다.

홍영표 민주당 원내대표는 국정조사의 '국'자만 나와도 경기를 일으켰다. 어떤 사건이든 어떤 이유에서든 국정조사와 특검은 절대 안 된다며 완강히 버텼다. 앞서 말한 드루킹 특검의 트라우마 때문이다. 결국 김경수 지사가 1심에서 유죄 판결을 받자 여당에선 그때 특검을 수용한 데 대해 강한 내부 비판이 있었을 것이고, 홍 원내대표는 두 번 다시 특검이나 국정조사와 같은 것을 받아줘서는 절대로 안 된다는 강한 확신을 갖고 임기 후반기를 맞이했을 것이다. 그런 홍 원내대표에게 줄기차게 특감반·손혜원 국정조사와 드루킹 재특검을 요구하는 내가 얼마나 원망스러웠을까?

국조·특검만은 절대로 안 된다는 홍 원내대표의 버티기가 2월 국회를 식물 국회로 만든 근본 원인이었다. 후에 식물 국회를 단숨에 동물 국회로 변신시킨 4월의 '패스트트랙 폭거'에도 홍 원내대표의 국조·특검 트라우마가 한몫 했다고 나는 지금도 믿고 있다.

국회의 문은 닫혀있어도 원내대표들의 회동은 2월 내내 평소나 다름없이 이어지고 있었다. 국정조사와 특검을 받아낼 가망이 없다는 생각이 들면서, 그렇다면 국회 문이 닫혀 있는 것은 과연 누구에게 좋은 일인지 의문이 일기 시작했다. 어쨌거나 야당의 투쟁 0순위는 원내 투쟁이어야 한다. 원내교섭단체 대표 연설이나 대정부 질문을 통해 여론을 환기할 필요도 절실했고, 상임위 현안 질의를 통해 새로운 사실도 끊임없이 밝혀내야 했다. 그렇다고 아무것도 받지 못한 채 국회 문을 열어줄 수만도 없기에 고민이 깊어갔다.

국회 파행에는 야당도 공동 책임이 있다는 심리적 압박이 점점 커져갔다. 임시국회를 아예 열지 않는 '강 대 강' 대치로 일관하다간 4당이 우리 당만 따돌리고 야합할 빌미를 제공할 우려도 있었다. 무엇보다 미디어 환경이 녹록지 않았다. '발목 잡는 야당' 프레이밍은 실로 강력하다.

나는 일단 3월 임시국회의 문은 열자는 쪽으로 마음을 다잡았다. 뭐든 들어가서 싸워보자는 결심이었다. 예상한 대로 당내 비판이 적지 않았지만, 그래도 국회 문을 언제까지나 닫고만 있을 수는 없다는 데 뜻을 같이 하는 동료 의원들의 지원 사격 덕분에 3월에 임시국회를 여는 데 합의할 수 있었다.

04

북적북적

문재인 정권이 헤게모니를 쥐고 임기 초반부터 유례없는 강력한 정치 드라이브를 걸 수 있게 한 두 기둥이 바로 '적폐 청산'과 '대북 정책'이다. 둘 모두 '보수' '우파'를 직접 겨냥한 것이다. 적폐 청산은 보수의 정치권력을 해체하기 위한 작업이고, 대북 정책은 보수가 일궈온 국가 디자인을 해체하려는 작업이다.

> 유례없는 인사 위기에 놓인 문 대통령이 순간을 모면하기 위해 또다시 북한 이슈를 이야기하는 게 아닌가 하는 생각이 든다. 북한 아니면 적폐밖에 모르는 '북적북적 정권'이라는 말이 나오게 한다.

2019년 4월 2일 원내 대책회의에서 내가 내놓은 코멘트다. "어떻게 '북적북적'이라는 조어를 생각해 냈냐?"고 기자들도 감탄했는데, 사실이 그랬다. 북한 아니면 적폐, 이 둘은 정권을 떠받치는 구명조끼와 같았다.

'북적북적'의 한 축인 적폐 청산에 균열이 가게 된 계기가 바로 앞서 언급한 특감반 사태와 손혜원 게이트였다.

'문재인 정권도 크게 다를 게 없다.'

'그들이 적폐라 몰아세우던 전 정권보다 더하면 더했지 못하지 않다.'

도덕과 정의의 논리를 독점하며 '보수＝수구＝사회악'으로 규정해 온 정권이 처음으로 도덕성과 공정성의 위기를 맞고 있었다.

특감반 사태와 손혜원·김경수 게이트가 정권 내부로부터의 불안 요소였다면, 2019년 들어 꼬이기 시작한 대북 정책은 밖으로부터의 위협이었다.

2월 27~28일로 예정된 도널드 트럼프 미국 대통령과 북한 김정은의 하노이 회담은 이런 총체적 난국을 타개하고 국내외적 관심을 모을 문 정권의 '반전의 승부수'였을 것이다. 그런데 이 날짜는 공교롭게도 우리 자유한국당의 새 당대표 경선이 있는 전당대회가 열리기로 한 날짜였다. 하노이 회담과 야당 새 대표 경선의 기막힌 컬래버레이션에, 어떻게든 전 국민적 관심을 모으며 당을 일으키려던 우리는 망연자실, 할 말을 잃고 말았다.

펠로시 "북한 믿지 않는다"

하노이 회담을 보름쯤 앞둔 2019년 2월 13일(미국 현지 12일), 나는 국회 방미 대표단의 일원으로 문희상 국회의장, 이해찬 더불어민주당 대표, 정동영 민주평화당 대표, 이정미 정의당 대표 등과 함께 미국을 방문했다. 국회 차원의 방미 일정이었지만 우리는 자유한국당 방미단도 별도로 꾸려서 함께 갔다. 이주영 국회부의장, 강석호 외통위원장, 원유철 당 북핵외교안보특별위원장, 김재경 외통위 간사, 백승주 국방위 간사, 그리고 대표적인 미국통 언론인 출신 강효상 의원으로, 외교 안보 분야에서 최고의 전문성과 정치력을 발휘할 수 있는 '베스트 엔트리 팀'이었다.

낸시 펠로시 미 하원의장을 공식 예방하는 자리였다. 문희상 의장이 펠로시 의장에게 선물로 자기가 손수 쓴 '만절필동(萬折必東)' 휘호 족자를 전달할 때 나는 얼마나 민망하던지!

만절필동이란 '황하가 만 번을 꺾여도 결국은 동쪽으로 흘러간다'는 뜻으로, 충신의 절개는 어떠한 난관이 있어도 변하지 않는다는 속뜻을 담은 말이다. 임진왜란 때 조선에 원군을 보내준 명나라 황제의 은혜를 잊지 않겠다는 다짐으로 선조가 바위에 새겼다는 글이다. 앞서 2017년 12월에 노영민 주 중국 대사가 현지에 부임하면서 베이징 인민대회당 방명록에 이 굴욕적인 말을 써서 한바탕 논란이 일기도 했다. 문희상 의장은 2018년 10월에 국회에서 열린 '위아자 나눔장터'에도 반흘림으로 쓴

'만절필동' 휘호를 내놓더니, 이번에는 예서로 반듯하게 써서 펠로시 의장에게 선물한 것이다.

노영민 대사나 문희상 의장이나, 저 말에 '사필귀정'이라는 뜻도 있다고 강변할 것이다. 그러면 그냥 '사필귀정(事必歸正)'이라고 쓰면 되지, 굳이 굴욕의 역사가 담겨있는 '만절필동'을 고집하는 그 속내를 나는 지금도 도대체 이해할 수가 없다.

이어진 공개 면담에서 문희상 의장 등이 "하노이 회담이 성공하도록 분위기를 만드는 게 중요하다"고 말하자 펠로시 의장은 자신이 1997년에 북한을 방문한 경험을 소개하며, "나는 북한을 믿지 않는다. 김정은 국무위원장의 진정한 의도는 비핵화가 아니라 남한의 무장 해제(demilitarization)다. 작년(2018) 싱가포르 회담도 쇼 아니었나" 하고 말해 문 의장 일행과 가벼운 설전이 오갔다. 이 발언을 이끌어 낸 사람은 바로 우리 당의 안보통인 백승주 의원이었다. 나는 "한미 연합훈련 중단이나 주한 미군 감축이 의제가 돼선 안 된다"며 펠로시를 거들었다. 나로서는 '만절필동'의 굴욕이 확 씻겨나가는 그야말로 사이다 같은 면담이었지만, 함께 있던 문희상 의장과 이해찬·정동영·이정미 대표는 억하심정, 내심 얼마나 화가 치밀었을까?

이후 들어보니 펠로시 의장은 '무장 해제' 발언 후로 한국 정치권 인사와 개별적 접견을 거부한다고 했다. 그때 한 말을 두고 한국 정치권과 언론이 사실 확인을 한다며 득달같이 달려들어 귀찮게 굴어서 '질려버렸다'는 것이다. 대북 환상 세력이 '미국 하원의장이 그런 발언을 했을 리

문희상 국회의장의 '만절필동' 휘호 선물 때문에 씁쓸했던 마음은 낸시 펠로시 미 하원의장의 "북한을 믿지 않는다"는 확고한 입장 표명으로 어느 정도 위안을 얻을 수 있었다. ⓒ국회

가? 분명 다른 발언도 있는데 편집된 걸 거야!'라는 일말의 기대감을 갖고 펠로시를 붙들고 늘어졌을 것이라고 나는 짐작했다.

이후에도 펠로시 하원의장은 기회 있을 때마다 북한에 대한 근본적 불신과 강력한 제재 의지를 표명했다. 그리고 시간은 펠로시의 관측이 정확했음을 증명해 주었다. 트럼프 행정부의 핵심 인사 몇몇을 제외하곤 미국 정가 인사 대부분이 펠로시나 나의 생각에 더 동조했다.

그것은 상식이기도 하다. 지난 수십 년간 한반도를 안보 위기로 몰아넣고, 1990년대부터 핵 개발을 시작해 핵·미사일 도발을 멈춘 적이 없는 북한 정권이 갑자기 문재인 정권 몇 년 만에 핵을 내려놓을 것이라는 기대야말로 어불성설이다. 그런데도 국내 문재인 정권하에서는 "북한은 핵 폐기 의지가 없다"는 취지의 발언이라도 했다간 반 통일 세력으로 매도 당하기 일쑤였다. 자명한 사실을 이야기하는 것마저 눈치 봐야 하는 답답함을 조금이나마 해소할 수 있는 방미길은 그래서 나에게는 해방이나 일탈의 기회로 느껴지기까지 했다.

한편 미국은 알면 알수록 복잡하고 다층적이고도 역동적인 사회라는 걸 새삼 재확인하는 기회이기도 했다. 트럼프가 대통령이라고 해서 미국을 온전히 대표하지 못하고, 심지어 트럼프 행정부 내에서도 수많은 이견을 가진 사람들이 공존하며 정책을 세분화하고 구체화시켜 나가는 과정은 흥미로움을 넘어 부럽기까지 했다. '한 사람'의 생각과 의지가 모든 것을 결정할 수 없는, 진정한 견제와 분권의 나라가 미국이었다.

아쉬움 더 큰 '하노이 노딜'

한국으로 돌아오는 비행기에서 내내 머릿속이 복잡했다. 과연 보름도 안 남은 하노이 회담에서 트럼프와 김정은이 상호 만족할 '빅딜'을 성사시킬 수 있을 것인가? 빅딜이 성사만 된다면야 한반도 평화에 그처럼 좋은 소식도 없겠으나, 문제는 만에 하나라도 제대로 된 딜이 아닐 경우다. 진정한 평화, 자유와 인권의 증진을 가져오는 '핵 없는 한반도'는 국민 모두의 염원이다. 하지만 문재인 정권은 임기 내내 대북 대화의 궁극적 목적을 망각하고, '굿 이너프 딜'이라는 애매한 용어로 목적의식을 흐렸다. 나는 굿 이너프 딜이 아닌 '파이널리 굿 딜(finally good deal)'이 체결돼야 한다는 굳은 신념을 갖고 있었다.

하노이 회담에 쏟아진 가장 큰 관심사는 당연히 '북한이 진정성 있는 핵 폐기 노력을 보일 것인가'였다. 그러나 김정은은 절대로 핵을 포기하지 않겠다는 태도를 노골적으로 드러내고 있었다. 대통령 재선에 전전긍긍하는 트럼프 말고 '미국'의 국익, 그리고 대한민국을 포함한 한반도와 동북아 평화를 생각한다면, 이런 김정은을 상대로 미국이 이번에 얻어낼 것은 아무것도 없어 보였다.

앞서 2018년 싱가포르 회담도 큰 소득 없이 상징적·원론적 차원의 합의를 발표하는 데서 끝난 바 있다. 소득은커녕 트럼프 대통령의 '폭탄' 발언으로 한미 동맹이 급격히 축소된다는 비극적 전망이 나오기까지 했다. 한미 동맹이 느슨해지는 건 유감이지만 미국의 '더 큰 오판' 소식이 없는 데 가까스로 안도한 기억이 생생하다.

그렇다고 하노이 회담이 결렬되기라도 한다면? 문재인 정권에는 큰 타격이 될 것이고 야당은 자연히 반사이익을 얻을 수 있겠지만, 대한민국의 외교 안보 리스크가 커질 테니 국익을 위해서는 좋아할 일이 아니었다.

하노이 회담은 미국과 북한 간의 정상회담이다. 그런데 회담이 다가오면서 직접 당사자도 아닌 정권과 친정부 언론들이 연일 호들갑을 떨어댔다. 클라이맥스는 김정은이 중국을 관통해 하노이로 가는 '66시간 열차' 일정이었다. '김여정 재떨이 시중'에서 보듯 김정은의 일거수일투족이라도 놓칠세라 촉각을 곤두세우는 언론들의 모습이 '위대한 지도자'의 행차를 미화하고 우상화하는 것 같아서 나는 몹시 역겨웠다. 우리가 도대체 왜, 6·25 남침으로 국토를 생지옥으로 만들고 무고한 사람들을 죽인 그 정권의 세습 독재자의 몸짓 하나하나를 우리 언론을 통해 전해 들어야만 하는지?

한편으로는 제1 야당 전당대회에 쏠려야 할 관심을 저들이 앗아가는 것 같아 안타까운 마음도 있었다. '우리만의 리그'로 전락해서는 안 되는, 비대위 체제를 끝내고 드디어 새 지도부를 선출하는 중요한 전당대회였기 때문이다.

드디어 2월 27일, 회담 전날이 되었다. 만약 미국 트럼프 대통령이 김정은과 덜컥 선부른 합의라도 하는 날엔 대한민국 안보가 밑 없는 낭떠러지로 추락할 수 있었다. 성공 가능성이 희박하다고 생각은 했지만, 예측하기 힘든 인성을 가진 두 사람의 만남이란 모르는 것이다. 김정은의 '66시간 열차 퍼포먼스'가 미국에 어떤 인상을 주었을지, 또 중국을 관통하는 그 시간 동안 중국과 무슨 깜깜이 시나리오를 합작해 미국을 꼬드겼을지 알 수 없었다. 수많은 경우의 수들을 머릿속에 채워놓고 이틀간의 회담을 초조한 심정으로 지켜만 볼 수밖에.

첫날인 2월 27일 회담은 시종 우호적인 분위기에서 진행되는 모습이어서, 싱가포르 회담 때보다 뭔가 진전된 성과를 도출할 가능성이 점쳐졌다. 한 미국 매체는 "북한의 영변 핵 시설 폐쇄에 대한 보상 차원에서 남북한 경제 협력과 관련된 제재를 일부 완화해 주고, 미국과 북한 간 연락사무소를 설치하기로 잠정 합의했다"는 취지의 보도를 내보냈다. 불길한 예감이 차츰 현실이 되어가는 듯했다.

반전은 하노이가 아니라 워싱턴으로부터 일어났다. 미국 시간 2월 27일, 트럼프의 옛 '집사'격인 마이클 코언 변호사가 미 하원 정부감독개혁위원회 청문회에서 "트럼프는 사기꾼"이라고 공개 증언한 것이 미국 전역을 발칵 뒤집어놨다. 김정은을 만나러 하노이에 와있는 트럼프의 집중도를 떨어뜨릴 핵폭탄급 이슈였다.

그럼에도 2월 28일 오전 단독 회담이 진행되는 동안까지도 우리 언론들은 예측보다 희망에 가까운 추측성 보도들을 흘리고 있었다. 그러다가 트럼프와 김정은이 아무런 합의도 이루지 못하고 각기 숙소로 복귀했다는 뉴스가 백악관발로 전해지면서 하노이 회담 결렬, 이른바 '하노이 노딜'이라는 급반전이 일어났다.

결렬의 핵심은, 트럼프 대통령이 회담 도중에 예기치 않은 '영변 외 핵 시설'을 언급하자 당황한 김정은이 만족할 만한 대답을 내놓지 못했다는 것이었다. 나중에 들어보니 트럼프 대통령은 사실 영변 외 핵 시설의 존재에 '확신'까지는 없었던 것 같다고 한다. 아무리 엄청난 정보력과 탐지 능력을 가진 미국이라 하더라도 지하에 꽁꽁 숨겨놓은 핵 시설까지 콕 찍어 거론하기는 사실 어려웠을 것이다. 그저 정황과 증언, 자료를 토대로 영변 외 추가 핵 시설이 있을 것이라는 심증만을 갖고서 마주한 자리에서 카드를 던져본 것인데 여기서 김정은이 '표정 관리'가 안 돼 덜미가 잡혔다는 분석이었다.

사실은 2018년의 싱가포르 회담도 사실상 결렬 분위기였다고 한다. 일정 내내 제대로 된 합의안을 도출할 의지도 없이 그저 시간 끌기, 보여주기식, 여론몰이용 회담으로만 가져가려 한 김정은에 트럼프 대통령이 분노해 당장이라도 미국으로 돌아갈 기세였는데, 이를 뜯어말리고 겨우 합의문 하나 도출해 내기 위해 민간 외교력을 총동원한 것이 바로 문재인 정권이었다는 후문이다. 그렇게 어거지로 끌어낸 싱가포르 공동 성명이었는데 이번 하노이 회담은 아예 판이 깨져버렸으니, 문재인 정권의 외교 안보 정책 기조는 커다란 위기에 봉착했다.

하노이 노딜은 그때까지 많은 국민이 막연히 갖고 있던, '김정은은 다르겠지' 하는 기대도 산산조각 냈다. 어려서부터 스위스에 유학해 서구물 좀 먹은 젊은 지도자이기에 그 아버지 김정일이나 할아버지 김일성과는 다르지 않을까, 나 역시 반신반의하면서도 일말의 기대를 갖고 있었다. 하노이 회담이 결렬됨으로써, 김정은도 선대(先代)와 전혀 다를 바 없는, 어쩌면 더할지도 모르는 독재자이고, 주민의 안전과 복지보다 정권

보위가 최상의 가치인 최악의 파시스트임이 확인되었다.

황교안 체제 출발

하노이에 이목이 쏠린 가운데도 전당대회는 치러야 했다.

숨 고를 틈 없이 보낸 새해 첫 달, 한 가지 반가운 소식은 황교안 전 국무총리가 우리 자유한국당에 입당 의사를 밝혀온 것이었다. 언젠가는 이뤄졌어야 할 일이었지만, 침체돼 있던 우리 당으로서는 아무튼 기분 좋은 소식이었다.

'황교안 효과'는 곧바로 입증됐다. 울트라급 선수 한 명의 등판으로 당대표 경선의 열기가 달아오르며 국민과 언론의 이목이 우리 당에 다시 쏠렸고, 당 지지율도 확연한 상승세를 보였다. 그렇다고 당대표 경선이 싱겁지도 않았다. 우리의 우려를 보란 듯이 뒤엎고 경선은 흥행 모드로 진행되었다.

사실 황교안 전 총리가 자유한국당에 입당하는 데는 나도 일조한 바 있다. 원내대표에 당선되기 전에 황 전 총리를 만날 기회가 있었는데, 그 자리에서 자유한국당 입당과 당대표 경선 출마를 적극 권유했다.

시장뿐만 아니라 조직에도 경쟁은 득이 되는 것이다. 아직 대통령 선거를 얘기할 때가 아니라고는 해도, 보수 진영의 '대권 잠룡' 선호도 1위인 황 전 총리가 당 밖에 머무는 것은 어느 모로 보나 자연스럽지 않았다. 나는 황 전 총리에게 "이번이 전당대회를 통해 정정당당히 당에 들어오는 마지막 기회가 될 수 있다"고 조언했다. 국무총리로서 탄핵 정국 때 대통령권한대행을 했지만 엄밀히 말해 정치에는 신인인 그로서는 '맞을 매를 미리 맞는' 검증의 시간도 필요했다. 황 전 총리가 검증의 터널을 통과해 안정적인 대권 주자로 떠오르길 바라는 마음이 내 안에 있었다는 것이 솔직한 얘기다.

황교안 전 총리의 입당 과정은 생각보다 순탄치 않았다. 당대표와 최고위원 경선에 출마할 자격은 '3개월 이상 책임 당원'에 국한되는데, 당권에 도전할 황교안 전 총리와 오세훈 전 서울시장, 두 후보가 당시 책임 당원이 아니어서 논란이 일었다. 김병준 비대위도 황·오 후보의 출마 자격에 그다지 우호적이지 않았다. 나는 책임 당원으로만 출마 자격을 제한한 당헌·당규는 융통성 있게 해석해야 된다는 입장을 적극적으로 펴면서 당내 지지 여론을 모으러 나서는 한편, 정당은 많은 인재와 도전자들이 들어올 수 있도록 문호를 활짝 열어야 한다고 박관용 당 선거관리위원장을 적극적으로 설득했다. 원내대표 몫으로 내가 추천한 선관위원 3명도 한목소리를 냈다. 이 문제는 결국 당 선관위가 만장일치로 두 후보의 책임 당원 자격 요건을 우호적으로 변경해 주고 이를 비대위가 승인함으로써 당헌·당규 범위 내에서 해결책을 찾을 수 있었다.

당대표 경선은 황교안·오세훈 후보에 김진태 의원까지 삼파전이었다. 오세훈·김진태 후보는 선명한 노선과 색깔을 무기로 황 후보를 몰아붙였고, 이는 당내에 잠복해 있던 갈등을 수면 위로 끌어올려 해소할 실마리를 찾게 해주었다. '피(血) 대신 표'로 겨루는 선거는 그런 점에서 자유민주주의의 안전밸브와도 같다.

아쉬움도 있었다. 가는 곳마다 울려 퍼지는 소수 극렬 세력의 고함과 욕설이 전당대회의 품격을 많이 떨어뜨렸다. 일산 킨텍스에서 열린 마지막 3차 전당대회 때는 대회장을 빠져나가기가 힘들 정도로 일부 극렬 태극기 부대의 압박이 거셌다.

그분들의 마음과 의도를 이해하지 못하는 바는 아니다. 탄핵의 아픔은 그렇게 아직도 우리 자유한국당의 멍에로 남아 있었다. 우리는 아직 탄핵으로 찢긴 상처를 내면으로 성숙하게 소화해 내지 못하는 수준이었다. 그 갈등이 과도하게 부각되면서 전당대회가 언론의 조롱을 받기도 했다. 탄핵의 후폭풍 속에서 언제까지나 이렇게 휘청거려야 하는지……. 범(汎) 보수라는 큰 울타리 안에서 이른바 '찬탄'과 '반탄'의 화학적 융합이 다시 온전히 이뤄질 수 있을까…… 탄핵이 언제 적 일이었냐는 듯 담담하게 회고할 수 있는 날이 과연 오기는 올까……. 그만큼 '바로 지금, 나경원'의 어깨에 지워진 무게를 재확인하는 시간이기도 했다.

2019년 2월 27일, 3차 전당대회가 열린 일산 킨텍스. 압도적인 지지로 황교안 후보의 당대표 당선이 선포되면서 대회장엔 박수와 환호와 함께 새 희망이 떠오르는 듯했다.

2019년 2월 28일, 자유한국당 새 당대표로 전날 선출된 황교안 대표와 첫 회의.

신임 당대표와 첫 조찬을 가진 날은 지금도 기억이 생생하다.

원내대표인 나와 정용기 정책위의장, 정양석 원내수석부대표가 원내 지도부를 대표해 황교안 신임 당대표와 상견례 비슷한 자리를 가졌다. 아직 다소 서먹서먹한 분위기를 부드럽게 풀어보고자 정양석 수석부대표가 운을 뗐다. "새 당대표가 되신 황 대표께서 여기 나경원 원내대표와 함께 투톱이 되어 잘 이끌어 달라" 그런 비슷한 덕담이었다. 그런데 돌아온 것은 황 대표의 다소 차가운 답변이었다.

"투톱은 없습니다."

그렇잖아도 어색하던 분위기가 더 싸늘해졌다. 물론 나도 무안하고 어리둥절할 수밖에.

당대표와 원내대표를 '투톱 체제'라 하여 원내대표의 당내 입지를 강화한 것은 '제왕적 당대표제'의 폐해를 시정하자는 취지에서였다. 김영삼 대통령 이후 이회창 총재를 시작으로 당대표에게 너무 많은 권한이 쏠리다보니 당내 민주화를 기대하기 어려워지고 당 내부의 건전한 비판과 경쟁이 위축된다는 우려가 나왔다. 그래서 당대표는 당 전반의 업무와 대외적 대표 기능을 하고, 국회 내에서는 원내대표가 소속 의원들을 통솔·지휘하는 것으로 역할과 권한을 분담하자는 것이 투톱의 의미다.

황교안 대표가 정무직인 장관과 총리까지 지낸 거물이라고는 해도 정치에는 신인이고, 정치란 한 개인의 지식·전문성·경륜만 가지고 헤쳐나갈 수 없는 복잡계 정글이다. 당 안팎의 문제들 중에는 원외 당대표가 원내대표와 협업 없이는 파악조차 어려운 것도 많다. 그래서 정치인들은 물론이고 언론들도 전당대회에서 선출된 당대표와 의원총회에서 선출된 원내대표를 으레 '투톱'이라고 하는 것이다.

가까이서 본 황 대표는 분명 순수한 열정과 선량한 인품을 가진 사람이었다. 법조인이자 고위 공직자로서의 황 대표가 국민들에게 준 기대감은 결코 근거 없는 것이 아니었다. 그런 황 대표가 첫 단추부터 누군가를 통해 잘못된 정보를 입력받고 있는 것은 아닐까. 원내대표에 대한 견제와, 원내대표와의 갈등을 부추기는 누군가가 일을 어렵게 만드는 것은 아닐까… 처음부터 방어적이고 배타적인 당대표의 길로 들어서는 것은 아닌가 하는 우려를 떨칠 수 없었다.

이날의 우려와 예감은 이후 아홉 달을 지나며 하나 둘 조각을 모아보면 비로소 맞춰지는 퍼즐의 첫 번째 조각에 불과했다.

2월의 마지막 날 미북 하노이 회담 최종 결렬, 같은 날 자유한국당의 신임 지도부 출범. 이 두 개의 안 어울리는 사건이 한날 일어나면서 나의 원내대표 임기의 제1막이 마무리됐다. 돌아보면 이 두 달여 동안의 '학습기'가 내 원내대표 임기 중 가장 평화로웠던 시기였다.

그러나 다가오는 3월과 함께 우리를 찾아오고 있는 것은 꽃소식 실은 따뜻한 봄바람이 아니었다.

05

김정은 수석대변인

12월 원내대표 취임 당일부터 숨가쁜 일정을 소화하느라, 3월 임시국회 때로 예정된 첫 번째 원내교섭단체 대표 연설은 생각할 겨를도 없었다. 매일 쏟아내야 하는 메시지를 다듬는 것만으로도 분주한 일정이었고, 또 국회가 언제 열릴지조차 불투명한 상황에서 미리 대표 연설을 구상한다는 것도 사치였다. 나보다 오히려 주변에서 몸이 달아, "첫 교섭단체 대표 연설에는 공을 좀 들일 필요가 있다"며 이런저런 조언을 해주었다.

미북 하노이 회담과 우리 당 전당대회가 잡힌 2월 말이 되기도 전부터 3월에는 국회를 열라는 여론의 압박이 거셌다. '정쟁에 함몰돼 민생 내팽개친 식물 국회'라고 언론이 내내 쓰고 있었으니 어느 국민이 좋게 봐주겠는가? 아직 이렇다 할 합의는 없었지만, 3월에도 임시국회를 안

열기는 사실상 어려울 것이라 예상하고 2월 말부터는 틈틈이 대표 연설에 포함시킬 내용을 가다듬기 시작했다.

좌파 독재

문재인 정권 출범 2주년을 두 달여 앞둔 2019년 3월. 이 시점에서 제1 야당 원내대표는 무엇을 말해야 하는가? 아니, 무엇을 말해 주기를 국민은 기대할 것인가? 국민이 "그래, 그거야!" 하고 속 시원해 할 메시지는 무엇일까?

'소득 주도 성장(소주성)'으로 대표되는 문 정권의 경제 정책은 그 시점에 이미 낙제 성적표를 받아들고 있었다. 그나마 정권이 자신 있게 내세우던 대북 정책은 바로 직전 하노이 회담 결렬로 출범 후 최대 고비를 맞았다.

'억눌린 국민들의 마음속 응어리를 풀어주자.'

전 정권의 몰락 덕에 거저나 다름없이 집권한 문재인 정권하에서 선불리 불만을 토로하지 못했거나, 거듭 비판을 해도 쇠귀에 경 읽기 같은 정권의 '모르쇠'에 낙담해 가던 많은 지식인과 국민들을 대변하고 싶었다.

"내가 하고 싶은 말을 대신 해줘서 고맙다"는 말을 듣는 것만큼 보람된 일이 정치인에게 또 있을까? 그렇다면 연설의 초점을 무엇으로 할지는 답이 나왔다.

'말하고 싶은 사람들의 대변인이 되자!'

문재인 정권 출범 후 우리 헌법 질서가 매우 위태로운 상황으로 빠져들고 있다는 우려는 여기저기서 터져나오고 있었다. 경제 분야 같은 경우는 수치나 체감 경기로 공과가 뚜렷이 드러난다지만, 통일이나 외교 안보 분야는 성공도 실패도 당장에 가시적 결과로 나오는 것이 아닌 만큼 국민들에게 설명하기 어려운 점이 있었다. 특히 우려됐던 것은 바로 2018년 4월의 남북 정상회담과 판문점 선언이었다. 그로부터 한 달 보름 뒤 미북 정상 간의 싱가포르 회담까지 초고속으로 성사되면서 한반도는 가짜 평화에 흠뻑 취해 있는 상태였다. 기회만 주어진다면 책임 있는 정치인으로서 이 정권의 대북 정책을 정면으로 비판해야겠다는 결심은 오래전부터 서있었다.

그렇다면 이 정권을 어떻게 규정할 것인가?

문재인 정권은 역대 정부 중 좌파의 색채가 가장 진한 정권이다. 통일·외교·안보는 물론이고 경제·사회·문화까지 모든 정책에서 심각한 친북·좌편향을 보이는 '좌향좌' '좌향 앞으로' 정부다. 그러면서 막상 자신들은 '좌파(leftist)'라고 하지 않고 '진보(progressive)'를 참칭하며, 자신들을 친북·좌파로 규정하는 사람에게는 '색깔론'이라고 역공을 퍼붓는다. 그만큼 자신들의 정치 성향을 들키고 싶지 않다는 뜻일 것이다. 내가 국민들에게 분명히 말해 줘야 했다. 문재인 대통령은 좌파 대통령이고, 그 정권은 좌파 정권이라고.

한 가지 더, 문재인 정권은 좌파이면서 동시에 매우 권위주의적인(authoritarian) 정권이라는 점도 부각시켜야 했다. 문재인 대통령 자신과 측근들의 기반 정치 세력은 정통 민주주의자라고 자처하면서 민주주의 담론을 독점하려는 경향이 강하다. 1980년대 '민주화 운동'의 유산을 자기들이 이어받았다는 것인데, 과연 그런지에 대한 평가는 별개로 하고 당장 2017년 이후의 문재인표 정치는 한국의 발전상을 고려하면 이제까지의 어느 정권보다 반민주적이었다. 정권 열혈 지지층과 특정 언론들이 다른 의견을 표출한 사람들을 대상으로 가하는 사회적 린치로 우리 사회는 2년도 안 되는 사이에 '살아있는 권력'에 대한 비판을 꺼리는 '강요된 침묵'의 사회로 퇴행하고 있었다.

민주주의의 제도와 질서가 무너져서만 권위주의와 독재가 득세하는 것은 아니다. 또 민주주의가 헌법과 법률이 정한 '규율과 절차'에 의해서만 지탱될 수 있는 것이 아니다. 예를 들어 대법원과 헌법재판소가 멀쩡하게 역할을 하고 대통령과 국회의원이 공정한 선거에 의해 선출되더라도, 모든 주요 헌법 기관이 특정 세력과 정파에 의해 지배당하고 이들끼리의 담합에 의해 운영된다면 그 사회는 '선출된 독재'라 하여, 여느 독재 사회와 전혀 다를 바가 없는 것이다. 민주주의 절차의 근간이라고 하는 다수결만 해도 그렇다. 단 한 명이라도 더 많은 지지를 얻은 쪽이 반대편의 의견을 묵살해 버린다면, 나머지 '한 명 모자란 절반'의 입장에서 보아 그 사회는 독재 사회일 수밖에 없다. 그래서 '민주라는 절차'만으로는 안 되고 '자유라는 가치'까지 담보된 자유민주주의만이 참다운 민주주의인 것이다.

자유민주주의는 누구에게나 헌법상 기본권을 보장하는 체제이고, 단순 다수결주의가 아니라 소수에 대한 배려와 존중, 그리고 기회 보장을 전제한다. 다수의 논리로만 운영되는 민주주의는 필연적으로 '민주주의라는 이름의 독재'로 변질된다. 문재인 정권 2년이 채 못 되어 자유민주주의는 철저하게 망가지고 있었다. 당장 공직자 인사 청문회를 대하는 태도만 봐도 그렇다. 야당들이 모두 반대하는 지명자, 언론도 돌아서고 여론도 납득하지 못하는 후보를 강행 임명하는 것을 아무렇지도 않게 생각하는 정권이었다. 2019년 초반부터 본격적으로 연동형 비례제와 공수처를 들고 나와서는, 합의가 되지 않을 경우 패스트트랙으로 강행 처리한다고 으름장을 놓고 있었다.

이런 일련의 자유민주주의 파괴 작태를 나는 '좌파 독재'라고 불러주기로 결심했다. 온 국민이 보는 앞에서, 문재인 정권의 국무위원들과 집권 여당이 지켜보는 앞에서 또박또박 말하겠다고 마음먹었다.

연설문 작성은 결코 쉽지 않았다. 이후 두 번의 대표 연설도 마찬가지였지만, 연설문 작업 과정에서 기꺼이 아이디어를 빌려주고 중요한 자료와 논리를 제공해 주는 동료 의원들이 있었기에 나는 세 번의 교섭단체 대표 연설을 울림 있게 소화할 수 있었다. 특히 경제 분야는 김종석 의원의 조언이 결정적이었다. 김 의원은 내가 서울시장 보궐선거에서 낙선한 후에도 귀찮은 질문이나 부탁을 할 때마다 마다하지 않은, 나에게는 경제 과외교사나 마찬가지였다. 정무 감각이 탁월한 유민봉 의원은 내 초고를 꼼꼼하게 검토하면서 위험하거나 정치적으로 불필요한 논란을 일으킬 만한 표현들을 지적하고 다듬어 주었다. 조선일보 편집국장을 지낸 강효상 의원은 역시 실력을 발휘했다. '매의 눈'으로 아주 사소한 표현까지도 바로잡아주는 역할을 해줬다. 정용기 의장과 정양석 원내수석부대표의 토론은 나의 연설문을 더 풍부하게 해주는 '포럼'과 같았다. 정용기 의장이 원칙주의에 더 가깝다면, 정양석 부대표는 원만한 타협의 정치에 더 무게를 뒀다고 해야 할까? 둘은 가벼운 설전을 하는 경우가 종종 있었는데 그 토론은 나에게 매우 생산적인 도움을 줬다. 여러 시각을 두루 살펴볼 수 있게 해주는 기회였기 때문이다. 그 밖에도 원내부대표단을 비롯한 원내 및 당내 여러 전문가들이 원고를 돌려 읽으며 연설에 힘과 생기를 불어넣어 준 것에 감사한다.

2019년 3월 12일.

중요한 일이 있는 날 나는 초록색 정장 한 벌을 입는다. 초록색은 강인하면서도 상대에게 편안함을 주는 '신념의 색'이다. 나무색이 많은 본회의장 환경, 특히 진자주색의 의장석과 절묘하게 조화가 되기도 한다.

'신념의 색'으로 무장하고 나는 입술을 깨물며 본회의장 단상 위로 올라갔다. 몇 번이나 읽고 또 읽으며 퇴고와 수정을 거친 원고를 천천히 읽어 내려가기 시작했다.

국민의 대변인, 김정은의 대변인

존경하는 국민 여러분!

이어지는 나의 첫 마디는 '사과'였다. 당 사무처 원내대표실 보좌역의 아이디어였다. 정권이 저지른 수많은 실정과 실수에 대해, 책임 있는 제1야당의 원내대표로서 대신 고개 숙여 사과하자는 그의 탁월한 감각에 지금도 크게 감사하고 있다. 실제 많은 사람들이 나의 '사과 인트로'에 높은 점수를 줬다. 그만큼 국민들은 절실했고, 절박했고, 절규하고 있었다. 우리가 사과할 일은 아니었지만, 우리 정치가 이렇게 올 수밖에 없게 된 데 도의적 책임을 인정하고 들어갈 필요가 있었다.

지난 70여 년의 위대한 대한민국의 역사가 좌파 정권 3년 만에 무너져 내려가고 있습니다.

본론으로 들어서면서부터 맹공을 퍼붓기 시작했다. 문재인 정권의 경제 정책을 '위헌'으로 규정하는 등, 근본적인 차원에서 '역린'을 하나하나 건드려나갔다(전문은 **부록 1**).

14분쯤 흘렀을 때다.

> 북한에 대한 밑도 끝도 없는 옹호와 대변, 이제는 부끄럽습니다. 더 이상 대한민국 대통령이 김정은 수석대변인이라는 낯뜨거운 이야기를 듣지 않게 해주십시오.

순식간에 본회의장은 아수라장이 됐다. 민주당 의원들이 야유와 조롱을 넘어 포효에 가깝게 고함을 쳤다. 나의 연설은 중단됐고, 문희상 국회의장의 계속되는 만류에도 여당 의원석의 소란은 수그러들지 않았다. 어찌나 크게 소리들을 질러대는지 마이크 소리조차 잘 들리지 않았다. 구애받지 않고 연설을 이어가려고도 해봤지만 도저히 그럴 수 있는 분위기가 아니었다.

이제야 털어놓는 얘기지만, 나는 저 문장을 준비하면서도 여당이 그토록 심하게 반발하고 거칠게 항의할 것이라고는 전혀 예상하지 못했다. '김정은 수석대변인'은 내가 처음 한 말이 아니었기 때문이다. 연설에서도 대통령을 '김정은 수석대변인'이라고 직접 부르지 않았다. '김정은 수석대변인이라는 이야기를 듣지 않게' 해달라는 당부였다.

그 반년쯤 전인 2018년 9월 26일, 〈블룸버그〉 통신에 "남한의 문 대통령이 유엔에서 김정은 수석대변인이 되다(South Korea's Moon Becomes Kim Jong Un's Top Spokesman at UN)"라는 제목의 기사가 나와서 한바탕 난리가 났었다. 문재인 대통령의 유엔 총회 기조연설을 비판하는 기사에 통신사가 그와 같은 제목을 붙인 것이다. 그런 외신 기사가 실리는 것 자체가 우리의 엄연한 현실이었고, 국민으로서 창피한 일이었다. 알고 보니 기사를 송고한 특파원이 한국인이었기에 당시 민주당은 "검은 머리 외신"이라는 인종 차별적인 망언을 하기도 했다.

사실은 저 대목이 나오기 3~4페이지가량 전부터 민주당 의원석은 웅성거리고 있었다. 미리 배포한 연설문을 읽어 내려가던 몇몇 의원들이 주변 동료들에게 내용을 전파하면서 동요하기 시작한 것이다. 그리고 마침내 저 문장이 정말로 내 입에서 나오는 순간 집단적으로 항의한 것이다.

"외신 보도 내용입니다."

원고에 없는 짤막한 설명을 덧붙였으나, 그들은 이미 나의 이야기를 들을 수 있는 상태가 아니었다. "경제와 안보라는 국가의 두 축이 흔들리는 동안"이라는 다음 문장을 시작하려고 준비하는 나를 어떻게든 단상에서 끌어내리려는 민주당의 '작전'이 감지됐다.

그렇다. 그들은 교섭단체 대표 연설을 중단시키고 나를 끌어내리려고 했다. 그렇지 않고서야 어떻게 그렇게 오랜 시간 대표 연설을 막무가내로 막을 수 있단 말인가? 어쩌면 오전 정회(停會)까지 쟁취하고, 막후 협상을 통해 오후에 간단한 유감 표명을 시키고 대표 연설 재개를 허락해 줄 심산이었을지 모르겠다.

그것은 눈물겨운 '충성 경쟁'이기도 했다. 거칠게 항의하는 모습이 카메라에 최대한 많이 잡혀서 '그분'의 눈에 걸려들기를 기대하는 모습에 측은한 마음마저 들었다.

민주당 의원 일부는 퇴장해 버린 가운데 홍영표 민주당 원내대표가 의장석 앞으로 나왔다. 있을 수 없는 일이었다. 의원 개인이 감정이 격해져 그런 물리적 행동으로 나설 수는 혹 있어도, 여당의 원내대표가 제1야당 원내대표의 연설 도중 항의하러 의장석으로 나온다는 것은 단순히 무례함을 넘어 반의회적인 행태다. 홍 원내대표가 그것을 모를 리 없었다. 아마도 자당 의원석에서 터져나오는 엄청난 반발을 자신이 대변해야 한다는 생각에서였을 것이다.

곧바로 우리 당 원내수석부대표 정양석 의원이 나서서 홍 대표에게 항의했다. 바로 내 옆에서 두 당 지도부 사이에 약간의 밀치기까지 가미된 실랑이가 연출됐다. 문희상 의장이 "조용히들 하세요!" "나경원 의원님, 발언을 계속하세요"라고 재촉했지만 소용없었다. 헛웃음이 나왔다. 아니, 내가 욕설을 했나? 누구를 비하하거나 인격을 모독했나?

그때 정용기 정책위의장은 센스를 발휘해 우리 당 의원들의 감정적 대응을 자제시키고 있었다. 만약 그때 우리 자유한국당 의원들마저 함께 목소리를 높였다면, '야당 대표의 연설에 대한 여당의 비토'가 아니라 '여야 간 정쟁'으로 모양새가 변질될 수 있었다. 그 점을 간파한 정용기 의장의 순간적 판단은 현명했고, 고마웠다.

여당 의원들의 구호는 "나경원, 사과해!"로 통일되고 있었다. 조용히 해달라, 들어달라 아무리 외쳐도 "나경원, 사과해!" 고함은 점점 커졌다. 홍영표 원내대표가 또다시 나왔다. 이번에는 아예 의장 옆으로 가서 "사과를 해야 되는 것 아니냐"고 따졌다. 우리 당 의원들은 격한 대응 대신 중간 중간 박수로 나에게 용기를 북돋워 줬다. 그렇게 연설이 중단된 채 무려 20분이란 시간이 흘렀다. 그것이 2019년 3월의 대한민국 국회의 민낯이었다.

나는 당초 원고에도, 계획에도 전혀 없었던 즉흥 발언을 했다.

> 민주당 의원님들! 원내대표 연설을 들어주십시오! 여러분들의 의사는 제 원내대표 연설이 끝난 다음에 나가서 마음껏 표현하십시오. 그러나 이 시간은 야당 원내대표에게 주어진 시간입니다. 야당 원내대표 이야기도 듣지 않겠다는 민주당의 이런 태도, 이러한 오만과 독선이 이 정권을 오만과 독선으로 만들고 대한민국을 무너뜨리고 있는 것입니다.
> 제발 조용히 해주십시오! 제발 조용히 해주십시오! 제 원고를 듣고, 여러분들이 하고 싶은 말씀은 정론관 가서 말씀하십시오.
> 이것이 뭐 하는 모습입니까? 이것이 선진 의회의 모습입니까? 저는

이 자리에서 제 원내대표 연설을 마칠 때까지 내려갈 수 없습니다.

나의 즉흥연설이 끝나고 문희상 의장이 몇 마디 거들고서야 겨우 분위기가 진정되기 시작했다. 역설적으로 여당의 방해 덕분에 나는 역대급으로 긴 교섭단체 대표 연설을 할 수 있었고, 하다가 멈추고 다시 하다 멈춘 덕에 연설 주요 부분을 몇 차례나 거듭 되풀이해 말할 기회까지 생겼다. '여당발 찬스'를 톡톡히 쓴 셈이다.

연설을 마치고 본회의장을 빠져나오니 나의 지역구인 서울동작을 주민들이 응원하러 나와있었다. 순간 너무 뭉클하고 감동적인 마음에 나도 모르게 "파이팅!"을 외치면서 두 손 주먹을 쥐어 화답했다. 그 제스처가 본의 아니게 화제가 됐다. 그날 그 장면이 사람들에게 깊은 인상을 주었는지, 이후로도 나를 보는 사람들은 종종 그 제스처를 흉내 내며 인사하곤 한다.

후에 내가 원내대표 임기 연장을 하지 않겠다고 선언한 이틀 뒤, 임기 만료를 닷새 앞둔 12월 6일에 마지막 원내 대책회의가 있었다. 그날은 나의 생일이기도 해서 회의 후 원내대표실에서 단출한 생일 축하 자리가 마련됐다. 그때 한 의원이 나를 위해 주문 제작한 케이크를 가지고 왔는데, 케이크 윗부분에 나의 '주먹 쥐고 파이팅' 미니어처가 올려져 있었다.

첫 대표 연설의 마지막이 조금 더 비장한 모습으로 언론에 비쳤으면 좋았을걸 하는 생각도 아주 없지는 않다. 여당의 극단적인 방해에 끝내

2019년 3월 12일, 국회 임시회에서 나의 원내교섭단체 대표 연설에 항의하러 의장석 앞에까지 나온 더불어민주당 홍영표 원내대표(아래 오른쪽)를 우리 당 정양석 원내수석부대표가 제지하고 있다.

굴하지 않고 마지막까지 연설을 마치고 내려온 야당 원내대표다운 결기 있는 모습이 더 멋졌을 것 같기는 하다. 나는 광화문에서 몇 시간 내내 주먹을 쥐고 구호를 외쳐도 언론에는 어쩌다 한번 잠깐 방긋 웃은 사진만 골라서 나오는 경향이 있다. 하지만 나는 '연출'과는 거리가 먼 사람이다. 정치에 때로는 연기와 연출도 필요하다는 충고를 많이 받지만, 나는 인위적인 표정과 계획적인 제스처를 잘하는 성격은 못 되는 것 같다. 그런데도 당시 나의 "화이팅!"이 나를 응원하는 분들을 결속시키는 제스처가 되었으니 감사할 따름이다.

'국민이 기대하는 바로 그 메시지'를 전하려던 목적은 달성됐다. 연설 후 적지 않은 분들이 이런 말을 했다.

"내가 '이건 아니다' 생각했던 것들을 속 시원하게 짚어주셨어요!"

심지어 민주당의 모 의원조차 "적극적으로 동의하는 바입니다"라는 메시지를 내 휴대전화로 보내왔다.

문재인 정권은 정말이지 '한 번도 경험해 보지 못한 정권'이고, 그런 정권이 만드는 대한민국 역시 '한 번도 경험해 보지 못한 나라'가 돼가고 있었다. 당연히 국민들은 '이건 아닌데……'라고 생각하고 있었을 것이다. 다만, 도대체 왜, 무엇이 문제인지 딱 부러지게 말하기 어려웠을 따름이다. 내가 그것을 '좌파 독재'로 규정하자 비로소 국민들이 "맞아! 바로 그거였어!"라고 무릎을 친 것 아닐까?

나의 연설문은 여러 사람들에 의해 회자됐고, 연설문 책자를 구할 수 있느냐는 문의가 빗발쳤다. 〈조갑제닷컴〉의 조 대표를 비롯한 수많은 유튜버들도 나의 연설에 찬사를 보내줬다. 지역구를 가도 다른 지역 장외 집회를 가도 많은 분들이 그 연설을 이야기하며 인사를 해왔다. 사실 민주당의 극악스러운 반응만 아니었어도, 과거 3김이 주름잡던 시대도 아닌데 연설에 이처럼 여론이 쏠리기란 힘들었을 것이다.

정치인과 '말의 힘'

3월 원내교섭단체 대표 연설은 뒤에 말할 '패스트트랙 충돌' '조국 사태와 10월 항쟁'과 함께 나의 1년간의 원내대표 임기 중 가장 기억에 남는 세 가지 순간 중 하나였고, 시간적으로 첫 번째였다. 어쩌면 나는 그 연설을 통해 '새롭게' 태어난 것은 아닐까 생각해 본다.

'말의 힘'을 비교적 일찍 깨달을 수 있었던 것은 초선 의원 시절부터 대변인 역할을 꽤 오래 한 덕분이다.

첫 대변인 보직은 2005~06년 원내 공보부대표였다. 당시만 해도 원내대변인이란 자리가 그다지 큰 비중을 갖지 못할 때다. 하지만 나는 당 대변인과 별도로 원내대변인의 역할이 매우 중요하다고 생각했다. 사실 국민들 입장에서는 말할 것도 없고 심지어 정치부 출입 기자들에게도 원내 돌아가는 사정은 어렵고 낯설 수밖에 없다. 국회 안에서 일어나는 온갖 일들을 다 알기란 어렵고, 때로는 복잡한 국회법을 들춰봐야 비로소 이해되는 구석도 있기 때문이다. 원내 사정을 좀 더 쉽고 생동감 있게 외부에 전달하고 설명하는 것은 국회에 대한 국민의 이해를 높이고 불필요한 오해를 막는 길이기도 하다.

나의 원내대표 임기중에도 원내대변인들의 활약이 많은 도움이 됐다. 열정 넘치는 감정이입형의 김정재 의원, 매끄러운 정리형의 김현아 의원, 예리한 직관주의형의 이양수 의원, 뚝심 있는 끈기파이자 의리파 이만희 의원 등 원내대변인단은 기대를 훨씬 뛰어넘어 당의 입과 귀 노릇을 잘 해 주었다. 당의 공식 논평 중에는 개인의 정치적 이익을 생각해서는 굳이 내고 싶지 않은 것도 있게 마련이다. 상대를 거칠게 공격하면서 스스로 마음이 아플 수 있고, 당의 입으로서 한 그 논평이 훗날 내 발목을 잡을 수도 있기 때문이다. 우리 원내대변인들은 최대한 빨리, 정확하게 원내 현안을 적재적소에 전달했을 뿐 아니라, 당과 나라만을 생각하고 필요할 때라면 악역을 마다하지 않았다. 비례대표인 김현아 의원 빼고는 이들 모두 지역구에서 재선에 성공해 이제 어엿한 당의 중간 허리 역할을 맡게 됐다. 원내대표로 함께한 나로선 참 흐뭇하고 감사한 일이다.

2006년 7월, 신임 강재섭 당대표 취임에 따른 당직 개편으로 당 대변인이 되었다. 대변인이 된 지 얼마 지나지 않아 나는 청와대로부터 고소를 당하는 '영광'을 누렸다. 사행성 오락 '바다이야기' 사건을 '대통령 조카 게이트'로 규정하며 비판한 것을 청와대가 '허위 사실 적시에 따른 명예훼손' 혐의로 서울중앙지검에 고소한 것이다. 나는 움츠러들지 않고 논평 수위를 오히려 더 끌어올렸다.

'오염된 바다'가 단순한 정책 오류를 넘어 '정·관·폭' 세 축이 돈과 이권을 주고받아 온 권력형 도박 게이트란 사실이 드러나고 있다.

2007년 대통령 선거와 2008년 총선 정국까지 1년 8개월간 당 대변인을 하다가, 18대 총선을 4주쯤 앞둔 2008년 3월 17일 대변인에서 물러났다. 원내 공보부대표와 대변인 경력을 통해 초선 때부터 나는 '상징 투쟁'을 일찌감치 몸에 익혀갔다.

정치인 나경원을 이념이나 사상과는 다소 거리가 있는, 속된 말로 '이미지 정치인'쯤으로 인식하는 이들이 있다는 것을 잘 알고 있다. 그런데 사실 그 이면에는 여성 정치인에 대한 일종의 평가절하가 작용하는 것이라고 나는 생각한다. 여성 정치인은 보통 이념·사상 같은 데는 그다지 관심이 없을 것이라는 막연한 편견 말이다. 실제로 여론 조사 때마다 나에 대해서 의외로 60대 이상 남성층의 지지가 낮게 나오는 것을 발견하곤 한다. 대한민국 정치가 아직도 벗어나지 못한, 어쩔 수 없는 현실이다.

하지만 나의 이념적 좌표는 정치 입문한 이래 변한 적이 없고, 연륜이 쌓일수록 오히려 더 선명해져 왔다. 초년부터 리더보다 '입' 역할을 주로 하다보니 '내 목소리'를 낼 기회가 적었다고 하는 편이 더 맞다. 게다가 나는 초선 때 비례대표를 한 것 말고는 이후 내내 수도권을 지역구로 하고 있고, 서울시장 선거에도 나갔던 정치인이다. 이른바 '중도' 표심을 외면해서는 안 되는 선거들에만 연이어 출마했다.

19대 후반기 외통위원장을 한 데 이어 20대 새누리당-자유한국당의 네 번째 원내대표 자리는 당을 단합시키고 지지층 결집을 유도하기 위해 정치인으로서 나의 색깔, 나의 목소리를 선명하게 드러낼 수 있고 또 그래야 하는 자리였다. 첫 번째 대표 연설은 그 소명에 백 퍼센트 부응하는 몸짓이었다.

첫 번째 대표 연설은 내가 정치인으로서 새로운 이미지로 거듭나는 계기가 되었다. 그동안의 이미지를 훌훌 털어버리고, 일각에서는 '보수 여전사'라고까지 불릴 정도로 변신에 성공했다. 많은 분이 박수를 보내 주었지만, 실망하는 분들도 있었을 줄 안다. 하지만 나는 거듭난 나의 이미지가 싫지 않았고, 지금도 마찬가지다. 그것이 그때 그 자리, 또 지금 이 자리에서 정치인 나경원에게 요구되는 것이라고 믿기 때문이다.

이해찬의 국민 모독죄

민주당의 '뒤끝'은 연설 후로도 여러 날 이어졌다. 이해찬 민주당 대표는 '국가원수 모독죄'라며, 나를 국회 윤리위원회에 회부하겠다고까지 했다.

사실 '국가원수 모독죄'라는 죄명은 헌정사에 존재한 적조차 없다. 그와 유사한 죄목으로 '국가 모독죄'라는 것이 유신 시절인 1975년에 형법에 들어갔다가 1988년에 삭제되었다. 당시 이 죄목으로 유죄 판결을 받은 당사자 하나가 2012년에 재심을 신청하고 이어 위헌 법률 심판을 청구하여, 바로 얼마 전인 2015년 헌법재판소가 위헌 결정을 내렸다.

자타 공인 반(反) 유신 투사에다 학생 민주화 운동의 대부라는 이해찬 대표의 입에서 국가원수 모독죄라는 말이 나오는 것은 충격적이다 못해 서글펐다. 권위주의에 맞서 싸운 전력이 '독재의 완장'으로 표변한 것, 그것이 이 정권의 민낯이었다. 국민 모독이 아닐 수 없었다.

이해찬 대표의 '국가원수 모독죄' 발언은 역으로 보수 우파를 결집시켰고, 나의 연설을 방해한 여당에 대한 비판 여론에 기름을 붓는 격이 됐다. 바로 얼마 전 박근혜 대통령을 향해 '귀태'라는 모욕적인 표현을 일삼고 누드 그림을 패러디하는 등 여성성 자체를 비하하는 행동까지 했던 그들이 나의 연설에 과민하게 반응한 것이 국민의 정서에는 부합하지 않았을 것이다.

원내교섭단체 대표 연설을 할 기회가 이후 두 번 더 있었다(**제9·11장, 부록 3·4**). 나중 두 번의 연설은 첫 번째에 비해 특별히 크게 이목을 끌지는 못했다. 번번이 정확하고 날카로운 언어로 문재인 정권의 폐부를 찔렀으니 야유나 항의가 있을 법도 한데, 연설하는 내내 민주당 의원석은 쥐 죽은 듯 고요했다. '안 들려, 안 들려'라고 속으로 되뇌면서 내 연설을 애써 무시하려고 했을지도 모른다. 아마 첫 번째 대표 연설 때 본의 아니게 나를 '띄워준' 것의 학습 효과로 '악플보다 무플'을 택한 듯하다.

나는 민주당의 반응과 상관없이, 교섭단체 대표 연설 기회를 빌려 문재인 정권의 본색과 문제점을 적나라하게, 직설적으로 폭로하고 보수의 비전과 이념적 가치를 말씀드릴 기회가 세 번이나 있었음에 감사한다.

06

라스트 찬스

어렵사리 열린 3월 임시국회도 4월로 접어들며 마무리되어 가고 있었다. 4월 5일 마지막 본회의를 끝으로 임시국회는 끝날 예정이었다.

폐회 하루 전날인 4월 4일, 청와대를 피감 기관으로 하는 국회 운영위원회가 열렸다.

운영위 의사 일정상 쟁점 하나는 정의용 청와대 국가안보실장의 출석 시간이었다. 민주당은 이날 오전부터, 정의용 안보실장이 가급적 빨리 이석(離席)할 수 있도록 배려해 달라는 요청을 수도 없이 해왔다. 곧 있을 한미 정상회담을 준비해야 한다는 이유였다. 물론 구실에 불과했다. 미북 하노이 회담이 결렬된 지 5주밖에 안 지난 시점이기에 정의용 실장에게 야당의 질타가 쏟아질 것은 자명했고, 여당의 요청은 이를 무력화시키기 위한 꼼수에 불과했다. 우리는 오전에 국회 사무처와 국가인권위원회에 앞서 청와대 업무 보고를 먼저 받고 오후에 정의용 실장을 이석시키자고 제안했다. 정말로 한미 정상회담 준비 때문에 정 실장이 일찍 떠나야 했다면 민주당이 우리 제안을 거절했을 리 없다. 하지만 우리 제안은 받아들여지지 않았고, 청와대 업무 보고는 오후 3시 30분경에야 시작돼 정의용 실장이 운영위 회의장에 출석했다.

오후 7시 좀 넘어 강원도 고성에서 산불이 일어났다.

고성 산불과 '이낙연 수첩'

정 실장이 오후가 되어서야 국회에 도착하자마자 여당은 정 실장을 보내자고 요청해왔다. 저녁 즈음에 이미 산불 소식은 언론을 통해 보도가 되고 있었는데, 저녁 식사를 위해 정회를 하기로 한 7시 45분경까지만 해도 정 실장을 보내야 하는 이유로 내건 것은 정상회담 준비였다.

늦은 식사 후 저녁 9시 30분경에 회의가 속개했다. 그 때 홍영표 원내대표가 산불이 확산되고 있다며 정 실장을 보내야 한다고 주장했는데, 그 전부터 정상회담 준비만 고집하며 정 실장을 보내야 한다고 우겼던 장면들이 뇌리에 박혀 있는 우리 눈에는 계속 핑계를 대는 것으로 밖에 보이지 않았던 것이다.

실제 그 이후 일어난 일을 살펴보면, 우리가 왜 그때 정 실장을 보내달라는 여당 입장에 선뜻 동의하기가 어려웠는지 이해할 수 있다. NSC를 가동했다고는 하나, 실제 정 실장이 무엇을 어떻게 했는지 우리는 확인할 수 없었다. 오히려 산불 대응은 미흡했고, 여당이 우리에게 제대로 된 대응 계획을 설명해주지도 못했다. 전체적으로 커뮤니케이션에 심각한 하자가 있었다.

사실 이런 일들은 문재인 정권 들어 한두 번이 아니었다. 미숙한 대처 후에는 어김없이 '네 탓'으로 프레임을 전환하고 여론몰이를 하는 것이 정부와 여당의 상투적인 수법이었다. 이것이 정치의 '기술'이고, 모질고 악랄하지 못한 나는 '비숙련' 정치인일까? 내가 이상한 건지 저들이 비정상인지, 솔직히 나는 지금도 혼란스럽다. 아니, 내가 정상이라는 확신은 든다. 그런데 왜 정상인 내가 비정상으로부터 매번 몰리고 당해야 하는 것인지, 이 비정상적인 상황이 혼란스러울 뿐이다. 한 가지 확실한 것은, 난 어떤 자리에 있어도 그들 같은 '거짓말 정치'는 하고 싶지도 않고, 아마 하려도 못 할 것이라는 사실이다.

'정치는 생물(生物)'이라더니, 고성·속초 산불 같은 재난 상황에서도 어부지리로 정치적 수혜자가 등장했다. 엉뚱하게도 그것은 이낙연 국무총리였다.

산불 사흘째인 4월 6일 오전 정부 서울 청사에서 관계장관회의를 주재한 이 총리의 '깨알 수첩'이 언론 카메라에 잡혀 보도됐다. 국무총리실은 8쪽에 걸친 메모 전문을 공개하며 '총리 띄우기'에 나섰다. 기자 출신에 4선 의원과 전남도지사를 지내고 문재인 정부 초대 국무총리로 발탁된 이 총리가 단숨에 '잠룡'으로 비상하는 순간이었다.

잔인한 4월은 그렇게 시작됐다.

불발된 '상하이 컨센서스'

자유한국당을 뺀 여야 4당은 3월에 이미 연동형 비례대표제와 공수처 설치 등에 합의를 끝낸 상태였다. 그중 바른미래당을 제외한 민주·정의·민주평화당 3당이 연비제와 공수처법의 패스트트랙 상정 의지를 적극적으로 내보이며 우리를 압박해 왔다.

민주당 홍영표 원내대표가 임기 끝나기 전 연비제와 공수처 모두에서 어떻게든 '성과'를 내야 한다는 압박이 대단했다는 것은 누차 말했다. 꼬마 정당들인 정의당과 민주평화당은 다음 총선에서 당의 사활이 걸린 연비제를 쟁취할 수만 있다면 다른 것들은 다 기꺼이 내줄 수 있다는 기세였다. 이들은 5당(4+1) 협의체나 여기에 청와대를 더한 여야정 협의체를 지렛대 삼아 합의를 이끌어내려 했다. 그러나 앞에서 말했듯 나는 원내대표 취임 당시부터 '4+1' 자체에 부정적이었다.

바른미래당만은 당론 채택을 둘러싸고 내부 갈등이 깊어가고 있었다.

원내 제3당으로 내려앉은 처지를 생각하면 연동형 비례제의 유혹을 아주 떨칠 수 없었을 것이다. 손학규 당대표부터 연비제 의지를 강력하게 천명하고 있는 터였다. 그러나 '바른정당'계 의원들은 대체로 나의 주장처럼 원내교섭단체인 3당이 주축이 되는 것이 합리적이라고 여기고 있었다. 헛도는 협상 과정 중에서도 김관영 원내대표는 그 당시까지만 해도 합리적인 절충안을 많이 제시하는 편이었다.

그러던 중 여야 5당 원내대표단이 다 함께 4월 10일부터 3박 4일 일정으로 중국 상하이를 방문할 기회가 있었다. 대한민국 임시정부의 국회에 해당하는 '임시의정원' 100주년을 비롯한 임시정부 수립 100주년 기념행사를 위해서다.

나는 출국 전 언론과 회견에서, "'상하이 컨센서스'를 통해 꼬인 정국을 풀어나갈 대화의 모멘텀을 마련할 수 있기 바란다"는 뜻을 내비쳤다. 모처럼 5당이 며칠씩이나 함께 움직이는 일정중에 어떻게든 홍영표 민주당 원내대표와 김관영 바른미래당 원내대표의 마음을 돌려볼 생각이었다. 그때까지 3당 간에 물밑 접촉을 지속해 왔기에, 그런 기대가 아주 무리도 아니었다.

상하이 첫 일정은 백 년 전 1919년 4월 10일 '대한민국' 국호를 선포한 임시의정원 첫 회의를 각자 역할을 맡아 재연하는 행사였다. 시각도 그때와 똑같이 오후 10시부터 시작한 행사는 자정이 거의 다 되어 끝났다.

행사를 마치고 호텔로 돌아와, 김관영 원내대표 방에서 홍영표·김관영 원내대표와 셋이서 술자리를 갖게 됐다. 술잔이 여러 차례 부딪치는 가운데 간간이 허심탄회하게 속내도 보여가며 두 시, 세 시…… 어느덧 네 시 반쯤까지 대화가 이어졌다. 나를 포함 셋 모두 꽤 취한 상태에서 홍영표 원내대표와 나는 김 원내대표의 방을 나와서 각자 방으로 돌아가며 자연스럽게 잠깐 함께 복도를 걷게 됐다.

어쩌면 극적인 반전을 이룰 수 있는 라스트 찬스인지도 몰랐다. 상하이에 오기 전부터 홍 원내대표와 사이에 교감이 오간 터여서 이제는 나의 결단만 남았다고 생각하고 있었고, 내가 출국 전 '상하이 컨센서스'를 흘린 것도 그런 빅딜의 기대가 있었기 때문이었다.

정치는 협상의 예술이다. 내주는 것 없이 내가 옳다고 생각하는 것만 고집해서는 안 되고, 게다가 우린 소수 야당이었으니 계속해서 부정하고 외면할 수만은 없는 것이 현실이었다. 연비제와 공수처의 패스트트랙 상정을 막기 위해, 내줄 것은 내주어야 했다. 그것은 내가 원내대표 취임 후 일관되게 반대해 온 5당 베이스의 여야정 협의체였다.

"…… 우리가 여야정 협의체를 받으면?"

"이미 늦었어요."

홍영표 원내대표는 이제 정말 어쩔 수 없다며 선을 딱 그었다. 표정은 난감해 보였지만 말은 단호했다. 그들은 애당초 정의당 등이 원하던 연동형 비례제에서 한참 후퇴한 수준의 '준연동형 비례제'로 이미 내부적인 합의가 돼있구나 하는 직감과 함께, 반걸음쯤 늦었다는 아쉬움과 섭섭함이 몰려들었다.

"…… 다시 한 번 생각해 봐요."

그게 마지막이었다. 그렇게 우리는 제각기 방으로, 각자의 생각 속으로 돌아갔다.

방에 들어서서 문을 닫고 나는 깊은 한숨을 내쉬며 침대에 털썩 걸터앉았다. 오만 가지 생각이 머릿속을 오갔다. 패스트트랙 상정은 불가피한 수순이 될 것이라는 암울함, 겉으로는 미안해하면서도 결국은 생각을 바꿀 수 없는 홍 원내대표에 대한 원망과 한편으론 측은함 같은 감정들이 뒤섞이고 있었다. 홍 원내대표가 사실 무엇을 결정할 수 있겠는가? 그의 선택과 결정이 변할 수 있으리라는 기대는 애초부터 크지 않았다. 그럼에도 기적과 같은 반란을 기대해 봤던 것이다.

'이대로 패스트트랙으로 가는 건가? 정말 막을 순 없는 걸까?'

아침 일정이 불과 몇 시간 뒤인데도, 정신이 완전히 지쳐버린 나는 쉽게 눈을 붙이지 못했다.

또다시 한 표 차이

'상하이 컨센서스'에 걸었던 한 가닥 기대가 산산조각 나고, 서울에 돌아온 나는 본격적으로 패스트트랙 상정을 저지할 방안을 찾기 시작했다.

5당 원내대표 등 국회 원내대표단이 중국 상하이의 융안백화점 옥상에서 기념촬영을 하고 있다. 임시의정원 요인들이 1921년 1월 1일 신년 기념사진을 촬영한 장소에서 똑같이 재연한 것이기도 하다.

당시 민주·정의·민주평화당 3당의 의석만으로는 과반이 안 돼, 캐스팅 보트를 쥔 바른미래당의 협조가 절실히 필요했다. 바른미래당의 '국민의당'계 손학규·김관영 투톱은 연동형 비례제에 적극적이었지만, 당내 '바른정당계'가 변수였다. 김관영 원내대표가 연동형 비례제에 합의를 하고 오더라도 당내 반발에 부딪칠 가능성이 있었다. 나는 바로 그 점을 파고들어 바른미래당의 '연비제 공조'를 무산시킬 계획을 세웠다.

자유한국당을 제외한 4당은 나로서는 이해할 수 없는 이유로 한 달 전 3월 15일을 4당 합의의 D데이로 잡고 있었다. 바른미래당의 균열은 그때부터 표면화되기 시작했다. 합의에 박차를 가하는 김관영 원내대표를 향한 바른정당계의 반발이 거세져, 이러다 분당 사태까지 치닫는 것 아니냐는 관측까지 나오는 상황이었다. 하지만 김 원내대표는 당내 반발을 무릅쓰고 기어이 '비례대표 75석, 연동률 50퍼센트'를 골자로 하는 선거제 개편안에 합의해 주었다.

그날로 바른미래당은 격랑 속으로 빨려들어 갔다. 바른정당계는 "이런 중차대한 문제를 원내대표가 독단적으로 결정할 수 없고, 당론으로 채택하는 별도의 절차가 필요하다"고 항의했다. 나는 바로 표 계산에 들어갔다. 바른미래당에서 누가 연동형 비례제에 찬성하고 누가 반대할 것인지, 따져보고 또 따져봤다. 승산이 있어 보였다.

바른미래당은 의원총회를 거듭하면서도 쉽사리 결론을 내지 못했다. 당장 당론을 결정하는 절차를 놓고 티격태격했다. 일반 정족수인 과반수로 결정할 것이냐, 아니면 중요한 의사 결정이니 특별 정족수 3분의 2 이상으로 해야 하느냐를 놓고 날선 대립을 이어갔다. 나는 내심 3분의 2가 되길 바랐지만, 결국 이마저도 의원총회 투표로 정하기로 결정됐다. 이른바 '2단계 투표'의 1차 투표에서, 정족수는 아쉽게 과반수로 정해졌다. 이제 본투표만 남았다.

바른미래당은 이언주 의원이 손학규 대표를 공개적으로 "찌질이"라고 한 일로 당원권 1년 정지 징계를 받아 표결에 나설 수 없었다. 나머지 23명 의원 개개인의 표심은 어느 정도 짐작이 가는데, 두 명 의원의 표심이 마지막까지 확신이 서지 않았다. 이 두 명이 모두 연동형 비례제에 반대해 준다면 바른미래당의 연비제 당론 채택을 막을 수 있었다. 둘 중 한 명은 아무래도 찬성 쪽에 설 것 같았고, 결국 남은 한 명의 표심이 바른미래당의 연비제 당론 채택 여부를 좌우하는 셈이었다.

'바른미래당만 멈춰 세울 수 있다면…….'

나는 의원들에게 일일이 직접 전화도 하고, 간접적인 루트들도 총동원해 통사정을 했다. 마지막까지 고민했을 A 의원에게 특히 절절하게 호소했다. 바른미래당의 투표에 내가 선거운동을 할 만큼 나는 절실했다.

4월 23일, A 의원이 연동형 비례제에 찬성표를 던졌다는 소식에 나는 그만 한숨을 쉬고 말았다.

'아, 한 표…….'

12 대 11이었다. 더 적극적으로 내가 붙잡고 늘어졌어야 하나 하는 아쉬움이 밀려왔다. 바른정당계도 나이브했다. 당론 채택을 막는 게 정말로 절실했다면, 의원총회에서 단 한 표 차이로 연비제 당론이 채택되는 것을 왜 두고만 보고 있었을까?

4월 '패스트트랙 폭거'로 향하는 열차가 출발 기적을 울리고 있었다.

A 의원은 후에 나에게 몇 번이나 "후회스럽다"고 말하곤 했다. 소극적으로나마 연비제 당론에 손을 들어준 그 A 의원과, 당시 적극적으로 연비제를 지지해 우리 당을 곤혹스럽게 한 B 의원이 지금 자유한국당의 '후신의 후신'인 국민의힘에 와있고 그중 B 의원은 주요 당직까지 맡고 있다는 건 아이러니다. 정치에서 기억의 주기(週期)란 이토록 짧은 것일

까? 어제의 적이 오늘의 동지가 되고, 오늘의 동지가 내일의 적이 될 수 있다는 정치판의 생리에 나는 아직도 적응이 잘 되지 않는다. 우린 조금 더 한결같아져야 하는 것이 아닐까?

정부의 인사 태풍은 3~4월에도 어김없이 여의도를 강타했다.

4월 개각 명단 중 김연철 통일, 박영선 중소벤처기업부 장관 후보자에 대해 야당들의 반대로 국회의 인사 청문 경과보고서 채택이 불발되었다. 그럼에도 문재인 대통령은 4월 8일 이 두 명을 포함해 다섯 명의 신임 장관 임명을 강행했다.

두 명의 헌법재판소 재판관 임명은 더 심각했다. 4월 퇴임을 앞둔 조용호·서기석 두 헌법재판관 자리에 3월 말경 문재인 대통령은 문형배·이미선 후보자를 지명했다. 문형배 후보자는 법원장 재직 당시 공보관실 운영비 편법 사용 의혹, 이미선 후보자는 '이익 충돌 재판' 이력이 인사 청문회 전부터 문제가 되었다. 4월 9일부터 열린 인사 청문회에서 예상대로 격론이 벌어졌고, 이번에도 국회는 두 후보자의 청문 경과보고서 채택을 거부했다. 그러나 문재인 대통령은 이번에도 국회를 무시하고 4월 19일, 그것도 우즈베키스탄 방문중 전자 결재로 두 후보자를 헌법재판관에 임명했다. 대법원을 넘어 헌법재판소 장악까지, 정권의 사법부 농단은 마치 미리부터 각본에 있었기라도 한 것처럼 거침이 없었다.

같은 판사 출신으로서 이미선 헌법재판관의 처신을 보는 소회는 제9장에서 따로 밝히기로 한다.

07

동물 국회

2019년 4월 22일. 선전 포고의 나팔 소리가 국회 창문을 진동시켰다. 우리 당을 제외한 나머지 4당은 연동형 비례제와 공수처 설치를 위한 잠정 합의안을 도출, 패스트트랙 강행의 마지막 준비를 모두 마친 상태였다. 나는 "의회 민주주의의 조종(弔鐘)이 울렸다"며 강력 반발했고, 임박한 대전투를 마음속으로 준비해야 했다.

긴급 의원총회를 열어 의견을 나눴지만, '힘의 정치'라는 바위 앞에 '원칙과 명분'이란 메추리알 만도 못했다. 이제 강 대 강 투쟁으로 패스트트랙 상정을 원천 봉쇄하는 외에 다른 대응 방안은 남아있지 않았다.

막다른 골목. 우리는 철야 농성을 결의했다.

“나를 밟고 가라”

바른미래당이 연비제 채택 당론을 정한 4월 23일 화요일 밤. 국회 로텐더 홀에 앉은 채로 연 의원총회에 모인 우리 당 동료 의원들의 얼굴은 상기돼 있었다. 지금 벌어지고 있는 이 모든 일을 믿을 수 없다는 씁쓸함이 읽혔다. 스티로폼과 돗자리·담요 등이 속속 도착했다. 참호전이다.

방아쇠는 공격 측이 먼저 당겼다. 4당은 장애물을 만나면 다이너마이트로 부수고라도 지나가겠다는 태세였다. 4당이 야합한 패스트트랙 폭거에 내내 비협조적이던 바른미래당 오신환 의원을 사법개혁특별위원회(사개특위)에서 사임시키고 입맛에 맞는 새 의원을 보임(補任)하는 ‘사보임’을 꺼내들었다. 의원 본인이 원하지 않는 사보임을 당 지도부와 국회의장의 짬짜미로 강행하는 초강수에 바른미래당조차 술렁였다.

4월 24일 수요일 오전. 나는 제발 이 광기 어린 횡포를 막아달라고 호소하기 위해 우리 당 몇몇 의원들과 함께 문희상 국회의장을 찾아갔다. 의장실 문 앞에서 거친 설전을 주고받으며 옥신각신하는 동안 문 의장은 의장실을 빠져나갔다. 이 과정에서 문 의장이 우리 당 임이자 의원의 두 뺨을 쥐고 흔드는 사건이 발생했고, 임 의원의 거센 반발에 민주당 설훈 의원의 망발까지 더해 임 의원도 우리도 마음에 큰 상처를 입었다. 문 의장은 그길로 와병을 구실로 병원으로 들어가 버리고 대화의 문을 닫았다.

4월 25일 목요일 아침. 오신환 의원을 채이배 의원으로 교체하는 사보임 신청서가 팩스로 접수되고 문희상 의장이 이를 병원에서 결재했다고 김관영 원내대표가 알려주었을 때, 나는 털썩 주저앉고 말았다. 우리 당 몇몇 의원들은 답답한 나머지 채이배 의원을 설득하고 만류하기 위해 안간힘을 썼다. 이어서 권은희 의원이 '재협상'을 요구하면서 공수처법안에 반대할 듯한 기류를 보이자 바른미래당은 권 의원도 임재훈 의원으로 강제 사보임했다. 오신환 의원에 이어 권은희 의원마저 쫓겨나 버린 사개특위는 이제 본격적인 법안 처리를 향해 거침없이 달려가려는 참이었다.

오후 6시 좀 넘어서, 4당이 발의한 공수처설치법이 패스트트랙 안건으로 의안과에 팩스 접수됐다는 소식이 들어왔다. 우리 당 의원들은 당장 의안과로 달려갔다. 옥신각신하는 과정에서 팩스 기기가 파손됐고, 급기야 검경 수사권 조정안을 이메일로 접수하는 일까지 벌어졌다. 한 나라의 사법 체계의 근간을 바꾸고 국민의 권리와 책임에 심대한 영향을 끼치는 수사 기관의 권한 범위를 조정하는 중차대한 법안들을 팩스로, 이메일로 접수시키는 데 나는 할 말을 잊었다. 이렇게 쉽게 간단하게 허무하게 법안을 접수시킬 수 있는 것이었다면, 지난 수십 년 동안 우리 국회의원들은 뭐 하러 동료 의원의 도장 하나 더 받으려 발품을 팔고, 법안을 접수하기 위해 수많은 보좌진들이 본청과 의원회관을 오가며 진땀을 흘려야 했단 말인가?

나중에 2020년 5월 30일 21대 국회 임기 시작을 앞두고, '1호 법안'을 제출하기 위해 민주당 박광온 의원이 보좌진들을 4박 5일 동안 밤샘 대기시킨 일이야말로 당시의 팩스와 이메일 법안 발의가 위법임을 민주당 스스로 인정한다는 증거다.

목요일 저녁 8시경 시작된 국회 안 전투. 우리 당 의원과 당직자들은 의안과 앞을 에워쌌고, 바른미래당에서 법안 발의에 반대한 의원들도 따로 집회를 열었다. 이제 사개특위와 정개특위가 열릴 회의장을 사수해야 했다. 나는 이들이 잠시 이성을 잃었을 뿐, 분명 오늘의 실수를 후회할 날이 올 것이라 확신했다. 길이 기억될 4당의 역사적 과오를 우리라도 막아줘야 했다.

그러던 중 두 번의 공지 문자 메시지를 입수했다.

'사개특위 저녁 9시 220호.'

'정개특위 저녁 9:30 445호.'

시간과 장소를 바꿔가며 기습 상임위를 열겠다는 게릴라 작전이었다. 우리는 더 빨리 움직였다. 정개특위 회의장에 먼저 진입한 우리는 민주당·정의당 의원들의 회의장 진입을 저지하는 데 한 차례 성공했다.

민주당이 주축이 된 의안과와 회의장 진입 시도는 자정을 넘겨 다시 이어졌다. 우리 당 김승희 의원을 비롯해 119 구급대에 실려가는 사람들이 하나 둘 나오기 시작했다. 절규와 비명이 난무하는 속에 환자가 속출했다. 내 마음은 이미 절망의 혈흔으로 얼룩지고 있었다.

"심상정 대표, 민주당 2중대 하지 마세요! 이렇게 국회를 운영해도 되는 겁니까? 선거법은 협상하는 겁니다. 의회 역사상 누가 선거법을 이렇게 (처리)합니까?"

민주당을 앞세워 거침없이 밀려들어 오는 4당은 마치 용역 깡패와 같은 모습이었다. 안경이 날아가고, 옷이 찢기고, 짓밟히고……. 의자 위에 올라서서 주먹을 불끈 쥐고 "헌법 수호! 독재 타도!"를 외치며 나는 울부짖었다. 마침내 회의장 문은 뜯기다 못해 갈기갈기 찢어져버렸다. 대형 사고가 나지 않은 게 천만다행이다.

이번엔 심상정 대표가 도발을 해왔다.

"나경원, 뒤에서 숨지 마! 비겁하다."

"숨긴 누가 숨어!"

이해찬 대표가 심 대표를 거들었다.

"너, 나한테 혼나 볼래?"

자정을 넘어서 7차, 8차 사개특위 회의장 진입 시도, 9차 정개특위, 26일 새벽 1시 30분경에 다시 한 번 의안과 무단 진입 시도가 이어졌다. 빠루(쇠지레)와 망치가 등장한 게 이때다.

그들은 이를 '국회의장의 경호권 발동'이라 했다. 33년 만의 경호권 발동, 도대체 무엇을 경호하기 위한 조치란 말인가?

새벽 3시경. 우리뿐만 아니라 민주당과 정의당 쪽도 지칠 대로 지쳤다. 보좌진들은 단추가 뜯기고 땀에 흠뻑 젖은 와이셔츠 바람으로 자리에 털썩 주저앉아 거친 숨을 몰아쉬었다. 일부는 기진맥진해 아예 드러

누워 버렸다.

그들은 왜 그토록 날짜에 집착했을까? 왜 반드시 오늘이어야 한다고 고집했던 것일까? 아마 총선과 2020년 정치 일정을 고려하면 오늘이 '패스트트랙 180일'로 역산한 법안 상정의 마지막 기회라고 여겼던 것 같다.

홍영표 원내대표가 협상을 제안해 왔다. 일단 법안 접수만이라도 하게 해달라는 것이었다.

"그럼 뭘 양보할 건데요?"

묵묵부답이었다. "모든 것을 내달라", 한마디로 항복 요구였다. 청와대의 거센 압박에 홍 원내대표도 갈피를 못 잡았을 것이다. 협의는 불발됐다. 하지만 더 이상 이런 거친 충돌을 이어가기엔 우리 모두 지쳐있었다. 의원들이 군홧발도 아닌 동료 의원의 발길에 짓밟히고 쓰러지는 광경이라니, 당하는 우리 당뿐 아니라 민주당 의원들도 스스로 용납하기 힘들었을 것이다. 일말의 양심이라도 남아있다면 말이다.

새벽 4시경, 전투는 마침내 일단락됐다.

패스스트랙 법안 발의를 막기 위한 4월 25일 밤부터 26일 새벽까지 충돌로 우리 당 의원 24명과 보좌관·당직자 3명, 민주당 의원 5명과 보좌관·당직자 5명 등 총 37명이 무더기로 기소 또는 약식기소되었다. 2020년 9월부터 형사재판 1심 공판이 진행중이다.

4월 26일 금요일 아침. 잠을 잤다기보단 잠시 눈을 붙였다는 게 맞을 정도로 짧은 휴식을 가진 우리는 다시 의원총회를 가졌다. 여기저기 돗

자리 위에서 부족한 잠을 청하는 보좌진들 틈바구니 속에서 우리는 다시 결의를 다졌다. 누가 의원이고 누가 보좌진인지, 누가 중진이고 누가 초선인지도 무의미해진 우리는 그냥 하나였다. 이따금 당의 단합을 방해해 온 조그만 갈등의 불씨들도 동지의식 앞에서 자취를 감추었다.

패스트트랙 강행 처리는 우리 정치사에 씻을 수 없는 오점을 남겼지만, 역설적이게도 탄핵 사태를 겪으며 지리멸렬하던 우리 당에 에너지를 줬다. 이 오만하고 독단적인 정치에 함께 맞서 싸워야 한다는 강한 의지를 심어줬다.

이때의 '빠루' 이야기를 기록하지 않을 수 없다. 앞서 25일 7층 의안과 진입 시도 과정에서 등장한 빠루와 망치는 그전 역대 국회에서도 폭력적인 국회 운영의 상징이었다. 나는 민주당 당직자들이 준비했을 것으로 보이는 이 흉측한 물건을 탈취해 기자들에게 보여 주며 민주당의 잔인함을 고발했다. 그런데 정치권도 그렇지만 언론도 참 잔인했다. 아니, 악랄했다. '나경원 빠루'가 순식간에 실검 1위로 등극하면서, 마치 내가 빠루를 들고 폭력을 휘두른 듯 왜곡하고 우리 당에 폭력의 이미지를 덧씌우는 선동이 시작된 것이다.

폭풍우가 휩쓸고 간 국회 본관에는 쓰라린 상처만 남았고, 우리는 온몸이 멍들고 지칠 대로 지친 상태에서 투쟁 공간을 광장으로 옮겼다.

4월 27일 토요일. 광화문 광장에서 열린 장외 집회는 '절대 질 수 없다'는 결기를 다지기 위한 중간 점검의 기회였다. 그러나 집회 내내 마음은 국회에 가있었다. 또다시 기습 공격을 해오지는 않을까? 우리가 잠시 국회를 비운 사이 '게릴라 상임위'를 열어 패스트트랙 폭거를 완성시키는 것은 아닐까? 불안한 마음에 집회가 끝나자마자 곧바로 국회로 돌아갔다. 이날 자정이 가까운 시각, 민주당은 기자 회견을 열어 "다음 회의를 자유한국당이 막으면 길거리에서라도 한다"며 마지막 선전 포고를 했다.

이튿날 일요일은 비교적 고요하게 지나갔다. 주말만큼은 충돌을 피하자는 무언의 합의가 각자의 휴식 시간은 벌어준 셈이다.

4월 29일 월요일. 우리는 결사항전 태세로 국회를 지키면서도, 이제 파국을 피할 수 없다는 엄연한 현실을 담담히 마주하고 있었다. 예고된 사개특위·정개특위 회의장을 우리가 지키고 있는 바람에 4당은 충돌하던 밤에도 회의장 기습 변경이라는 꼼수를 썼었다. 그래서 우리는 늘 그들의 동선을 체크하면서 언제 어디서 어떤 회의가 열릴 가능성이 높은지 시나리오를 만들어놓고 있어야 했다. 사개특위 이상민 위원장과 정개특위 심상정 위원장은 홍길동처럼 곳곳에 출몰하며 회의를 개회했고, 국회 방호과 직원들이 총투입된 가운데 우리는 아무 힘도 쓰지 못한 채 반역사적 패스트트랙 상정을 선포하는 의사봉 소리를 들어야 했다.

우리 당은 물론, 사개특위 불법 사보임으로 물러난 바른미래당 오신환 의원도 문희상 국회의장을 상대로 권한침해 확인과 무효 확인을 구하는 '권한쟁의' 청구를 냈다. 2020년 5월 헌법재판소는 5 대 4로 오 의원의 청구를 기각했다. 얼핏 보면 이미선·문형배 재판관 임명을 강행해 헌재를 장악한 문재인 정권의 승리 같지만, 다른 의견을 낸 4명 중에는 문재인 정권이 임명한 재판관도 최소 2명 포함돼 있었다. 전체 9명 중 6명을 문 정권 코드 인사로 심어 놓은 상태에서 겨우 한 표 차이로 오 의원의 권한쟁의 청구가 기각된 것은 패스트트랙의 불법성을 헌재도 사실상 인정한 것이나 마찬가지였다.

"나경원 미친 것 같다"

공수처를 원하는 청와대와 여당, 연동형 비례제를 바라는 야합 야당 — 야합 밀실 정치의 퍼즐이 '선 공수처, 후 연비제'로 완성되어 가고 있었다. 하루나 길어야 이틀이면 패스트트랙 전쟁은 우리의 완패로 끝나리라는 무거운 예감이 우리를 짓눌렀다.

4월 29일 사개특위에서 공수처설치법, 그리고 30일 화요일에는 정개특위에서 연동형 비례제가 포함된 선거법 개정안의 패스트트랙 상정안이 통과됐다.

민주당 우상호 의원은 4월 29일 TBS 라디오 '김어준의 뉴스 공장'에 출연해 "나경원 원내대표가 지금 좀 미친 것 같다"고 했다.

천만에, 나는 '좀 미친' 정도가 아니었다. 미쳐도 단단히 미쳐 있었다. 나뿐만 아니라 우리 당 모두 미쳐 있었다. 자유민주주의와 의회주의가

2019년 4월 25일 701호 의안과 앞에서의 격렬한 투쟁. 연동형 비례대표제와 공수처 설치법의 패스트트랙 상정을 막기 위해 자유한국당은 온 몸으로 저항했다. 나에게도 그 어느 때보다도 치열했던 시간들이었을 것이다.

눈앞에서 짓밟히는 꼴을 보고 어떻게 미치지 않을 수 있을까? 불광불급(不狂不及)이라고, 미치지 않고서야 어떻게 헌법 가치를 수호하기 위해 파렴치한 적들과 싸울 수 있단 말인가? 미쳐야 했던 계절이었다. 우리가 미치지 않으면 나라가 미쳐 돌아갈 판이었으니.

우리는 졌다. 아니, 이길 수 없었다. 불가능한 승리, 예정된 패배였다. 절망할 힘조차 남지 않은 패잔병들이 무거운 몸과 마음을 이끌고 의원총회에 모였다. 패장인 나는 어떤 메시지를 던져야 할까? 포연(砲煙)이 채 가시지 않은 폐허에도 한 떨기 아름다운 꽃을 피워내야 할까, 아니면 최대한 담백한 언어로 상처를 봉합해야 할까? 고심 끝에 나는 후자를 택했다.

그날 내가 정말로 하고 싶었던 말은 끝내 원고로만 남았다. 그 원고를 여기에 뒤늦게 소개한다.

> 국민 여러분! 당원 동지 여러분!
>
> 우리 자유한국당, 끝내 막지 못했습니다. 자유민주주의 유린을 저지하지 못했습니다.
>
> 광기 어린 폭거에 온몸으로 저항했습니다. 맞고 쓰러지고 부서져도 우린 물러서지 않았습니다. 하지만 결국 막지 못했습니다. 힘의 논리를 앞세운 저들에 의해 무참히 짓밟혔습니다.
>
> 국민 여러분께 사죄합니다. 헌법 수호 의무를 다하지 못했습니다. 민생을 외면한 독재 야욕으로부터 국민을 지키지 못했습니다. 헌법 가치를 지키지 못했습니다.
>
> 대한민국 헌정사 치욕의 날입니다. 대한민국 발전은 오늘 멈췄습니다. 우리 역사는 이날을 반드시 기억할 것입니다. 헌법 전복을 꿈꾸는 좌파 세력의 기습 침략, 자유 대한민국호 폭침, 의회 민주주의 테러로 기록될 것입니다. 이 모든 헌정 유린의 배후, 문재인 대통령은 한국의 차베스로 기억될 것입니다.

하지만 국민 여러분!

자유한국당은 절대 좌절하지 않습니다. 대한민국 보수 우파는 절대 울지 않습니다. 우리의 헌법 수호 투쟁, 결코 멈추지 않습니다. 국회에서, 광장에서 결사 항전하겠습니다. 끓어오르는 국민들의 분노와 실망을 담아, 민생·경제 파탄의 책임을 묻고 압박할 것입니다.

국민 여러분, 함께해 주십시오. 손을 잡아 주십시오. 저들의 독재 야합은 결코 자유민주주의의 방어선을 넘지 못합니다.

국민 여러분께 선언합니다. 자유한국당은 국민 속으로 들어가 투쟁하겠습니다.

이제 자유한국당의 반정권, 반문재인 투쟁이 시작됩니다.

야만의 콜로세움

4월이 남긴 상처는 가볍지 않았다. 패배감과 무력감이 몰려왔다. 우리는 칠흑 같은 어둠 속에 저마다 홀로 내동댕이쳐진 느낌이었다.

'야만의 콜로세움.'

내가 평소 청와대의 국민 청원 온라인 게시판을 부르는 이름이다. 그 야만의 콜로세움에 '자유한국당 해산 청원'이라는 대자보가 나붙었다. 역대 최단 기간 최다 동의 신기록이 시시각각 갱신되는 현황을 언론은 스포츠 경기 중계하듯 실어날랐다. 확인 사살이나 다름없는 야만 앞에서 우리가 가진 것은 벌거벗은 신념뿐, 우리를 감싸줄 갑옷은 없었다.

목적을 달성한 4당은 '국회 정상화'를 요구하고 나왔다. 불법 사보임과 날치기 상정에 대한 한마디 유감이나 일말의 죄책감도 없이, 무조건 항복을 권유하는 점령군의 기세였다. "지지율도 올랐으니 돌아오라"는, 패장을 비꼬는 듯한 홍영표 민주당 원내대표의 말에 나는 크게 실망했다.

한 가닥 남았을지 모르는 원내 투쟁 가능성을 놓고 고심하던 중 5월 1일, 문무일 검찰총장이 공수처 설치와 검경 수사권 조정에 대해 "민주주의에 어긋난다"며 공개적으로 반대 의사를 밝혔다. 원래부터 공수처와 수사권 조정에 소극적이던 문 총장이지만, 이번의 공개 항명은 타이밍이 야속했다. 공수처와 수사권 조정의 직접 영향을 받을 조직의 장으로서 그런 목소리는 패스트트랙 폭거 전에 냈어야 하는 것 아닌가! 차 떠난 후 뒤늦은 찍소리에 씁쓸한 헛웃음만 나왔다.

민의의 전당에서 짓밟힌 우리가 갈 곳은 이제 장외밖에 없었다. 4월 30일 박대출 의원이 삭발한 데 이어 5월 2일에는 김태흠·이장우·윤영석·성일종 의원과 원외의 이창수 충남도당 위원장의 집단 삭발식이 국회 본관 앞에서 열렸다. 우리는 5월부터 본격적인 장외 투쟁에 돌입하자는 데 의견을 모았다. 황교안 대표는 부산 자갈치시장에서 출발해 서울까지 400킬로미터를 걷는 18일간의 '민생 투쟁 대장정'에 나섰다.

로켓맨이 쏘아올린 '단도' 미사일

2019년 5월 4일 토요일. 광화문 광장에서 '문재인 STOP, 국민이 심판합니다' 3차 장외 집회가 열리는 날이었다.

북한의 '미상 발사체' 실험 소식이 아침 뉴스 속보로 떴다.

'올 것이 왔구나!'

하노이 회담 결렬 후 나는 북한의 본격적인 무력 도발이 곧 시작될 것이라 예감했다. 그것은 북한의 본성이고, 한 번도 변한 적 없는 그들의 방식이다.

원하는 것을 얻지 못하거나 수세에 몰렸을 때 북한은 늘 '안보 불안 야기'라는 카드를 사용했다. 핵 실험은 차마 택할 수 없는 옵션일 것이다. 그것은 미국의 정밀 타격의 빌미를 제공하고, 문재인 정권과의 '거짓 화해' 무드를 단번에 깨버릴 도발이기 때문이다. 그러니 핵만 제외하고 미사일 실험 발사나 군사 훈련이나 국지적 공격 등으로 도발 수위를 높이리라는 것은 누구라도 예측할 수 있는 것이었다. 북한이 5월 4일 동해로 쏘아보낸 여러 발의 '미상 발사체'는 그 신호탄이었다.

나는 장외 집회를 위해 준비했던 연설문을 수정했다.

문재인 대통령은 '되돌릴 수 없는 평화의 길'로 가고 있다고 했지만 북한은 오늘 미사일을 쐈습니다. 굴종적인 대북 정책의 결과 '되돌릴 수 없는 미사일의 길'로 가고 있습니다.

문재인 정권은 우왕좌왕했다. 처음에는 '미사일'이라고 했다가 곧바로 '발사체'로 말을 바꾸더니, 나중에는 '전술 유도 무기'라는 해괴한 말로 얼버무렸다. 많은 전문가들이 '탄도 미사일'임을 기정사실화하는데도 군과 정보 당국이 나서서 애써 도발을 감싸주는 모양새였다.

"대외 압박용이다."

"도발로 보기 어렵다."

"판 깨기는 아니다."

그야말로 '김정은 수석대변인'이 무색하지 않은 발언들이었다. 나는 "강도가 휘두른 칼도 요리용이라고 해줄 판"이라고 꼬집었다.

청와대는 "9·19 군사 합의의 '취지'에 어긋난다"고만 하고, 9·19 군사 합의 '위반'이라고는 절대 말하지 않았다. 그것은 문재인 정권의 숙명적 한계였다. 이 정권에게 판문점 선언과 9·19 군사 합의는 무슨 일이 있어도 깨지거나 파기될 수 없고 파기되어서 안 되는, 마치 출생 증명서와도 같은 것이었다. 그것이 깨지는 순간 정권의 모든 정당성과 정통성이 무너질 것이라는 강한 두려움이 있기 때문이다.

북한의 미사일 발사는 닷새 지나 5월 9일에도 있었다. 역시 정부는 '미상 발사체'라고 얼버무리고 넘어갔다.

두 차례 쏜 발사체, 특히 5월 4일의 미사일이 '단거리 미사일'이냐 '탄도 미사일'이냐는 계속해서 쟁점이 되었다.

그렇게 보름가량이 흐른 5월 21일, 청와대에서 있은 한미 군 인사들과의 간담회 인사말에서 문재인 대통령이 5월 초의 발사체를 '단도 미사일'이라는 기상천외한 이름으로 부르는 해프닝이 일어난다. 정보 라인에서 진작에 '탄도' 미사일로 결론 난 것을 대외적으로 '단거리' 미사일이라 강변하려다 빚어진, 좌파 독재 정권의 대북 굴종 본능을 여지없이 드러낸 실언이었고, 주관 없이 우왕좌왕하는 대한민국 지도자의 부끄러운 민낯을 들켜버린 사건이었다.

북한은 2019년 한 해 동안만 무려 열세 번이나 미사일과 방사포 도발을 해왔다. 정말이지 '잊을 만하면' 쏘아댔다. 문재인 대통령이 대북 유화성 발언이라도 하면 "내일 그에 대한 화답으로 북한이 미사일이나 방사포를 쏘겠네"라는 '웃픈' 소리가 나올 정도였다.

당시 이미 많은 국민들이 문재인 정권의 대북 정책을 대실패라고 규정 지었다. 이후 2020년 6월 개성 남북 공동 연락사무소 폭파로 상징되는 북한의 일련의 단말마적 기행(奇行) 앞에서 한마디 항변도 하지 못하는 것을 보면, 2019년 그해의 정권의 무능은 아직 예고편에 불과한 것이었다.

이인영, “북한, 더 많이 쏠 텐데”

5월 들어 민주당과 바른미래당은 새 원내 지도부 선출을 위한 선거전에 돌입했다.

민주당이 먼저 선거 모드로 들어갔다. 김태년·노웅래·이인영 세 후보가 원내대표 출사표를 던지고 저마다 “자유한국당과 협상하겠다”며 의원들의 표심에 호소했다.

나는 누가 되기를 바랐을까? 솔직히 그런 후보는 없었다. 누가 되든 별로 달라질 것이 없었다. 문재인 정권 아래 민주당의 원내대표는 운신할 수 있는 정치적 공간이 그리 넓지 못할 수밖에 없기 때문이다.

그나마 전에 사적으로 연이 있던 후보는 이인영 의원이었다. 함께 인터뷰를 한 적도 있고, 이 의원이 주도하는 국회 연구 모임에 이름을 빌려주기도 했다. 다른 정당 소속 의원도 참여해야 정식 국회 연구 모임으로 인정받을 수 있다는 규정 때문이다. 조금이나마 친숙한 이인영 후보의 당선을 조심스럽게 점치기는 했다. 여러 면에서 가장 안정적인 리더십을 보여줄 수 있을 거라는 기대도 있었다. 아, 2011년 서울시장 보궐선거 때 상대 후보인 박원순 변호사의 선거대책본부장이 그이기도 했다.

5월 8일 민주당 의원총회에서 이인영 의원이 원내대표에 당선됐고, 이튿날 상견례차 나를 찾아왔다. 나보다 한 살 아래인 이인영 신임 원내대표에게 나는 “밥 잘 사주는 예쁜 누나가 될 수도 있다”는 아이스 브레이킹(ice breaking) 멘트를 덕담으로 건넸다. 이 원내대표도 "밥 잘 먹고 말씀도 잘 듣겠다"고 화답했다.

그런데 훗날 들어보니 이인영 원내대표는 오히려 나와의 초반 화기애애한 분위기가 짐이 됐다는 이야길 전해 들었다. 그러니까 이인영 원내대표의 지지층 내에서는 나와 밥 잘 사 주는 예쁜 누나라느니, 잘 먹겠다느니 정답게 대화를 주고받는 모습에 일종의 '배신감'이라도 느꼈던 것일까? 그래서인지 이 원내대표가 그 후로 나에게 은연중에 매몰차게 대하고 양보와 타협에 소극적인 모습을 보였던 것으로 느껴졌다. 내 입장에서는 '그 때 깎아먹은 점수를 만회하려고?'라는 생각이 들 수밖에. 어느 정당이나 정치세력이든 극렬 지지층이 있기 마련이긴 하지만, 그만큼 민주당 지지층은 훨씬 더 높은 충성도를 보이는 동시에 그만큼 깐깐하다는 생각이 들었다. 이 원내대표는 '내부의 경고'로부터 그리 자유로울 수 없던 것이다. 바른미래당에서는 지난 패스트트랙 사태 때 오신환 의원을 불법 사보임시킨 일 등으로 당내 갈등이 다시 깊어지고 있었다. 책임을 지고 김관영 원내대표가 물러나고, 5월 15일 의원총회에서 사보임 당사자인 오신환 의원이 새 원내대표로 선출되었다. 일주일 간격으로 나의 메인 카운터파트 두 명이 다 교체된 것이다.

국회 공전과 급기야 물리적 충돌까지 빚어가는 가운데서도 전임 홍영표·김관영 대표들과의 끊임없이 물밑 접촉으로 다져 온 교감과 접근 가능성들이 원점으로 돌아갔다. 이제 처음부터 판을 새로 짜야 했다.

연배가 그중 제일 아래인 오 원내대표는 이인영 원내대표에게 인사간 자리에서 "맥주 사는 형님이 돼달라"고 덕담을 던졌고, 이 원내대표도 "형 노릇 기꺼이 하겠다"고 받았다. 오 원내대표가 정말로 5월 20일 저녁에 자리를 주선해 셋이서 '호프 회동'을 갖기도 했다.

내 원내대표 임기의 절반이 조금 넘는 기간을 이인영 원내대표와의 줄다리기로 보냈다. 여당과 제1 야당 원내대표의 씨름이 얼마나 지난한 과정들이었는지, 지금 생각해도 소름이 돋는다.

이인영 원내대표는 이 책에 수없이 많이 등장하겠지만, 이쯤에서 이인영 원내대표를 카운터파트로 겪어본 소회를 간단히 정리해 본다.

이인영 원내대표는 매우 부드럽고 순박한 인상이다. 누구는 '순수하다', 누구는 '맹하다'고도 한다. 겪어보니 과연 사람이 구수하고 맑은 사람이더라는 데 나도 동의한다.

하지만 이 원내대표는 겉보기와 달리 속은 매우 강고한 사람이었다. 이념적으로나 사상적으로나 당심(黨心)으로나 선이 굵고 견고했다. 전설의 '전대협(전국대학생대표자협의회)' 1기 의장 출신이라는 데서 짐작은 했지만 생각보다 훨씬 더 이념 지향적이었다. 386 운동권의 DNA는 3선 의원이 돼서도 여전했다.

그리고 때로 상대에게 거부감을 줄 정도로 매우 전략적이고 치밀한 사람이었다. 한번 마음속에 목표를 정하면 웬만해선 수정하지 않는 완고함이 있었다. 예를 들어 협상하겠다고 한번 마음먹으면 수단 방법 가리

2019년 5월 20일, 최근 선출된 바른미래당 오신환, 더불어민주당 이인영 원내대표(왼쪽부터)와 가진 '호프타임' 회동. "밥 잘 사주는 예쁜 누나"(나경원-이인영), "맥주 사주는 형 노릇"(이인영-오신환) 같은 덕담을 겸한 약속들은 그러나 지켜지지 못했다. ⓒ연합뉴스

지 않고 협상 모드로 대하고, 투쟁으로 가겠다고 결심하면 주변의 조언에 아랑곳없이 투쟁 일변도로 나갔다. 외골수랄까, 그런 점에서 그때 그때 적절히 융통성을 발휘하기도 했던 전임 홍영표 원내대표와 사뭇 달랐다. 그래서 오신환 바른미래당 원내대표와 나는 속된 말로 죽는 줄 알았다. "여야 역할이 뒤바뀐 것 아니냐"는 이야기를 할 정도였다. 보통은 여당 원내대표가 야당들을 품는 쪽으로 가고, 협상 테이블을 걷어차고 몽니를 부리는 게 야당 원내대표의 전형적인 모습인데, 이인영 원내대표는 정반대로 야당 원내대표를 방불케 할 정도로 투쟁적일 때가 많았다.

물론 이 원내대표도 나에 대해 할 말이 많을 것이다. 내가 무조건 잘했고 그가 잘못했다, 부족했다는 게 아니라, 여당 원내대표로서 제1 야당과의 협상 국면을 이끌어 가기에는 그의 이념적 뿌리가 너무 튼튼했다는 얘기다. "대나무가 되느니 참나무가 되어 부러지겠다"는 누구처럼, '이인영 나무'는 모진 바람에도 절대로 흔들리지 않아 결국 '협상의 잎'을 모두 떨어뜨려 버린 것 아닌가 하는 아쉬움이 있다.

이인영 민주당 원내대표의 이념 성향을 고스란히 드러낸 일화 하나를 소개한다.

2019년 7월 23일, 북한이 신형 잠수함을 전격 공개하면서 도발 수위를 높였다. 잠수함 발사 탄도 미사일(SLBM)을 탑재할 수 있는 신포급(고래급) 잠수함으로, 미국에는 대륙간 탄도 미사일(ICBM)과 함께 가장 신경 쓰이는 전력이었다.

중대한 안보 불안에 국회가 침묵하고 있을 수는 없었다. 8월 1일, 우리 자유한국당은 '북한의 지속적인 핵과 미사일 도발 규탄 및 재발 방지 촉구 결의안'을 제출하면서, 여당도 동참하라며 이인영 원내대표를 강하게 압박했다.

이 원내대표의 반응은 상상을 초월했다.

"북한이 앞으로도 더 많은 미사일을 쏠 것이니, 지금 이렇게 서두를 필요가 없다."

일순 머리가 멍해졌다. 북한의 미사일 도발에 남북한 정권 간에 '교감'이 있고, 그 교감이 민주당에게도 전해졌다는 투였기 때문이다. "앞으로도 많이 쏠 것"이라니, 그렇다면 이제까지의 북한의 도발은 어느 정도 알던 바이고, 그렇기 때문에 앞으로 더 많이 쏘더라도 그리 놀라울 일이 아니라는 말 아닌가!

이인영 원내대표의 말이 틀린 것은 아니다. 그동안 남북 및 미북 관계가 냉탕과 온탕을 번갈아 오간 모습에서 드러난 김정은의 스타일로 보면, 2월 하노이 회담 결렬 후 경색된 국면을 돌파하기 위해 대미·대남 압박용으로 미사일이나 해안포 발사 같은 도발을 늘려 나가리라는 정도의 수읽기는 충분히 가능했다. 그러나 이인영 원내대표의 저 발언은 마치 북한이 이를 문재인 정권에게 통보했고, 문 정권은 알면서도 속으로 묵인하고 겉으로 마치 당황하고 놀라는 척 연기를 했다는 말이나 다름없이 들렸다. 충분히 그러고도 남을 정권이기에 그렇다.

꼭 1년 뒤인 2020년 7월, 문재인 대통령은 그 이인영 의원을 통일부 장관에 지명했다. 이 후보자가 인사 청문회에서 탈북자 출신 태영호 의원으로부터 "주체사상을 버렸나?" 하는 질문을 받고 설전을 벌이면서도 끝내 "버렸다" 한마디를 하지 않는 것을 보며, 나는 그의 '똥고집'과 1년 전의 "더 많이 쏠 텐데……"라는 말이 떠올라 섬찟했다. 거대 여당이 된 민주당은 야당 참여 없이 단독으로 회의를 열어 이인영 후보자의 인사 청문 보고서를 채택했고, 문재인 대통령은 7월 27일 이인영 장관 임명을 재가했다. 그로부터 두 달이 채 안 지난 9월 21일, 서해상에서 어업 지도 중 실종된 우리 공무원이 북한 해역까지 흘러가 이튿날 한밤중 북한 군인에 의해 사살되고 시신이 훼손(소각)되는 사건이 발생했다.

08

역사 전쟁

2019년 5월 18일 이른아침. 39주년 5·18 기념식에 참석하기 위해 광주로 향하는 발걸음은 무거웠다.

5·18 행사에 자유한국당 원내대표가 참석한다는 것은 간단한 일이 아니다. 그 보름쯤 전에는 황교안 대표가 광주를 찾았다가 물세례를 맞는 사건도 있었다. 반겨주는 집회에 참석할 때조차 늘 보이지 않는 위험에 무방비로 노출되는 게 정치인의 일상이다.

이날 기념식엔 황교안 대표가 참석할 예정이었기 때문에 나는 적당히 핑계를 대고 피하려면 피할 수도 있었다. 그러나 언제까지나 피할 수만 없고, 피해서도 안 되었다.

기념식이 열리는 국립 5·18 민주묘지. 내 자리로 가는 길부터 순탄치 않았다. 자유한국당 지도부가 등장하자 반대 시민들이 비난의 함성을 질러댔다. 곳곳에서 몸싸움이 벌어졌고, 여기저기서 뿌리는 물이 우리를 덮쳤다. 어떤 사람이 행사용 플라스틱 의자를 우리에게 던져 하마터면 부상자가 나올 뻔하기도 했다.

아수라장 속에서도 황교안 대표와 나는 묵묵히 자리를 찾아가 앉았다. 행사 시작도 전에 온몸에 힘이 쭉 빠지고 지쳐버렸지만, 정신을 또렷하게 가다듬었다. 행사 마지막 순간까지 이성을 잃지 않고 차분하게 임하겠다는 다짐을 새기고 또 새겼다.

'독재의 후예' 대 '기적의 후예'

기념식은 순탄하게 진행되었다.

'임을 위한 행진곡' 제창에 이어 문재인 대통령 기념사 순서가 되었다.

"…… 독재의 후예가 아니라면 5·18을 다르게 볼 수 없습니다."

한편 내 귀를 의심하며, 나는 참을 수 없는 모욕감과 분노에 하마터면 벌떡 일어설 뻔했다. '독재의 후예'라니, 단도직입적으로 우리 자유한국당과 보수 국민을 겨냥한 '상징 폭력' 아닌가!

역사의 해석과 평가는 그 누구도 독점할 수 없다. 주류와 비주류가 있을지언정, 절대 진리는 불가능하다. 명백한 허위 사실로 남의 명예를 훼손하고 권리를 침해하고 극심한 혼란을 부추기는 것이 아닌 한, 터무니 없어 보이는 문제 제기까지도 '의견 표명'으로서 허락할 수 있는 것이 성숙한 자유민주주의 사회다. 문 대통령 기념사의 "다르게 볼 수 없다"는 발언은 반(反) 자유민주주의적인 폭언이고 정치 폭력이었다. '독재의 후예'라는 그 표현, 지금도 떠올리면 참 이 정권답다는 생각이 든다.

내가 가슴 깊이 존경하는 두 지도자, 이승만과 박정희 전 대통령들에게도 물론 공과(功過)가 함께 있었다. 공은 공대로, 과는 과대로 보자는 것이 책임 있는 정치인으로는 물론 사인(私人)으로서도 역사를 보는 나의 자세다. 그 두 위대한 지도자를 따르는 국민의 절반을 '독재의 후예'라는 말로 간단히 치부해 버리는 것을 나는 용납할 수 없다. 그것은 우리의 성공의 역사를 부정하는 것이요, 한반도 유일의 합법 정부인 대한민국의 정체성을 부정하는 것이기 때문이다. 서울로 돌아오는 차 안에서 울분을 안으로 삭이며, 생각을 가다듬어 밤에 페이스북에 올렸다.

오늘 반쪽짜리 기념식을 본 듯하여 씁쓸하다.
문재인 대통령은 '독재의 후예'를 운운하며, 진상규명위원회 출범 지연의 책임을 국회 탓으로 돌리고 사실상 우리 당을 겨냥하는 발언을 했다. 누차 말씀드린 것처럼, 자유한국당의 전신이 바로 민주화 운동 특별법을 만들었다. 그리고 우리는 그 정신을 계승하고 있다. 진상규명위원회의 경우, 우리는 이미 자격이 충분한 위원을 추천했지만 청와대가 이를 이유 없이 거부했다. 그래서 출범이 늦어진 것이다. 국회 탓, 야당 탓을 할 일이 아닌 것이다.

진상규명위원회가 국민의 통합과 화합, 역사에 대한 올바른 복원에 기여하고, 나아가 광주의 아픔이 미래 발전과 번영의 염원으로 승화되기를 바란다. 그것이 성숙한 대한민국의 모습일 것이다.

'반쪽짜리 기념식'이라는 말로 대통령의 '반쪽짜리 역사관'을 일갈했지만, 끓어오르는 속마음을 모두 내보일 수는 없었다. 그것은 또 다른 논란과 정쟁, 악의적인 '프레임 정치'의 밑밥이 될 수 있어서다.

그렇다고 '독재의 후예'라는 참을 수 없는 모욕을 그냥 지나칠 수도 없었다. 정치에서는 때로 나에게 쏜 화살을 뽑아 고쳐서 더 강력한 화살로 만들어 적에게 되날리는 기술도 필요하다. '독재의 후예'라는 나쁜 화살을 어떻게 하면 더 날랜 화살로 만들어 저들에게 되날릴 수 있을까? 존경하는 위대한 지도자, 꼭 지키고 되살리고 싶은 그분들의 정신을 어떻게 하면 당당하게 저들에게 말해 줄 수 있을까?

5·18 기념식 일주일 뒤. 서울 광화문 광장에서 여섯 번째 규탄 대회가 열렸다. 나는 '독재의 후예' 발언에 대한 역공으로 연설을 시작했다.

여러분! 우리는 왜 이 자리에 서있겠습니까?

한번 서울을 보십시오. 저 높은 빌딩, 우리는 대한민국의 역사가 자랑스럽습니다. 우리는 위대한 역사를 가진 민족입니다. 위대한 역사를 가진 국민입니다. 우리는 전쟁의 폐허, 가난과 절망의 늪 위에 풍요와 긍정의 땅을 일군 역사의 주인공들입니다. 우리는 번영과 기적의 후예들입니다.

그런데 문재인 대통령, 뭐라고 했습니까? '독재의 후예'라고 했습니다. 문재인 대통령, 그런 말을 할 자격이 있습니까? 3대 세습 독재에 나 몰라라 하고, 북한 인권 나 몰라라 하는 문재인 대통령, 그런 말 할 자격 있습니까? 오히려 지금 좌파 독재를 곳곳에서 펼치고 있는 문재인 대통령이야말로 좌파 독재의 화신이 아닙니까?

우리는 자랑스러운 '기적의 후예'입니다. 우리 기적의 후예는 대한민국이 몰락하는 것을 그저 지켜만 볼 수 없습니다!

그렇다. 우리는 독재의 후예가 아니라 '기적의 후예'다. 대한민국 70년의 역사는 세계적으로 교과서에 실릴 정도로 위대한 역사다. 우리는 건국·산업화·민주화를 빠르게 이뤄내고 당당한 세계 중견국으로 자리 잡았다. 그런 대한민국의 역사를 기리고 계승하겠다는 우리더러 독재의 후예라고 하다니, 우리로선 결코 쉽게 지나칠 수 없는 '좌파 독재자의 도발'이었다.

2019년 5월 18일의 광주. 반대 시민들의 항의와 물세례보다, 대통령 기념사의 왜곡된 역사관이 우리를 더 힘들게 했다. ©연합뉴스

신(新) 색깔론과 역(逆) 빨갱이 프레임

2019년은 여러 가지로 우리에게 의미 있는 해였다. 세계적으로 위대한 독립운동으로 평가받는 3·1 운동 100주년, 동시에 대한민국 임시정부가 100돌을 맞은 해였다. 박정희 대통령 서거 40주기이기도 했다.

대한민국 국민 그 누가 3·1 운동과 임시정부의 위대한 정신과 역사를 얕잡아보겠는가? 그러나 문재인 정권과 그 기반 정치 세력은 그런 수

많은 국민을 '반민족적'인 것처럼 몰아가기 위해 3·1 운동과 임시정부의 역사를 정치적으로 동원했다. 그러한 역사의 정치화, 역사의 정쟁화는 앞서 3·1절 기념사에서부터 여지없이 드러나 있었다.

5·18 기념사의 '독재의 후예' 도발 두 달여 전, 3·1운동 100주년 기념사에서 문재인 대통령은 '칼 찬 순사'와 '빨갱이'라는 단어를 꺼내들었다. '빨갱이'라는 말이 "일제 침략 세력이 독립운동가를 탄압하기 위해 만들어낸 프레임이며 대표적인 친일 잔재"라고 규정한 것이다.

"지금도 우리 사회에서 정치적 경쟁 세력을 비방하고 공격하는 도구로 빨갱이란 말이 사용되고 있고, 변형된 '색깔론'이 기승을 부리고 있습니다. 우리가 하루빨리 청산해야 할 대표적인 친일 잔재입니다."

누구를 겨냥한 말이겠는가? 황당함을 넘어 절망감마저 줄 정도로 무지하고도 무모한 역사 공세였다.

일제 강점기 당시 독립운동가 상당수가 사회주의자였기 때문에, 독립운동가에 대한 잔학한 탄압이 곧 사회주의에 대한 탄압으로 비쳐질 소지도 분명 있었다. 그리고 해방 후 대한민국 역사에서도 무고한 색깔론에 희생된 사람들이 있었다. 그러나 그것이 본질이고 본류인가? 대한민국 역사의 본질은 북한과 북한을 추종하고 대한민국의 정통성을 부정하는 반정부 세력의 도발과, 그에 맞서는 자유민주 세력의 싸움이다. 수많은 간첩 사건, 무장 공비 침투, 대통령 시해 시도, 영부인 살해, 민항기 납치 폭파, 해상과 섬 지역 포격과 군 함정 격침 사건 등등 지금도 계속되고 있는 대한민국을 부정하고 무력화하는 이런 시도들을, 더 과거의 일본의 악행이나 건국 초기 국내에서 한때 발생한 무고한 희생으로 상쇄할 수는 없다.

3·1절 기념사의 속내는 뻔했다. 친북·종북 세력을 향한 보수 국민의 비판을 '일제 잔재'로 매도해 버리려는 것이다. 또 친북 정권이 정통성을 찬탈하기 위해, 북한에 강경한 태도를 가진 보수 정치 세력을 친일 프레임에 엮어버리려는 속셈이었다. 호시탐탐 우리의 생명과 안전을 노리는 북한 정권에 대한 경계심을 '친일 잔재'로 낙인찍다니, 잔인한 이분법이고, 억지와 왜곡으로 점철된 마녀사냥이다. 국민의 절반을 친일 세력으로 몰아붙여 정치적으로, 역사적으로 생매장해 버리겠다는 서슬에 공포마저 느꼈고, 분노가 일었다.

이것이 2019년에 본격화한 '신(新) 색깔론' '역(逆) 빨갱이 프레임'의 본질이다. 대한민국의 정통성을 인정하느냐 하는 당연한 질문마저도 색깔론과 사상 검증으로 매도하고, 사회 곳곳에서 암약하며 국가의 근본을 흔들어대는 종북 세력에 대한 대응을 주장하는 것을 '빨갱이 프레임'으로 몰아가는 것이다. 이것이 "정치적 경쟁 세력을 비방하고 공격하는 도구로 빨갱이란 말이 사용되고 있다"는 문 대통령 발언의 참뜻이었다. 뒤집어 말하면, "우리를 비판하는 이들은 모두 빨갱이 운운하는 낡은 정치 세력이다"라고 말하고 싶은 것이다.

한마디로 대한민국의 자유민주주의와 시장경제를 부정하는 세력에 입도 벙긋하지 못하게 족쇄를 채우겠다는 것이나 다름없었다. "대단한 역(逆)색깔론"이라고 나는 일갈해 줬다.

문재인의 중국몽과 정율성

3·1절과 5·18 기념사의 일련의 발언들은 문재인 정권 들어 본격화된 '역사 공정'의 한 단면에 지나지 않는다. 이미 그 훨씬 전부터 문재인 정권은 집요하고도 치밀하게 우리 역사를 비틀기 위한 역사 왜곡과 정체성 부정을 서슴지 않았다.

5·18 기념식에서 대통령 기념사에 귀 기울이고 집중한 것은 그에 앞서 문재인 정권 출범 후 7개월가량 지난 2017년 12월 15일, 문 대통령의 중국 베이징대학교 연설의 충격 때문이었다. 국내외 가리지 않고 언제 어디서 어떤 위험한 폭탄이 나올지 모르는 것은 문 대통령의 발언의 특성이기도 하다.

"…… 중국몽이 중국만의 꿈이 아니라 아시아 모두, 나아가서는 전 인류와 함께 꾸는 꿈이 되길 바랍니다."

중국의 굴기(崛起) 선언이 동북아시아의 평화·안보·주권에 적잖은 부담을 주고 있고 중국 주변국들이 느끼는 위협이 가시화되고 있는 상황에서 중국몽을 '아시아 모두, 전 인류와 함께' 꾸는 꿈이라니! 아무리 중국이 우리의 중요한 외교·무역 상대국이고 북핵 문제 해결의 핵심 당사국이라도, 문재인 대통령의 대중국 굴종은 도를 지나쳤다.

그뿐만이 아니다.

"…… 광주시에는 중국 인민해방군가를 작곡한 한국의 음악가 정율성을 기념하는 '정율성로'가 있습니다. 지금도 많은 중국인들이 정율성로에 있는 그의 생가를 찾고 있습니다."

'중국 인민해방군가'란 '팔로군 행진곡'을 말한다. 이 곡을 작곡한 정율성이 의열단 등 독립운동에 참여했다는 사실, 그리고 뒤에 김원봉을 다루며 다시 얘기하겠지만 그 시절 독립운동가들이 사회주의 이념에 많이 경도할 수밖에 없었던 시대적 한계를 잘 알고 있다. 하지만 정율성의 인생은 '독립운동'과 '중국 공산당 활동'만으로 요약되지 않는다. 그는 해방 후 북한으로 들어가 조선인민군의 부장을 지냈고, 인민군 협주단의 단장을 맡기도 했다. 중국군 군가만 작곡한 것이 아니라 북한에서도 '조선인민유격대 전가' '조선인민군 행진곡' 등을 작곡한, 중국과 북한 두 나라의 군가를 작곡한 최초의 음악가로 기록된 인물이다다. 심지어 6·25 전쟁 때는 중공군의 일원으로 서울까지 내려온 '침략군'이었다. 그가 만든 군가는 대한민국 국군과 유엔군의 '섬멸'을 부르짖는다.

정율성의 평가도 '반공'의 관점에서만 재단할 것은 아니다. 하지만 그가 한중 우호의 상징이냐 아니냐는 대한민국 정체성과 관련된 매우 중요한 문제다. 정율성을 한중 우호의 상징으로 꼽는 순간, 북한이 일으킨

6·25 전쟁을 뒤에서 지원한 '중공'을 인정하는 것이 된다. 그것은 6·25가 북한의 기습 남침으로 시작된 동족상잔의 침략 전쟁이며, 우리 국군과 유엔군이 참전해 우리의 자유를 지켜낸 전쟁이라는 것을 부정하는 일이다. 문재인 개인이 정율성에 호감을 갖고 그를 존경하는 것과, 대한민국 대통령이 정율성을 칭송하는 것은 별개의 문제다.

국체(國體)를 부정한 것이나 다름 없는 문 대통령의 반헌법적 망발은 실망을 넘어 우려를 안겨줬다. 이 잘못된 역사관을 어떻게든 바로잡아줘야 했다.

> 정율성은 해방 후 6년간 북한에서도 활동한 바 있는 열성 중국 공산당원이다. 그는 중국 '인민해방군가'와 '조선인민군 행진곡'을 작곡함은 물론, 6·25 전쟁 때 북한 인민군과 중공군의 선전(善戰)을 독려하는 다수의 군가를 만들었다. 음악을 통해 한반도의 공산주의화를 꾀한 그를 한중 우호의 상징으로 언급한 것은 매우 부적절한 것이다. 오해를 불러일으킬 정율성을 언급한 데 심심한 유감을 표한다.

2020년 중국 우한(武漢)발 코로나 19 바이러스 사태가 터졌을 때도 문재인 대통령은 시진핑 중국 국가주석과의 전화 통화에서 "중국의 어려움이 우리의 어려움"이라며 비위를 맞췄다. 3년 전 '중국몽' 발언의 악몽을 다시 떠올린 것은 나만이 아닐 것이다.

김원봉과 손용우

취임 첫해 '정율성 추켜세우기'로 시작한 문재인 정권의 '역사 공정'은 2019년 3·1절 100주년 기념사의 '칼 찬 순사'와 '빨갱이' 발언, 5·18 기념사의 '독재의 후예'에 이어, 6월 6일 현충일 추념사에서 '김원봉 서훈' 발언으로 본격적으로 속내를 드러내기 시작했다.

약산(若山) 김원봉의 독립 유공자 서훈을 요구하는 목소리는 사실 새로운 것은 아니었다. 2015년 8·15 광복 70주년 때도 문재인 당시 새정치민주연합 대표는 김원봉 서훈을 들고 나왔다. '영화 관람 정치'는 일찍부터 그의 트레이드마크였는데, 그때는 영화 〈암살〉(2015)을 보고 나서 "광복 70주년을 맞아 약산 김원봉 선생에게 마음속으로나마 최고급의 독립 유공자 훈장을 달아 드리고 술 한 잔을 바치고 싶다"고 했다. 그런 오랜 소망 탓일까, 정권 출범 후 각계에서 김원봉 서훈 요구가 제기되더니, 2019년 2월쯤 보훈처가 '국민중심 보훈혁신위원회'의 권고라는 그럴듯한 핑계로 "김원봉 서훈 검토중"이라는 언론 보도가 나와 '기획'이 들통났다.

문제는 '규정'이었다. 김원봉의 독립운동 경력을 인정하더라도, 그는 북한 정권에서 고위직을 지냈기 때문에 "북한 정권 수립에 직접 기여하지 않은" 인물이어야 한다는 기준에 따라 독립 유공자 지정이 불가능했다. 그럼에도 피우진 보훈처장은 원칙을 어겨가며 '김원봉 서훈'의 불씨를 이어갔다. 나는 그때마다 '김원봉 서훈 절대 불가'를 역설하며 여론전을 펼쳤다. "6·25 남침을 주도하고 우리 국토를 전쟁 폐허로 만든 자도 국가 영웅으로 기리겠다는 것"이냐며 맞받아치기도 했고, "김원봉 서훈은 우리가 아니라 북한으로부터 받는 것이 맞다"고 일갈하기도 했다. 그랬는데 다른 날도 아닌, 자유 대한민국을 세우고 지키기 위해 목숨 바친 영령들을 기리는 현충일에 대한민국 대통령이 '6·25 전범 김원봉'을 추켜세우는 얼토당토않은 일이 벌어진 것이다. 도저히 묵과할 수 없는 역사 왜곡이었다.

나는 일세 강점기 수많은 지식인과 운동가들이 친사회주의적 성향을 띠었고 또 그런 선택을 할 수밖에 없었던 데 대해 관대한 태도를 가지려고 노력한다. 하지만 사회주의 계열 독립운동가들 안에서도 두 부류를 구분해야 한다. 한쪽은 독립운동의 수단으로 사회주의를 택한 세력, 다른 한쪽은 해방 후 북한 정권에 적극적으로 기여한 세력이다. 물론 이 둘을 무 자르듯 쉽게 나누기는 어렵지만, 북한 정권에서 어떤 행적을 보였고 어느 정도의 지위를 누렸느냐를 따져보면 대략의 답은 나온다.

6·25 전쟁을 기점으로 대한민국과 북한 정권은 정통성을 놓고 양립 공존할 수 없는 관계다. 대한민국 정부는 국민이 세운 한반도 유일의 합법 정부인 반면, 북한 정권은 대한민국 정부를 반드시 무너뜨려야 할 괴뢰 정부로 보는 반국가단체다. 바로 그 입장에 찬동한 인물이 김원봉이다. 그런 김원봉에게 '대한민국을 만들어 주셔서 감사하다'는 서훈을 한

다는 것은 있을 수 없는 일이다. 정율성이나 김원봉과는 급이 다르지만 역시 북한 정권에 협력했다는 의혹이 말끔히 해소되지 않은 상태에서 2018년 건국훈장 애국장을 추서받은 손용우(손혜원 당시 민주당 의원의 선친)도 마찬가지다.

왜들 이러는 것일까? 문재인 정권과 좌파 독재 세력은 왜 정율성 찬양과 김원봉 서훈에 목을 매는 것일까? 이것은 단순히 '북한 정권에 협력한 자에게도 독립 유공자 서훈을 줄 것인가'의 문제가 아니라, 대한민국에 대한 근본적 인식과 관련된 일이다.

문재인 대통령은 대한민국의 건국 시점을 1919년으로 앞당겨 2019년을 '대한민국 건국 100주년'으로 규정하고 싶어했다. 6·25 당시 흥남 철수 피난민의 아들인 문 대통령이 1948년 건국한 대한민국을 인정하고 싶어하지 않는다는 것은 아이러니다.

이러한 사고의 뒤에는 대한민국과 북한 정권 양쪽 모두에 정통성을 부여하고, 그 위에서 연방제든 1국가 2체제든 '대등한' 관계로 통일을 실현하고 싶은 열망이 숨겨져 있는 것으로 보인다. 실제로 문 대통령은 연설과 인터뷰에서 여러 차례 '남한 주도의 흡수 통일'에 선을 그었고, "북한 정권에도 정통성을 인정해야 한다"는 입장을 보여왔다. "대한민국의 영토는 한반도와 부속 도서"라는 헌법 제3조를 명백히 위반하는 위헌적 통일관인데도 개의치 않는다. 오죽하면 '김원봉 서훈' 발언이 있던 2019년 현충일 이틀 전 청와대에 제2 연평 해전, 천안함 폭침, 연평도 포격 도발 희생자 유가족들을 초청한 자리에서 김정은과 손을 맞잡고 찍은 사진이 담긴 책자를 선물로 주었겠는가?

영화로 더 유명해진 김원봉에 대한 서훈 발언은 그런 '역사 비틀기'의 가장 대중적인 버전이다. 이런 시도들을 통해 문재인 정권과 좌파 세력은 '대한민국의 피'를 바꾸려 하고 있는 것이다.

'반(反) 현충일적인 현충사' 사흘 뒤, 문재인 대통령 내외는 북유럽 3국 순방길에 올랐다. 이날 나는 페이스북에 이렇게 썼다.

> '호국 보훈의 달' 6월은 어쩌면 문재인 대통령과 이 정권에게는 괴로운 한 달일까요? 지난 며칠간 있었던 일들을 곰곰이 생각해 보면 문 대통령은 '호국'의 역사를 어떻게든 감추고 덮고 싶은 것은 아닌지, 그런 의심이 들 수밖에 없습니다. 자칫 북한 정권의 심기를 건드려서는 안 된다는 이 정권의 조바심이 느껴지기에 충분했기 때문입니다.
> 6·25 전쟁 영웅의 아들로 청와대에 초청된 분들께 김정은과 손 맞잡고 찍은 사진이 담긴 책자를 나눠줬다고 합니다. 그곳엔 제2 연평 해전과 천안함 폭침, 연평도 포격 도발 등 북한의 기습 도발과 공격으로 전사하신 우리 영웅들의 어머니·아내 등 그리움에 사무친 가족들이 계셨습니다. 그런 분들께, 바로 그 적군의 수장의 얼굴을 보란 듯이 내민 것입니다. 그분들께마저도 북한 정권과의 친분을 과시하고 싶었을까요?

급기야 북한 공산주의 정권 수립에 기여하고, 북한 정권에서 고위직을 지냈으며, 6·25 남침의 공을 인정받아 김일성의 훈장까지 받은 인물의 이름을 감히 현충일 추념사에 올렸습니다.

하지만 정작 추념사에 '북한'은 없었습니다. 6·25도 없었습니다. 북한 정권과의 관계 유지에만 매달리는 문재인 정권이 호국의 의미를 외면했습니다. 호국의 역사를 저버렸습니다. 이 나라를 지키다 돌아가신 분들이 얼마나 원통하고 분하시겠습니까?

그 어느 때보다도 죄스러운 마음이 가득한 호국 보훈의 달입니다.

문재인 정권의 반일 정서 편승

2019년 6월 30일, 일본 「산케이신문」은 일본 정부가 7월부터 한국에 대한 반도체 소재 3개 품목 수출을 규제하기로 결정했다고 보도했다. 제발 오보이기를 바랐지만, 다음날인 7월 1일 일본 정부는 정말로 공식적인 수출 보복 조치를 선언하고 7월 4일부터 실행에 들어갔다. 2019년 여름을 달군 '반일 정국'의 방아쇠는 그렇게 일본 쪽에서 먼저 당겼다. 반도체로 먹고사는 한국 경제가 발칵 뒤집혔다.

'보복 조치'란 제3장에서 본, 2018년 10월 우리 대법원의 '강제징용 배상 확정판결'에 대한 보복이라는 뜻이다. 하지만 판결 자체보다 그 후

열 달 가까운 동안 증폭돼 온 잡음들이 크게 작용했다.

7월 1일 아침, 나는 먼저 일본 정부에 대해 "발전적 한일 관계 수립을 더욱 어렵게 할 뿐"이라며 강한 유감을 표명하고, 정부를 향해서도 조속한 외교적 해법을 촉구했다. 그리고 다음날 7월 2일 바로 해법을 제시했다. '다차원 한일 외교'가 그것이다.

문제는 결국 외교적으로 푸는 길밖에 없었다. 강제징용 배상 판결과 별도로 외교적 해법으로 갈등을 봉합해야만 했다. 외교 당국 간은 물론 국회 차원의 의원 외교, 나아가 민간의 문화 교류 등 모든 채널을 총동원해서 일본과의 갈등을 잠재우는 것이 당시로는 최선이자 유일의 해법이었다.

그러나 대외적 위기란, 어떤 집권 세력에게는 기회로 여겨지는 것 같다. 문재인 정권은 이 문제를 정략적으로 이용하기 시작했다. 외교적 해법 대신 '정치적 편승'에 나선 것이다. 문 대통령은 이순신 장군의 '열두 척'을 소환했고, 김현종 국가안보실 2차장은 구한말의 국채 보상 운동을 언급했다. 민주당 어떤 의원은 '침략'이라는 자극적인 표현을 동원하며 역사 시계를 일제 강점기로 되돌렸다. 조국 민정수석은 민란의 시대 '죽창가'를 꺼내들었다. 조 수석은 멈추지 않고 급기야 우리나라가 현재 '경제 전쟁' 중이라며 "애국이냐 이적이냐"라는 말까지 쏟아냈다.

문재인 대통령은 갑작스럽게 '산업 독립'을 들고 나왔다. 산업 독립을 꿈꾸지 않는 대한민국 국민과 정치인이 어디 있겠는가. 문제는 현실성과 실효성이었다. 산업 독립은 시간이 걸리는 일인데 당장 앞날이 불투명했다. 단순히 국민의 불안을 잠재우기 위한 레토릭에 불과한, 정말이지 무책임한 정치다.

강제징용 배상 판결에 앞서 외교적 해법이 먼저 마련됐다면 좋았겠지만, 일단 판결이 나온 이상 그 후에라도 외교적 해결에 나섰어야 한다. 그런데 문재인 정권과 아베 정권 모두 무책임했고 안이했다. 일본이 결국 수출 보복 조치에 나서자 문재인 정권도 자존심으로 맞섰다. 일본의 수출 보복 조치로 우리뿐 아니라 일본도 막대한 손실을 감수해야 했으니, 그야말로 모두에게 실(失) 뿐인 갈등이었다.

더 유감스러운 것은 문재인 정권이 이러한 정국을 '야당 탄압'의 무기로 활용했다는 점이다. 이른바 '소부장(소재·부품·장비)' 개발에 필요한 예산을 긴급히 투입해야 하는데, 자유한국당의 반대로 추경이 늦어져 우리의 수출 피해가 더 악화된다며 야당 탓을 했다. 그 정도의 예산으로 개발이 될 수 있는 기술과 부품이었다면 우리 기업들이 진작에 해냈을 것이다. 기만적인 정치 공세였다.

악의적인 책임 뒤집어씌우기에 언론도 편승했다. 식민지 시대의 상처를 안고있는 대한민국의 국민들은 자연스럽게 일본에 대해 유감스러운 감정을 가질 수밖에 없다. 게다가 일본 정부 역시 책임 있는 자세와 진정성 있는 반성과 사과를 보여주지 않았다. 한국의 반일 정서에는 일본 정부의 완고하고 소극적인 태도에 상당 부분 책임이 있다. 그러니 국민의 반일 정서를 자극하는 것처럼 쉬운 일이 어디 있겠는가? 그러나 모름지기 일국의 정부라면, 아무리 일본 정부가 밉고 괘씸해도 이것을 국민 간의 감정 문제로 가져가서는 안 된다. 그런데 문재인 정부는 마치 기다리기라도 했다는 듯이 노골적인 '친일 프레임'으로 야당을 옭아매고 소모적인 자존심 싸움을 부추겼다.

정권의 '정략적 반일'을 지적하면서 동시에 친일의 올가미를 쓰지 않기 위한 지난한 줄타기가 계속됐다. 한 동료 의원은 "어차피 일본의 수출 보복 조치로 경제가 어려워지면 문재인 정부 책임 될 텐데, 뭘 그렇게 나서서 문제를 해결하려고 애쓰느냐? 어차피 우리 말 듣지도 않으니 차라리 냅두자"고까지 했다. 홧김에 한 말이겠지만, 정치적으로는 확실히 그 편이 유리한 것도 사실이었다. 국익을 생각하면 정권을 더 집요하게 물어뜯어야 하지만, 당을 위해서는 가만있는 게 차라리 유리할 수 있다는 것, 그것이 우리가 맞닥뜨린 현실이었다.

가장 충격적인 것은 정부가 '지소미아 연장 거부'까지 대일 압박 카드로 꺼내든 것이었다. 지소미아는 한미일 삼각 안보 공조의 핵심 축 가운데 하나다. 그 여름의 한일 갈등이라는 것부터가 과거사 갈등을 양국이 의도적으로 경제 갈등으로 악화시킨 것이었는데, 지소미아까지 건드린다는 것은 과거사 갈등·경제 갈등을 안보 갈등으로까지 비화시키고 나아가 한미 동맹에까지 균열을 일으킬 수 있는 '안보 자해'나 마찬가지였다. 내가 그해 11월 한미 방위비 분담 협상을 위한 여야 3당 원내대표의 미국 방문을 성사시키려고 기를 쓴 것도 한미일 안보 공조의 균열을 어떻게든 봉합해 보려는 노력의 일환이었다.

그나마 국회 내 대표적 지일파(知日派)라는 문희상 국회의장이 11월 5일, 양국 기업과 국민의 자발적 성금을 골자로 하는 이른바 '1+1+알파' 방안을 조심스럽게 제안했지만 일본의 반응은 시큰둥했다. 그래도 연말까지 한일 정상이 몇 차례 만날 자리가 마련되며 부분적으로 대화 모드가 회복되는 인상이었다. 11월 하순, 문재인 대통령은 일본의 수출 보복 조치에 대한 대응으로 꺼내들었던 '지소미아 파기' 카드를 접고 '조건부 연장'으로 한 발 물러섰다.

강제징용 피해자 배상과 관련해, 문재인 정부가 들켜버린 자기모순을 짚고 넘어가지 않을 수 없다.

한일 갈등이 한창이던 당시, "왜 문재인 대통령은 아무런 외교적 노력을 하지 않았느냐"는 지적에 대해 노영민 청와대 비서실장은 "이른바 '1+1 합의안'을 제안한 적이 있다"고 반박했다. '1+1 합의안'이란, 한일 양국이 기금을 조성해 피해자에 대한 보상 조치를 하는 선에서 사태를 수습하는 것을 말한다. 노 실장은 이에 대해 강제징용 피해자들과 충분히 협의가 된 것처럼 이야기했다. 그러자 미쓰비시중공업 강제징용 피해자 변호사 측에서 즉각 "누구를 접촉해 동의를 받았느냐?"며 이의를 제기했다. 청와대가 거짓말을 했다는 얘기다.

민주당과 문재인 대통령은 지난 정권의 '위안부 합의'를 "피해자의 동의를 받지 않았고, 진정한 사과와 책임 인정 없이 재단을 설립해 돈으로 막으려 한다"고 맹비난해 왔다. 그랬던 그들이 '1+1 안'이라고 포장만 바꾸어 '피해자 동의 없이, 사과 없이, 돈으로'라는 해법을 제안했다가 퇴짜를 맞은 것이다. 노영민 실장은 "우린 지난 정권과 다르다"는 식으로 어물쩍 넘어가려 했으나 이마저도 통하지 않았다.

왜 노 실장이 거짓말까지 해야 했을까? 나는 그 바탕에 '적폐 청산의 트라우마'가 있기 때문이라고 본다. 청산하겠다며 매도해 온 그 '적폐'를 자기들이 그대로 따라 하는 모습이 스스로도 얼마나 계면쩍었겠는가?

문희상 의장의 '1+1+알파' 방안이라는 것도 사실은 진작부터 우리가 제안한 외교적 해법을 포장만 바꿔 다시 내놓은 '재탕의 재탕'이었다. 12월에 문 의장은 다시 한일 양국의 기업과 국민들이 자발적으로 내는 기부금으로 강제징용 피해자들에게 위자료를 주는 내용의 '기억·화해·미래재단 법안'을 발의했다. 나와 자유한국당, 또 많은 전문가들이 제시했던 소위 '외교적 해법'이라는 것과 대동소이한 안이었다. 이미 8월에 내가 제시했던 한국·일본 기업과 한국 정부가 나서는 '2+1 안'이 그 기본틀이었다. 이 갈등의 해결은 결국 '외교적 해법' 하나로 모아질 수밖에 없다는 사실을 여당도 시인한 것이나 다름없었다. 문 의장이 제시한 대안은 20대 국회 임기 만료와 함께 자동 폐기됐고 그 후로 진전이 없는 상태다.

우리가 외교적 해법을 주장할 때는 "애국이냐 이적이냐" 몰아치던 자들이, 정작 자기들도 별다른 수가 없으니 외교적 해법으로 회귀하는 이 놀라운 자기모순이 나는 아직도 낯설다. 나는 이렇게 묻지 않을 수 없다.

"왜 진작에 우리가 하자는 대로 안 했나?"

친일, 시대착오적 공세 프레임

보수의 이름으로 활동하는 정치인들에게는 걸핏하면 친일이라는 악의적 프레임이 씌워진다. 그 이면에는 '반일 코드'라는 아주 치밀한 정치 공작이 숨어있다. 국민의 막연한 반일 정서와 민족주의적 감성을 교묘히 자극하고 악용해 반대 집단을 반민족적 정치 세력으로 몰고가는 매우 전략적인 기획이다.

친일 프레임의 바탕에는 국가 정체성에 대한 근본적인 시각 차이가 있다.

1945년 8월 15일 일제의 무조건 항복으로 우리는 해방됐지만, 그 해방은 우리가 '쟁취한 해방'뿐 아니라 연합군이 승리함으로써 '주어진 해방'이기도 했다. 그렇게 해방을 맞은 우리 민족은 어떤 나라를 만들 것인가를 놓고 수없이 고민하고 갈등을 겪은 끝에 1948년 8월 15일 대한민국을 건국했다.

이승만 초대 대통령은 정통 독립운동가 출신이다. 항일의 정통성을 보유한 이승만 대통령은 더 자신 있게 건국의 길로 나아갈 수 있었다. 그래서 친일 청산과 동시에 인재 등용에도 공을 들였고, 그렇게 '나라 만들기'의 거대한 플랜을 실천에 옮겨갔다. 그 과정에서 항일과 건국의 간극, 즉 완전한 친일 청산이 이뤄지기에는 시대적 한계가 있었던 것이 사실이다.

문제는 이러한 이승만 대통령의 건국의 정통성을 흔들려는 자들이었다. 당장 북한의 김일성부터 남한이 아닌 북한이 유일 합법 정통 국가임을 주장해야 했고, 그 근거로 북한은 '항일'을 악용했다. 그리고 이승만 정부가 항일의 정통성을 제대로 계승하지 못했다고 비난해야 했고, 나아가 이승만 대통령이 통일 민족 국가 수립을 방해하는 '외세의 꼭두각시'에 불과하다는 프레임을 만들어낸 것이다. 정작 북한의 초대 내각에 친일파 출신이 훨씬 더 많이 기용됐다는 사실과 모순되는 주장이었다.

이 흐름에서 친일은 우파 정치 세력, 이승만·박정희 대통령의 정치적 뿌리를 계승한 정치 세력을 매도하고 낙인찍는 데 아주 유용한 소재가 된다. 이승만·박정희는 항일 정통성이 없는 '가짜 세력'이고, 이분들의 '건국과 산업화'의 유산을 계승하는 보수 우파 세력 역시 친일의 잔재라는 식이다. 세계 최악의 빈곤 국가를 어엿한 선진국으로 끌어올린 기적의 역사가 너무 찬란한 나머지, 건국과 산업화라는 업적과 화해하려 들지 않는다. 화해하지 않는 정도가 아니라, '친일과 독재'라는 낙인으로 이승만·박정희를 지우려고 한다. 그런데 독재 낙인은 이승만·박정희 시대를 기억하는 사람들이 아직 살아있는 상황에서 호소력에 한계가 있다. 그래서 더 오래된, 전설이 된 친일 프레임이 더 효과적이고 강력한 무기가 되는 것이다.

그런 의미에서 친일 프레임은 실제 친일에 대한 비판이라기보단, 마음에 들지 않는 정치 세력을 '악의 세력'으로 몰고가는 잘못된 이분법으로 작동하고 있다. 실제 친일이어서 친일이라는 딱지를 붙이는 것이 아니라, 친일이라는 딱지를 붙여서 비난받게끔 한다는 이야기다. 현실적으로 한미 동맹에 안보를 의존하고 있는 대한민국 입장에서 한미일 삼각공조는 불가피한 안보의 방패다. 그런데도 한미 동맹과 한미일 공조를 강조하는 세력엔 어김없이 '친일 딱지'가 붙여진다. 우리 안보와 정치를 매우 어렵게 만드는 고질적인 병폐다.

뫼비우스의 띠

다시 5·18로.

1년 넘게 끈 '5·18 진상규명 조사위원회'의 야당 몫 위원 추천의 진실을 여기 남겨둬야 할 것 같다.

진상조사위원 추천은 전임 원내대표에게서 넘겨받아 임기 말까지 1년 내내 나를 따라다닌 괴로운 숙제였다. 당장은 이번이 마지막이길 간절히 소망했지만, 5·18 진상 규명은 어쩌면 영원히 끝에 도달할 수 없는 뫼비우스의 띠와 같은 것이 아닐까?

역사적 사건의 진실을 완벽히 규명한다는 것은 불가능에 가깝다. 어느 지점부터는 합의를 통해 '봉합'할 수밖에 없는 것이 과거사다. 5·18도 마찬가지다. 역대 정부에서 여러 가지 이름으로 진상을 조사하고 규명했는데도 문재인 정부는 또 진상조사위를 꾸리기로 했고, 이런 식으로라면 그다음, 또 그다음 정권에서도 새로운 문제 제기가 끊임없이 이어질 것이었다.

정말 이번이 마지막이려면 좌우로 고르게 균형 잡힌 위원회가 돼야만 한다고 생각했다. 그래야 좌우 모두가 조사위 활동에 대해 어느 정도씩 수긍하고 합의에 도달할 수 있지 않을까 생각한 것이다.

그래서 비난을 감수하면서 '5·18에 대한 기존의 시각과 결을 달리할 수도 있을 법한' 인사로 2019년 1월에 1차로 3명을 추천했다. 청와대와 여당은 "어떻게 이런 사람들을 위원으로 추천할 수 있느냐"고 반발하면서 재추천을 요구해 왔다. 그중 판사 출신인 차기환 변호사에 대해서는 반대할 명분이 약하다고 판단했는지, 나머지 두 명을 받을 수 없다고 했다.

그런데 사실은 그중 가장 우파 색채가 강한 사람은 차기환 변호사일 것이다. 그러나 김의겸 청와대 대변인은 차기환 변호사에 대해 "5·18 운동에 대해 왜곡된 시각이라고 우려할 언행이 확인됐으나, 법률적 자격 요건을 충족해서 재추천을 요청하지 않았다"며 마치 봐주는 듯 기고만장하게 나왔다.

나머지 두 명은 요건 미충족을 이유로 내세웠지만 그것은 구실에 불과했다. 한 명은 언론인(이동욱 전 월간조선 기자) 출신이기에 요건을 융통성 있게 적용할 여지가 충분히 있었다. 또 한 명은 군 출신 인사인데, 5·18 진상 조사의 핵심은 군과 관련된 것이기에 규정을 바꿔서라도 얼마든지 수용할 수 있었다. 결국 그들은 진상조사위에 '불편한' 사람들이 들어오는 것이 싫었던 것이다.

이제야 털어놓는 것이지만, 나는 청와대와 민주당이 진짜로 불편하게 여길 만한 인사들은 처음부터 추천 풀(pool)에서 제외해 놓고 있었다. 어떤 인사는 집 앞까지 나를 찾아와 자신이 반드시 진상조사위에 들어가야 한다고 떼를 쓰다시피 했지만, 나는 요구를 들어줄 수 없었다. 잊을 만하면 되풀이되는 진상 조사가 정말로 이번이 마지막이 되고 진정한 국민통합을 이루려면, 처음부터 합리적이고 포용력 있는 사람들을 대변할 인사들을 전면에 내세워야 했기 때문이다.

'야당 몫'이 있는 위원회를 꾸릴 때는 야당의 그 몫을 고유 권한으로서 존중해 주는 것이 정치권의 관행이고 예의다. 야당이 대표하는 국민의 절반에 대한 예의이기도 하다. 그런데 청와대와 여당은 이 '절반의 하늘'의 요구를 제대로 인정해 준 적이 없어서 매번 싸워서 관철해야 했다. 이번 진상조사위원 추천을 놓고도 청와대와 여당이 재추천을 요구하며 야당의 고유 권한을 침범하니 용납하기 힘들었다. 적어도 이동욱 기자만큼은 반드시 조사위에 넣어야겠다고 결심한 나는 장기전을 택했다.

그랬는데 오히려 민주당 쪽에서 '딜'을 제안해 왔다. 당초 자기네가 추천했던 인사 중 이윤정 5월민주여성회 회장이 요건이 맞지 않아 서애련 변호사로 교체하려 하니, 이렇게 된 김에 자유한국당에서도 한 명을 교체해서 모양새를 맞추자는 것이었다. 자기네가 인선을 잘못한 것을 바로잡으면서 야당까지 끌어들이는 어이없는 물귀신 작전이었다. 그런데 마침 우리 쪽 추천 인사였던 군 출신 인사가 언론과 여론의 엄청난 압박으로 힘들어 하던 차여서, 나도 그분 대신 새로운 인물로 재추천하는 선에서 양보했다. 그래서 새로 추천한 인사가 이종협 전 국방부 조사본부장이다.

군 출신을 반드시 넣어야 한다는 나의 끈질긴 주장에 민주당은 진상규명특별법에 '군인으로 20년 이상 복무한 사람'을 요건 중 하나로 추가하는 개정안에 합의했다. 그렇게 2019년 10월 31일 개정 특별법이 통과됐고, 내가 최종 추천한 인사 3명은 12월 26일에 임명됐다. 2018년 3월 특별법 제정, 9월 시행 이후 1년 넘게 표류하며 나를 따라다닌 5·18 진상조사위는 이렇게 나의 원내대표 임기가 끝난 직후에야 출범을 알렸다.

최초 추천 명단을 놓고는 반대편에서 "5·18 망언을 한 인사를 비호한다"며 비판하더니, 변경된 명단을 가지고는 내막도 모르면서 "좌파 눈치나 보는 비겁한 정치인"이라는 공격이 이편에서 쏟아졌다. 1년 동안 양쪽의 욕을 한 몸에 받으면서도 원칙에서 벗어나거나 누군가의 압력과 비판에 굴복해 소신을 꺾지 않은 것을 다행으로 생각한다.

거듭 말하지만 진상 조사는 정말 이번이 마지막이어야 한다. 과거는 그 누구도 완벽하게 기억·재생해 낼 수 없고, 지나간 모든 사실을 다 규명할 수도 없다. 과거사 규명은 갈등과 분열을 치유하여 우리를 미래로 끌고갈 동력으로서만 의미가 있다. 언제까지나 과거에만 얽매이다가는 영영 과거에 갇혀버린다. 과거가 영원히 미래를 집어삼키는 '출구 없는 미로'에 갇히는 것이다.

조사, 부정, 번복, 그리고 재조사, 다시 부정과 번복……. 5·18뿐만 아니라 모든 과거사에서, '오판의 뫼비우스의 띠'를 적절한 지점에서 끊을 줄 아는 지혜와 용기가 필요하다.

09

왜 정치를 하는가

쉬운 직업이 어디 있을까마는, 정치는 특별히 고된 직업이다. 돈 되기는 커녕 돈이 들고, 시간과 에너지까지 온통 쏟아부어야 한다. TV 화면에 나오는 모습은 빙산의 일각도 안 되고, 보이지 않는 나머지 시간의 고뇌와 고통이 이만저만이 아니다.

기사화되지 않을 뿐, 정치인은 사실상 24시간이 노출돼 있다. 국민의 알 권리를 위해 개인 사생활과 사적인 인간관계를 저당잡힌 삶이다. 그 중에서도 견디기 힘든 것은 가장 가까운 사람들의 희생이다. 나 하나 때문에 남편과 아들딸, 부모님과 형제자매들까지 불편과 고통을 겪어야 한다. 특히 원내대표 1년은 우리 가족에게 지옥과 같은 고통의 시간이었다. 어떤 언론사 취재팀은 미국까지 가서 아들의 대학을 찾아가기도 했다.

그런데 왜 나는 정치를 하는가? 나의 대답은 한결같다.

"우리 세대보다 더 좋은 대한민국을 다음 세대에게 물려주기 위해서."

나보다 다음 세대의 행복을 생각하는 마음가짐, 바로 부모 마음이다. 다음 세대 전부를 가재·붕어·개구리로 놔두고 자기 자식만 콕 찍어 용으로 만들려는 정치인들도 있어서 눈살을 찌푸리게 하지만 말이다.

다음 세대를 위해서라니, 당장 2030세대는 "아니, 지금 우리 세대 살아가기도 힘든데 다음 세대를 생각할 겨를이 어딨냐?"며 발끈할지도 모르겠다. 그렇지 않다. 환갑을 바라보는 나에게 다음 세대가 바로 2030 세대에 해당한다. 그래서 '부모 마음'이라고 하는 것이다. 우리와 우리의 부모, 부모의 부모들이 그런 마음으로 나라를 세우고, 전쟁을 이겨내고, 가난을 극복하고, 민주화를 이뤄냈다. 건국, 번영, 민주화로 이어진 기적의 역사의 중심에는 언제나 나보다 다음 세대를 위하는 마음이 있었다. 그런 마음이 우리 사회를 올바른 방향으로 이끌어 왔다.

공직자의 존재 이유, 국익

'다음 세대를 위한 더 좋은 대한민국'이란 어떤 나라일까? 2019년 7월 4일, 임시국회에서 두 번째 원내교섭단체 대표 연설에 나서면서 나는 이걸 '안보, 안정, 안심'이라는 키워드로 정리한 바 있다(전문 **부록 2**). 튼튼한 안보 속에, 지속 가능한 경제 발전으로 안정을 이루고, 국민 개개인의 일상이 위험으로부터 자유로워 안심할 수 있는 나라다. 이런 대한민국에 사는 개개인들의 행복의 합이 바로 국익이다. 정치인은 국익을 위해 존재한다.

선출직 공무원인 국회의원의 정치 활동은 대부분의 경우 특정 정강·정책을 가진 정당을 배경으로 하여 이루어지지만, 소속 정당·정파가 다르다고 하여 '국익'이라는 공직자의 존재 이유가 달라질 수는 없다. 공직자인 이상, 정치인은 시쳇말로 '좌익도 우익도 아니고 국익' 편에 서야만 하는 것이다. 나는 과분하게도 이 선출직 국가 공무원을 네 번이나 할 수 있었다. 국익을 위해 내가 걸머져야 할 무게도 그만큼 무거워졌다.

오늘날 개인의 한평생에 가장 커다란 영향을 끼치는 것은 아마 어느 나라에 태어났느냐일 것이다. 단적인 보기로, 대한민국에 태어났느냐 북한에 태어났느냐를 상상으로 그려보면 안다. 대한민국보다 차라리 북한에 태어나는 게 나았다고, 다음 생에는 북한 같은 나라에서 태어나고 싶다는 사람이 어디 있겠는가? 결국 사람이 잘살기 위해서는 더 좋은 나라를 만들어야 한다. 더 좋은 나라를 만드는 수단이 '정책'이고, 그 정책을 수립하는 일을 맨 앞장서서 하는 게 정치인이다.

사람들의 이해관계는 복잡해서, 누군가에게 이득이 되는 정책이 다른 누군가의 권리와 이익을 침해할 수 있다. 이것이 특정 집단·직업·지역·계층을 위하는 '작은 정치'의 한계다. 전형적인 국회의원은 일차적으로

2019년 7월 4일, 두 번째로 나선 원내교섭단체 대표 연설에서 나는 오늘의 대한민국을 '불안의 시대'라 규정하고, 국민이 행복한 대한민국을 위한 키워드로 '안보, 안정, 안심'을 제시했다.

지역구의 일꾼이고 정치적 지향을 같이하는 정당에 속해 있다. 그러나 국회의원은 한 발은 지역구에, 한 발은 소속 정당에 딛고 있어도 눈은 언제나 국가 전체를, 때로는 국경과 한평생을 넘어 세계와 역사를 바라볼 수 있어야 한다. 그런 '큰 정치'의 비전을 한마디로 요약한 게 '국익'이다.

전임자들과 후임자들이 그랬듯 나의 원내대표 1년은 바로 '국익'을 위한 투쟁의 나날이었다. 연동형 비례제와 공수처 설치에 앞장서서 반대하고, 이 법들을 패스트트랙에 태우려는 것을 온몸으로 저지하려 한 것도, 그것들이 우리나라 국익의 근간인 자유민주주의를 위협해 '더 나쁜 나라'로 가게 하는 악법이고 나쁜 제도이기 때문이다.

연비제·공수처·패스트트랙은 이 책 내내 다루고 있으므로, 이 장에서는 국익 증진을 위해서 한 그 밖의 활동으로 '추가경정 예산안(추경) 삭감'과 '의회 외교' 두 가지를 소개한다. 추경 삭감은 국민의 혈세를 지키기 위한 경제·재정 분야 활동이고, 의회 외교는 국가 안보를 수호하는 활동이다.

'돈퓰리즘'에 브레이크

2019년 4월에 의회 민주주의를 짓밟고 연동형 비례제와 공수처의 패스트트랙 상정안을 강행 통과시키는 데 성공한 민주당은 정부와 손잡고 본격적으로 '추경 공세'에 나섰다.

추경 '군불'은 민주당이 3월부터 때기 시작하고 있었다. 4월 24일, 정부는 '미세먼지 대응, 재해 재난 피해 복구, 경제 활성화' 등을 이유로 6조 7,000억 원 규모의 추경안을 편성해 이튿날 민주당을 통해 제출했다. 다들 기억하겠지만 '현금 살포성 복지' 사업이 대거 편성돼 있었다.

우리의 대응 원칙을 처음부터 분명히 했다. 나는 4월 초부터 재해와 비(非)재해를 구분한 '분리 추경'을 줄곧 제안했다.

재해 재난 대응과 피해 복구, 진정한 의미의 경제 활성화 예산은 통과시켜 주고, 필요한 경우 더 증액해 줄 수도 있다. 그러나 세금을 쏟아부어 일시적인 아르바이트 자리나 만드는 '일자리 통계용' 증액은 받아들일 수 없다.

정부 추경안 중 '재해 추경'과 '비재해 추경'을 분리해 제출해 준다면, 재해 부분을 초스피드로 심사해 통과시켜 주겠다.

말하자면 '투 트랙'이다. 정부 추경안 중 현금 살포성 항목에 반대하느라 긴급한 재해 예산의 처리가 늦어질 우려가 있고, 자칫 잘못하면 우리 당이 추경 자체에 반대하는 것으로 곡해될 수 있기 때문이었다.

청와대와 여당, 그리고 일부 언론은 우리 당을 두들기기 시작했다. 우리가 추경의 '일부'에 반대하는 것을 '추경 반대'로 몰아가고, "자유한국당이 발목을 잡아서 추경이 조기에 통과되지 못해 어려운 경제를 더 어렵게 만든다"는 식으로 프레이밍을 했다. 문재인 대통령, 민주당 이해찬 대표와 이인영 원내대표 등이 돌아가며 '자유한국당 탓'을 하면서 여론전을 펼쳤고, 우리는 점차 수세에 몰릴 수밖에 없었다. 패스트트랙 사태 후유증으로 정치권이 마비되다시피 한 정국에서 추경 압박은 우리의 '무조건 항복'을 받아내기 위한 카드였다.

추경에 대한 잘못된 인식이 널리 퍼진 것도 우리를 힘들게 했다. 사실 추경은 비정상적인 예산 집행이다. 사실상 모든 추경은 예산 증액을 위한 것이고, 따라서 국민의 혈세를 더 뜯어가는 일이다. 그러니 추경은 편성되지 않는 것이 정상이고, 불의의 사태로 정말 필요로 하는 경우에, 제한적으로만 편성해야 한다. 그런데 집권 과정부터 '선악 프레임'으로 톡톡히 재미를 본 여당과 친여 언론이 그 시점의 추경 자체를 '선'으로 둔갑시키니, 야당이 항목을 세세히 따져가며 추경안을 심의하는 지극히 정상적인 행위가 '악'으로 매도돼 버렸다. 오죽하면 당내에서는 "어차피 못 막을 것, 대충 통과시켜 주고 같이 생색이나 내자"는 울분 섞인 제안까지 나왔다.

이런 악조건 속에서도 나는 추경 전선에서 쉽사리 물러날 수 없었다. 솔직히 추경 규모래야 그다지 '티도 안 나는' 것이기는 했다. 추경 6조 7,000억 원은 2019년 총 예산 469조 6,000억 원의 1퍼센트에 불과했다. 문제는 금액이나 규모가 아니라 '원칙'이었다. 원칙이 무너지면 삽시간에 모든 것이 무너진다.

그 원칙이란, **'작지만 강한 정부'**다.

정부는 왜 존재하는가? 국민의 삶을 나아지게 만들기 위해 존재한다. 그 기본은 생명을 지키고(안보), 노동의 가치를 보호하고(안정), 안전을 보장하는(안심) 일이다. 그 이상 국민 각자가 지향하는 가치와 행복의 척도는 사람마다 제각각이어서, 국민 모두를 만족시키는 행복의 답안을 정부가 내놓을 수는 없다. 정부가 그렇게 할 수 있다고 생각하는 것은 오만이자 착각이며, 그런 오만에 사로잡히면 필연적으로 독재로 흐르게 된다.

역사상 모든 독재는 유토피아에 대한 환상을 먹고살았다.

정부는 국민이 각자의 위치에서 최선을 다해 노력하면 그 결과로 행복한 삶을 살아갈 수 있도록 '시스템'을 만들고 그 안에서 '룰(질서)'을 지키도록 하는 역할을 해야 한다. 기본적으로 국민의 자유를 보호하고, 어떤 사람이 다른 사람의 권리를 침해할 때 공정한 심판 노릇을 해야 한다. 이것이 '작은 정부'다.

정부가 그 이상의 역할도 해야 할 때가 있다. 바로 그것이 복지다. 힘들고 어려운 이들에게는 다시 일어설 수 있는 기반을 제공하고, 불안에 떨지 않도록 불확실성을 차단해야 한다. 바로 '강한 정부'다. 이러한 모든 정부의 일들은 튼튼한 경제 없이는 불가능하다. 빈곤과 복지는 양립할 수 없다. 겉으로는 복지 국가를 표방하지만 그 안은 극심한 빈곤 속에서 국민들이 가난과 위험에 노출돼 있는 나라가 한둘이 아니다.

결국 국민 개개인의 삶이 좋아지려면 나라 경제의 지속 가능한 발전이 보장돼야 한다. 그러려면 재정은 건전해야 하고, 시장은 자유로워야 한다. 개인과 기업이 자유롭게 뛰어놀 수 있는 열린 사회에서 비로소 경제가 발전하고, 그 결과 확보된 풍부한 세수로 더 많은 복지를 제공할 수 있다. 시장에 대한 정부의 개입은 어쩔 수 없이 낙오된 사람들의 손을 잡아 주는 선으로 최소화해야 한다. 그 이상으로 '슈퍼 정부'가 경제에 개입할 때 사회주의가 되고 포퓰리즘이 된다.

'작은 정부'는 보수주의 정치의 기본이다. 국가가 국민 혈세를 선심

쓰듯 마구 퍼주면서 국민의 환심을 사고 국민의 사생활까지 파고들려 하지 말고, 많은 것을 민간, 특히 시장과 기업의 자율에 맡기자는 것이다. 그러면서도 민간에 휘둘리지 않고 질서를 유지하려면 '강한 정부'여야 한다. 이 두 가지를 결합한 것이 '작지만 강한 정부'다. 미국의 로널드 레이건 전 대통령, 영국의 마거릿 대처 전 총리, 그리고 학자로는 프리드리히 하이에크와 밀턴 프리드먼 같은 사람들이 '작지만 강한 정부'의 대표적인 주창자들이다.

'작은 정부'라는 원칙이 흔들린 데는 솔직히 우리 보수 정당도 책임이 있다. 과거의 보수 정권들은 국가 주도 발전 모델을 추진하면서도 김대중-노무현-문재인 정부와 견주면 훨씬 작고 강하고 효율적인 정책을 펴기 위해 애써 왔다. 그러던 것이 최근 이명박-박근혜 정권에서 '선심성 퍼주기' 복지 예산이 눈에 띄게 늘어났다. 그전 김대중-노무현 좌파 정권 10년을 거치며 '표'라는 현실이 녹록지 않아진 것이다.

'작은 정부' 공약을 '자살골 정치'라고 한다. 그래서 우리나라뿐 아니라 우리보다 더 선진국이라는 나라들에서도 포퓰리즘은 전염병처럼 번져가는 추세다. 머리는 '공짜 점심은 없다'는 걸 알면서도 마음은 '그래도 공짜라는데……'로 기우는 게 사람이다. 2020년 코로나 19 감염병 사태 때 '긴급 재난 지원금'을 전 국민에게 주느냐 하위 70퍼센트만 주느냐 갖고 격론이 벌어졌지만, 전 국민에게 지급하자 순식간에 99퍼센트 넘는 사람들이 지원금을 타간 것이 극명한 사례다.

나도 대통령 선거부터 총선·지방선거까지 수많은 선거를 직간접으로 치르고 공약을 만드는 과정에 참여하면서, 특히 '복지 삭감'을 매번 용기 있게 주장하기는 힘들었다. 그러나 시간이 흐르고 안목이 생기고 어깨가 무거워질수록, 걷잡을 수 없이 커져가는 재정에 브레이크를 걸어야 한다는 의무감이 커져졌다.

공공 부문이 확대될수록 민간은 위축되고 생산성과 효율성이 떨어진다. 천문학적 적자 속에서도 성과급 잔치를 벌이는 공기업들에서 보듯, 공공 부문은 비효율과 부패에 취약하다. 특히나 문재인 정부는 '돈퓰리즘'으로 가는 속도가 유례없이 빨랐다. 이미 2019년 예산 편성에서도 임시 일자리 예산을 대거 편성해 고용 현실에 착시를 일으킨 정권이 추경마저 그런 식으로 편성한 데 나는 분노했다. 국민 혈세를 이렇게 물 쓰듯 쓰다가는 우리나라가 그리스나 베네수엘라처럼 되는 건 시간문제였다.

8월 1일, 우리 3당 원내대표는 당초 정부가 제출한 6조 6,837억 원에서 21퍼센트(1조 3,876억 원)를 삭감하는 대신 일부 증액해 8,568억 원을 순삭감(-12.8%)하는 데 합의했다. 이로써 이튿날 8월 2일에 5조 8,269억 원 규모의 추경안을 통과시킬 수 있었다. 추경안이 국회에 제출된 지 99일 만이었다. 정부가 국민에게 빚을 지는 국채 발행 규모 역시 3조 6,409억 원에서 3,066억, 즉 8%나 넘게 줄였다.

내가 추경과 국채 삭감을 "역사상 유례없는 일이다. 새 역사를 썼다" "쾌거를 이뤘다"고 자평하자, 여당과 일부 언론은 "추경 삭감이 어떻게 역사적 성과가 될 수 있느냐"며 역공했다. 그것은 우리 사회가 선진국 문턱을 넘으려면 반드시 극복해야 하는 편견이다.

정부 세입의 근간은 국민의 세금이다. 유럽에서 의회 민주주의가 탄생한 배경 자체가 바로 군주의 무분별한 재정 편성과 낭비를 막기 위해서였다. 1215년 영국의 「마그나 카르타(대헌장)」부터 1776년 미국의 독립 선언까지, 근대 민주주의의 성장은 '대표 없이 세금 없다'라는 믿음을 관철해 온 과정이었다. 국민의 대표인 국회가 정부 예산안에서 불필요한 액수를 걷어내는 것만큼 아름다운 의정 활동이 어디 있단 말인가?

사실 국민의 세금을 지켜야 한다는 철학이 우리 당 의원들 사이에 광범위하게 공유돼 있지 않았더라면 나의 노력은 수포로 돌아갔을 것이다. 재정 정책에 잔뼈가 굵은 송언석·추경호 의원이 '작은 정부'와 관련된 콘텐츠를 끊임없이 생산해 냈고, 예결위 간사인 이종배 의원은 꿋꿋하게 예결위의 제1야당 '자리'를 지켰다. 추경을 절대선으로 전제하고 밀어붙이는 정권과 흔들리는 언론 환경 속에서도 '혈세를 지키자'는 일념으로 함께한 순간들이다.

그런데 2020년 들어 코로나 19 바이러스가 전 세계적으로 확산되고 경기 침체가 장기화되면서, 문재인 정부의 재정 지출은 말 그대로 고삐가 풀려버렸다. 내가 그토록 추경 예산 중 불필요한 낭비성 예산을 깎으려고 아등바등 노력했던 것이 도대체 무슨 의미가 있었는지 허망할 지경이다. 세금을 물 쓰듯 하고, 이를 반대하면 마치 나라 경제가 더 안 좋아지길 바라는 사람인 양 몰아가는 정치 공세가 날이 갈수록 심해지고 있다. 팬데믹으로 인한 경제적 타격보다도, 그 후의 감당할 수 없는 국가 부채와 부작용이 더 걱정되는 수준이다. 그런데 사실 생각해보면, 이미 우리 국민들조차도 정부의 무분별한 재정 지출에 어느덧 익숙해져버린 것은 아닐까 하는 생각이 든다. 지난 총선 때 경로당을 찾았을 때 어르신들이 "통합당 찍으면 우리가 받던 것 못 받게 되는거 아니야?"라고 물어오곤 하셨다. 그런 질문이 바로 문재인 정권이 바라던 반응이 아니었을까 하는 생각이 든다.

볼턴 씨, CVID 머그컵은요?

원내대표 전에 국회 외통위원장을 거친 나는 원내대표 임기중에도 외교, 특히 대미 외교에 많은 공을 들였다.

대미 의회 외교와 관련, 원내대표 임기중 가장 상징적인 사건은 아마 존 볼턴 백악관 안보보좌관과의 세 번의 만남일 것이다.

볼턴을 처음 만난 것은 미국 대통령 선거에서 트럼프 후보가 당선된 직후인 2016년 11월의 일이다. 트럼프 후보의 당선은 우리에게도 적잖은 충격이었다. 마침 최순실 사태로 정부는 외교 최전선에 나설 여유가 없었기에, 국회라도 나서자며 여야 중진 의원들 중심으로 방미 의원 외교단을 급파했다. 출범을 앞둔 트럼프 행정부의 초대 국무장관으로 볼턴이 물망에 오르던 때였으므로, 미리 알아두자는 취지에서 그를 섭외해 만나고 왔다.

볼턴과 첫 만남 때, 향후 긴밀한 관계를 계속 유지하고 서로 격의 없는 대화를 위해 아들 덕을 좀 봤다. 예일대를 나온 볼턴에게 "내 아들이 지금 예일대에 다닌다"고 말해 주었더니 아니나 다를까, 나를 대하는 분위기가 확연히 부드러워지는 걸 느낄 수 있었다. 사실 미국 정치인 상당수가 예일대 출신이기도 하다. 아이스 브레이킹용으로 가족 얘기 꺼내기를 좋아하는 미국인답게, 다음번 만남 때는 볼턴이 먼저 내 아들의 안부를 묻기까지 했다. 내가 외통위원장이던 2015년, 오바마 행정부의 존 케리 국무장관이 방한해 만났을 때도 아들이 그와 같은 고등학교를 다녔다는 점을 유용하게 활용했다.

예상을 깨고 트럼프 행정부 초대 국무장관에는 렉스 틸러슨이 지명됐고, 1년여 지나 마이크 폼페이오로 교체되었다. 볼턴은 국무장관 대신 2018년 4월에 백악관 국가안보보좌관에 임명되었고, 곧바로 4월 27일에 판문점 남북 정상회담을 성사시키며 미국의 외교 실세로 급부상했다.

나는 판문점 선언을 보면서 미국이 북한 정권과 지도자의 본질에 대해 오판을 하게 되지나 않을까 걱정이 됐다. 더 이상 외통위원장도 아니고 20대 국회에서는 평의원으로서 교육문화체육관광위원회(교문위) 소속

이면서, 왜 그랬는지 '꼭 미국을 방문해서 판문점 선언을 정확하게 이해시켜야 한다'는 사명감이 엄습해 왔다. 미국을 공식 방문할 길을 찾기 위해 몸이 달았다.

마침 5월 초순에 제15차 '한미일 의원 회의'가 예정돼 있었다. 나는 정세균 국회의장을 찾아가 제발 나를 구성원으로 참여시켜 달라고 그야말로 떼를 썼다. 결국 방문단에 포함되며 한국 측 방문단장까지 된 나는 미국 정가에서 한 명이라도 더 만나 붙잡고 이야기하려고 방문단 공식 일정 외에 '별도 일정'을 닥치는 대로 잡았다. 자유한국당 특위에서 만든 페이퍼뿐 아니라 내가 제작한 페이퍼도 수십 부씩 준비해서, 만나는 사람마다 한두 부씩 쥐여줬다. 그때 두 번째로 볼턴 보좌관을 만날 수 있었다.

두 번째로 볼턴을 만나러 가는 길은 첫 번째에 비해 훨씬 더 조심스러웠다. 국회의원이 공적으로 외국을 방문할 때는 그 나라에 주재하는 우리 공관 측에서 차량 등 편의를 제공하도록 되어 있다. 어수선한 정국 속에 떠난 방미길, 주미 한국 대사관에서 외교부로 이어지는 문재인 정부의 외교 라인에 내가 어디에서 누구를 만나는지 동선이 낱낱이 보고되는 것을 경계할 필요가 있었다. 특히 볼턴을 만나러 백악관에 가는 날이 그랬다. 그래서 그날은 행선지를 예고하지 않고 차에 올라탄 뒤에야 "백악관으로 가주세요"라고 요청했다.

그때 볼턴이 나를 만나준 데는 지금 돌이켜봐도 신기한 구석이 있다. 내가 방문단장이기는 했으나, 미국 '백악관 국가안보보좌관'의 우리 측

공식 카운터파트는 의원들이 아니라 정의용 '청와대 국가안보실장'이었다. 그 둘은 판문점 회담의 막후 조율을 함께 한 사이이기도 했다. 그 정의용 실장이 워싱턴에 와있는데, 볼턴은 굳이 나를 먼저 만나고 정의용 실장과의 접견을 그다음 날 오전으로 잡는 파격을 보였다. 당시 야당 평의원인 나를 볼턴이 따로 시간을 내 만나준다는 것은 의전상으로나 외교 관례로 보나 이례적이었다.

볼턴과의 만남이 성사됐다는 소식을 듣고, 무슨 선물을 가져갈까 고민했다. 넥타이? 도자기? 사실 볼턴 입장에서는 시큰둥할 선물들이다. 그가 넥타이나 도자기가 뭐 아쉽겠는가?

그때 외교가의 고위 관계자 한 분이 번뜩이는 아이디어를 냈다.

"머그컵에다가 'CVID(complete, verifiable, irreversible dismantlement, 완전하고 검증 가능하며 돌이킬 수 없는 비핵화)'를 새겨서 가져가면 어떨까요?"

무릎을 탁 쳤다. CVID는 대북 '매파'인 볼턴의 트레이드마크다. 가뜩이나 짧은 시간 만남에 많은 대화를 나누려면 외교 안보 라인의 통역을 가급적 덜 거치고 직접 대화를 나눠야겠다고까지 마음을 다잡고 있던 터에 CVID만큼 우리의 주제를 확실하게 각인시켜 줄 아이템은 다시 없었다. 그렇게 '북한 핵 완전 폐기'에 대한 우리 국민과 자유한국당의 의지를 머그컵에 새겨 볼턴에게 전달했다.

볼턴을 만난 나는 "북한 핵이 완전히 폐기되기 전에는 대북 제재를 완화하거나 선불리 평화 모드로 가서는 절대로 안 된다"며 수없이 강조했다. 이 점은 볼턴뿐 아니라 미 행정부의 생각도 우리와 완전히 같았다. 그리고 우리는 문재인 정부와 한국 정치 상황에 대해 심도 있는 대화를 나눴다. 제한된 시간 안에 가급적 정확하고 빠르게 나의 의견을 전달하기 위해, 통역이 있음에도 불구하고 내가 직접 설명하기 위한 준비까지 해갔다. 대화 도중 마이크 펜스 부통령이 볼턴 방에 들러서 그와도 인사를 나눌 수 있었다. 잠깐의 대화였지만 나는 '아무런 준비 없이, 비핵화 약속도 받아내지 못한 채 선불리 종전 선언을 하는 일은 없겠구나' 하는 확신이 들며 어느 정도 안도할 수 있었다.

그렇게 볼턴과의 대화가 끝나고 헤어지려는데 볼턴은 함께 사진을 찍자고 제안해 왔다. 당초 백악관 측에서 볼턴과의 만남은 철저하게 비공개로 할 것이며 사진 촬영은 어렵다고 알려왔기에 뜻밖이었다. 미국은 상·하원을 방문할 때는 사진 촬영이나 녹음 등이 비교적 자유롭지만, 행정부인 백악관·펜타곤·국무부 등을 방문할 때는 원칙적으로 휴대전화를 소지할 수 없게 돼있고 웬만해선 사진 촬영도 안 된다. 그런데 볼턴은 나와의 토론에서 신뢰를 느꼈는지, 방에서 나와 복도 중간에서 같이 사진을 찍자고 한 것이었다.

일주일 뒤인 5월 16일, 볼턴은 〈폭스 뉴스〉 라디오 인터뷰에서 "미국의 CVID 입장에 후퇴 없다"는 강경 방침을 재확인하며 우리의 기대에 백퍼센트 부응했다. 미북 싱가포르 정상회담 약 4주 전의 일이다.

이듬해 2019년 7월 24일, 이번에는 한국을 방문한 볼턴 보좌관과 세 번째로 만날 수 있었다.

일본의 수출 보복 조치로 한일 관계가 악화 일로를 치닫고 있을 때였다. 야당 원내대표인 나는 밖으로 일본의 보복 조치와 안으로 정부·여당의 시대착오적인 반일 프레임과 동시에 싸우느라 그야말로 몸부림을 치고 있었다. 미국도 한일 양국을 중재할 방안을 찾느라 고심중이었다.

일본을 거쳐 한국에 온 볼턴은 정의용 청와대 국가안보실장과 강경화 외교부 장관, 정경두 국방부 장관과 만나는 일정이 잇따라 잡혀 있었다. 그런데 이번에도 볼턴은 청와대·외교·국방 라인을 만나기 앞서 나를 먼저 만났다.

볼턴은 나와의 만남을 자기 트위터에다 공개하기까지 했다. 그 의미를 대충은 짐작할 수 있을 것 같았다. 그 역시 그동안의 경험을 통해 갖게 됐을 문재인 정권에 대한 의구심, 그리고 내가 지난번 만남 때 대한민국의 상황을 보다 정확하게 객관적으로 이해시켜 준 일로 모종의 신뢰 같은 게 형성돼 있었기 때문일 것이다. 이번에도 정권의 주요 인사들을 만나기 전에 먼저 '참고서'격으로 나를 만나서 일종의 '독법'을 익혀 가는 셈이었다.

당시 신범철 아산정책연구원 안보통일센터장이 정말 큰 도움을 줬다. 신범철 박사는 그전에도 외교 안보 현안에 대해 나의 많은 자문에 응해줬고, 내가 주요 외교 인사들과 접촉할 때 귀중한 조언을 해주고 때로는 함께 자리에 나와주기도 했다. 내가 세 차례 교섭단체 대표 연설을 준비

2019년 7월 24일, 방한한 존 볼턴 미 백악관 국가안보보좌관은 청와대 라인을 만나기 앞서 자유한국당 원내대표인 나를 비공개로 만나고, 이튿날 자신의 트위터에 공개했다.

할 때마다 외교 안보 파트의 중심 흐름을 잡아준 분이기도 하다. 볼턴과 한국에서 비공개 회동을 할 때도 어김없이 신 박사가 든든한 어드바이저가 돼줬다.

내가 볼턴에게 "한국의 정치 일정이 영향을 받지 않도록, 미북 3차 정상회담 시기를 신중하게 결정해 달라"고 말한 게 바로 이 세 번째 만남에서다.

우리는 이미 2018년 6월 지방선거가 싱가포르 미북 정상회담으로 심각한 영향을 받고, 2019년 2월에는 미북 하노이 회담이 자유한국당 대표 경선 전당대회와 겹치는 것을 경험했다. 북한과의 '빅 이벤트'들의 시점이 매번 공교롭게도 한국 국내 정치에서 집권 여당에 매우 유리하게 잡히는 데 대해, 단정하긴 조심스럽지만 뭔가 인위적·의도적으로 그렇게 날짜가 정해지는 것 아닌가 하는 심증까지 들 정도였다. 미국 정부가 영문 모르고 문재인 정권의 권유나 북한 정권의 제안을 곧이곧대로 따라서 대화에 나설 경우 한국 국내 정치가 심각하게 왜곡될 수 있다는 것을 미국 정부에 똑똑히 알려주어야 했다. 이번엔 "2020년 4월로 잡힌 한국 총선에 미북 정상회담 같은 빅 이벤트가 영향을 끼칠 수 있다. 정상회담을 추진하더라도 올 연말이라든가, 아무튼 한국 총선 직전이 되지 않도록 자제하는 것이 좋겠다"고 설명했더니 볼턴도 신중하게 내 말에 귀를 기울이는 모습이었다.

그리고 한 달이 좀 안 되어 2019년 8월 말, 한국을 공식 방문한 스티븐 비건 미국 대북특별대표는 나한테 "내년 4월에 한국 총선이 있지요?"라며 확인을 해왔다. 놀라웠다. 내가 볼턴에게 전한 메시지가 미국 대북정책 담당자들 사이에서 공유되고 있었고, 비건은 그것을 나에게 재차 확인을 해온 것이었다.

'볼턴이 내 말을 흘려듣지 않았구나!'

미국은 간단한 나라가 아니고, 미국의 오판을 너무 걱정하진 않아도 되겠다는 안도감에 만감이 교차했다.

볼턴이 하루 뒤 자신의 트위터에 공개하기는 했지만, 2019년 7월 볼턴과의 세 번째 만남은 비공개로 이뤄졌다. 넉 달 지나 그해 11월 말, 내가 3당 원내대표 방미 외교 활동을 마치고 돌아와 비공개 의원총회에서 그때 일을 뒤늦게 소개한 것이 언론에 알려졌다. 조국 광풍이 막 잦아들고, 야권 통합 논의가 본격화되고, 황교안 당대표는 단식 농성중이고, 나의 보름밖에 안 남은 원내대표 임기 연장 여부가 불투명할 때였다. 7월 발언이 뒤늦은 소모적 논란을 불러일으켜, 나는 '반평화적' '매국노'라는 엄청난 공세에 시달려야 했다. 심지어 일부 언론에는 내가 이 11월 방미 때 미 정가를 돌아다니며 이런 부탁을 하고 다닌 것처럼 잘못 보도되기도 했다. 진실은 그 반대다. 설명한 것처럼 내가 이 발언을 한 것은 7월에 볼턴이 방한했을 때였고, 아마도 볼턴으로부터 그 말을 전해 들었을 비건이 8월에 나에게 먼저 사실 요청을 해온 것이었다.

그때 내가 응당 해야 할 일을 했다고 지금도 생각한다. 미국으로서는 뜻하지 않게 '내정 간섭'으로 비칠 수 있는 일을 하지 않는 게 현명하고, 북한과의 대화가 정말로 의미 있고 성과 있는 대화가 되려면 한국의 정치 상황이라는 변수에 휘둘리지 말아야 한다. 선거용 이벤트라는 불순한 의도로 설계된 회담은 북핵 완전 폐기라는 목표를 더 멀어지게 만들 수밖에 없다. 미북 정상회담이 정말로 평화와 안보를 향해 나아가는 대화가 되려면 당사자의 한 축인 미국에게 그 시기를 신중하게 결정해 달라고 제안할 필요가 있었다. 그것이 바로 국익을 위해 정치 지도자가 해야 할 일이다. 나는 내 이름과 무게에 걸맞은 '기회'를 만들어냈고, 정치 지도자로서 국익이 증진되는 방향으로 해야 할 일을 했다.

지금은 공직을 내려놓은 볼턴에게, 기회가 되면 한번 물어보고 싶다.

"볼턴 씨, CVID 머그컵은요?"

이미선이 외면한 공직의 무게

선출직인 국회의원이 되기 전에 나는 '임명직 공무원'의 시간을 짧지 않게 경험했다. 바로 판사 시절이다.

2019년 3월 말 문재인 대통령의 이미선 헌법재판관 지명은 나의 '판사의 시간'을 다시 한 번 묵직하게 돌아보게 해주었다.

제6장에서 소개했듯 문형배·이미선 두 후보자의 국회 인사 청문회를 준비하는 과정에서 이미선 후보자의 부당한 수십억 원대 주식 투자가 크게 논란이 됐다. 후보자의 남편까지 반격에 나서면서 우리 자유한국당을 비롯한 야당의 반발도 더 거세졌다. 그러잖아도 문재인 정권 들어 헌법재판소와 대법원이 정권에 의해 착착 '접수'되어 가는 과정을 목도해야 했던 우리는 이미선 재판관을 '헌재 장악의 마지막 퍼즐'로 간주할 수밖에 없었다.

이 정권이 이미선 후보자 임명에 매달리는 데는 근본적이고 본질적

인 이유가 있다고 생각합니다. 바로 이미선 후보자 임명이야말로 좌파 이념 독재의 마지막 퍼즐을 완성하는 것이기 때문입니다.

이미선·문형배 두 후보자가 헌법재판관이 되면 헌법재판관 9명 중 6명이 친 문재인 정권 성향으로 채워집니다. 이제 이 정권은 더 이상 의회 내에서 법 개정을 위한 싸움에 매달릴 이유가 없어집니다. 헌법재판소를 손에 쥔 문재인 정권이 사실상 법 질서를 무력화할 수 있다는 우려가 듭니다.

이미선 후보자 논란을 지켜보며 나는 '좌파 독재'나 '헌재 장악' 같은 정권 차원의 문제도 문제지만, 같은 법관 출신으로서 많은 충격을 받았다. 그가 한 일이 법관으로서 상상할 수 없는 것들이었기 때문이다.

고위 공직 후보자의 검증은 법적 유무죄를 넘어, 그가 공직을 맡기에 합당한 도덕성을 갖추었는지까지 들여다보는 일이다. 지난 정권에서 야당이던 민주당과 야당 정치인 문재인, 그리고 조국 서울대 교수가 줄기차게 주장해 온 것이기도 하다. 바로 그 민주당의 대통령이 지명한 이미선 후보자의 행적을 들여다보며 나는 내가 너무 순진한 건 아닐까, 겁쟁이인 건 아닐까, 어쩌면 국회의원이나 고위 공직을 맡기에 '뻔뻔하지 못함'이 나의 단점과 결점은 아닐까 자괴감마저 들었다.

법관이 생명처럼 여겨야 할 덕목은 '공정성'과 '중립성'이다. 법관은 국민이 제정한 헌법과 국민의 대표인 국회가 만든 법에 따라 재판을 하여 정의를 확립하는 공직이다.

일반 규범인 법이 모든 사회 문제와 부조리를 단죄할 수는 없다. 그것은 입법부의 월권이다. 법은 명확해야 하고, 최소한이어야 한다. 법은 사회 변화보다 속도가 조금 느릴 수밖에 없다. 그러면서 정반대로, 세상의 변화를 사람들이 미처 따라잡지 못할 때 법이 미리 길을 보여 주고 안내해 줘야 한다는 모순적인 임무도 법은 수행해야 한다. 이래저래 생길 수밖에 없는 '법과 현실의 간극'을 메꾸는 것이 행정과 사법이다.

그중에서도 사법은 법과 현실의 간극을 '정의와 양심'으로 메우는 역할이다. 법정에 법관이 입정할 때 지위 고하에 관계없이 모든 사람이 일어서서 예를 표하는 것은 법관이 정의와 양심을 대표하기 때문이다. 그것은 법관 개인에 대한 존경과 예우가 아니라 헌법과 법에 대한 예의임과 동시에, 투명하고 깨끗한 결정을 명하는 국민의 명령이다.

그런 법관이 만약 자신이 맡은 사건과 관련해 사적 이익을 추구한다면? 설령 실제로 내부 정보를 이용하거나 판결을 통해 직간접적으로 영향력을 미친 사실이 없다고 하더라도, 그러한 의심을 받을 만한 빌미라도 제공하는 순간 사법의 권위는 땅에 떨어지고 만다. 그럴 여지를 사전에 예방하기 위해 사건과 관련해 의심을 살 수 있는 법관을 법적으로 배제하는 '제척', 법관 스스로 자제하는 '회피', 당사자가 이의를 제기하는 '기피' 등의 제도가 있는 것이다. 하물며 자신이 주식을 보유하고 있는 기업과 관련된 사건을 회피하긴커녕 직접 담당하고, 심지어 그 기업에 유리한 판결까지 내린 '법관 이미선'의 정신세계를 나는 지금도 도저히 이해할 수 없다.

구구절절이 법관을 하면 딱 어울릴 내가 그렇다면 왜 법복을 벗고 정치판으로 오게 되었을까?

그것은 나 역시 약자로서 '벽'을 실감했기 때문이다. '약자들도 살 만한 세상, 다음 세대를 위해 더 좋은 나라'를 만들어 보고자 하는 의지가 나를 정치로 이끌었다.

"엄마, 꿈 깨!"

돌이켜보면 법관으로 보낸 7년 반 세월이 내 평생 가장 자긍심 높은 기간이었다. 법관 경력은 나의 자존감의 원천이자, 내가 태어난 대한민국이라는 나라에 대한 감사의 텃밭이다.

"엄마, 꿈 깨!"

판사인 나를 정치인의 길로 이끈 이 한마디는 나의 아들딸이 한 말이 아니다.

'판사 나경원'과 달리 '엄마 나경원'의 삶은 죄의식의 연속이었다. 겪어본 사람은 알겠지만, 다운증후군이 있는 아이를 시설에 맡기고 직장으로 나간다는 것은 일하는 엄마에게는 형벌과도 같은 것이다.

첫딸을 낳고 돌 반쯤 지났을 때 나는 첫 부임지인 부산으로 발령받았다. 타지에서 당장 어린이집을 찾는 것부터가 전쟁이었다. 장애가 있는 아이를 기꺼이 받아줄 어린이집이 얼마나 되겠는가? 큰 기대를 하지도 않았지만, 실제로 찾아간 어린이집마다 말로는 안타까워해 주면서도 손을 내저었다. 그런 그분들을 원망할 수만도 없는 것이 장애를 가진 아이의 부모가 인정할 수밖에 없는 현실의 벽이다.

수녀님들이 운영하는 어린이집을 겨우 수소문해서 아이를 맡길 수 있었지만, 그 후로도 나는 아이를 찾으러 가는 시간마다 늘 죄송함을 한가득 안고 가야 했다. 케이크라도 하나 사가야 할까, 카스테라를 몇 개 챙겨 가볼까……. 혹시 우리 아이 때문에 너무 힘들어서 "죄송하지만 더 이상 맡아줄 수 없다"고 하면 무릎이라도 꿇고 "제발 한 번만 더 생각해 봐줄 수 없나요?"라고 사정해야 하나……. 여느 아이와 다른 아이를 가진 '엄마 나경원'은 보이지 않는 눈물을 늘 흘리며 살아가야 했다. 판사 엄마가 이 정도일진대, 나보다 더 힘든 여건에서 우리 아이보다 더 큰 장애가 있는 아이를 키우는 부모들의 하루하루는 어떨까?

아이가 일곱 살 되는 해 서울로 발령받아 올라왔다. 이번에도 유치원 찾기는 전쟁이었고, 마찬가지로 수녀님들이 운영하는 유치원을 찾아서 아이를 들여보낼 수 있었다.

초등학교 입학할 때가 다가왔다. 지금처럼 맘 카페라는 것도 없던 시절이니 워킹 맘인 나는 이렇다 할 정보를 얻을 길도 별로 없었다. 그러던 중 우연히, 모 유명 사립 초등학교가 '개별화·특성화 교육'을 한다는 문구를 발견했다. 아이가 다닐 학교를 걱정하는 절박한 마음에 눈에 뭐가 씌었는지, '개별화' '특성화'라는 단어를 혼자서 '장애'와 연결시켜 생각해 버리고 말았다. 지금 생각해 보면 얼마나 철없는 생각인지!

그 초등학교의 문을 두드려보기로 했다. 원서를 내러 간 길에 교장선생님 면담을 요청해 놓고 돌아왔다. 우리 아이를 받아주겠다고 직접 교장선생님에게 확인을 받고 싶었다. 교장선생님과 면담 일정이 잡혔고, 데려간 아이를 잠시 바깥 의자에 앉혀놓고 혼자서 교장실로 들어갔다.

그날 교장실에서 겪은 일은 나를 180도 다른 사람으로 바꿔놓았다.

문을 열고 들어가니 책상 뒤로 교장선생님이 앉아계셨다. 이 분야 교육의 '개척자'로 잘 알려진, 인터넷 검색 창에 넣으면 주르륵 뜨는 이름이다. 그 교장선생님이 나를 바라보며 말했다.

"엄마! 장애 아이를 교육시킨다고 해서 보통 아이처럼 되는 줄 알아? 꿈 깨!"

나는 꿈이 깨졌고, 꿈에서 깨어났다.

장애를 가진 딸을 번듯하게 교육시켜서 꼭 결실을 맺겠다는 꿈이 아니었다. 장애를 가진 아이를 교육자라면 모름지기 보듬어주지 않을까 하는 꿈이 깨졌다. 내가 나서지 않아도 세상은 충분히 좋아질 수 있을 것이라는 꿈에서 깨어났다.

교육청에 편지를 썼다. 장애 아동을 차별적으로 대한 교장선생님과

학교에 조치를 취해 줄 것을 요구했다. 그러나 교육청도 소극적이었다. 나의 하소연을 잘 들어주고 "참 안되셨어요"라며 위로를 해주면서도, 실제 행동에 나서지는 않았다. 다시 전화하고 찾아가도 마찬가지였다. 그때까지 나는 판사라는 신분을 굳이 밝히지 않고, 남과 똑같은 한 명의 학부모로서 아이의 교육받을 권리를 찾아다니고 있었다. 이대로 멈출 수는 없어서 어쩔 수 없이 "어느 지방법원 아무개 판사"라고 나를 소개했더니 교육청의 태도가 바뀌는 게 대번에 느껴졌다.

"교육청이 움직이지 않는다면 직무 유기로 고발하는 수밖에……."

그 한마디에 곧바로 처분이 내려졌다.

세상은 그렇게 변하는 것이었다. 나는 거기서 변화를 이끌어내는 힘 하나를 발견했다.

나는 판사인 게 자랑스럽고 만족스럽다는 꿈에서 깨어났다. 그 대신, 새로운 꿈을 꾸기로 했다. 국민의 한 사람으로서 제도 안에서 나의 권리를 행사하고, 법관으로서 남의 권리를 보호해 주는 것도 중요하지만, 나의 딸과 같은 약자가 눈물 흘리지 않아도 되는 사회를 만드는 가장 빠른 길 — '정치'의 가능성을 발견하는 순간이었다.

얼마 지나지 않아, 뜻하지 않게 학교와 사법부 대선배이신 이회창 한나라당 총재와 연이 닿았다. 나는 꿈꾸듯 물 흐르듯 정치권으로 흘러들어 갔다.

10

석국열차

정치인으로 살아가면서 감당해야 할 괴로움 중 하나가 '원치 않는 적대'다.

정치인은 으레 소속 정당이 있고, 당의 정강·정책뿐 아니라 '당론'에도 따라야 할 의무가 있다. 젊어서부터 잘 알고 지내는 사람이 정치적 노선을 달리하는 경우가 비일비재하고, 의정 활동을 하며 친해진 동료 정치인들과 격론을 벌이고 심지어 독설을 내뱉어야 할 때도 있다. 드물게 나의 소신과 정반대 방향으로 당론이 결정되었을 때, 당 구성원의 한 사람으로서 소신을 어기고 당론에 따라야 하는 내적 갈등도 있다. 선당후사(先黨後私), 대의를 위해 '소아(小我)'를 잠시 내려놓는 거라고 자위해 본다.

대학 선배 윤석열 검찰총장, 동기인 조국 전 법무부 장관이 내게는 딱

'원치 않는 적대'의 사례였다.

'법대로' 윤석열

"권력형 비리에 대해 권력 눈치도 보지 않고 사람에 충성하지 않는 자세로 엄정하게 해달라. 살아있는 권력에 대해서도 똑같은 자세가 돼야 한다."

2019년 7월 25일, 윤석열 검찰총장에게 임명장을 수여하면서 문재인 대통령이 당부한 말이다.

윤석열 총장은 법대 선배지만, 사법시험을 '장수'하다 보니 학력이 무려 박사수료다. 나와 같은 시기에 대학을 다녔고 또 대학원을 다녔으며, 또 비슷한 시기에 고시 공부를 했다. 최근 한국의 정치 격동 가운데 적폐를 수사한 검사나 적폐로 몰리고 있는 검사, 또 적폐로 몰려 재판을 받은 판사와 그 재판을 맡은 판사 등 대부분 이들이 나의 대학 선후배들이다. 그런데 난 그들을 나와의 '개인적 관계'의 차원에서 대하거나 또 접근하려고 한 적이 없다. 난 어디까지나 그들을 '법조인'으로 존중해주고 싶었고, 공직의 영역을 함부로 침범하고 싶지 않았다. 정치적인 이유는커녕 개인적 이유로도 그들에게 부담을 주거나 부탁을 한다는 것은 나에게는 상상할 수 없는 일이다.

2019년 8월 8일, 신임 윤석열 검찰총장의 예방을 받고. '석국열차'는 다행히도 나의 우려처럼 '쌍끌이'가 아니라 마주 돌진하는 치킨 게임으로 치달으며 2019년 후반의 정국을 요동치게 했다.

'본업'상 어쩔 수 없이 '검사 윤석열'에 대한 관심을 가질 수밖에 없게 된 것은 박근혜 정부 때인 2013년, 그가 이른바 '국정원 댓글' 사건 수사팀장이 되면서부터다. 당론은 그를 비판하는 쪽이었지만 나는 수사팀 비판의 전면에 나서지는 않았다. 다만, 뼛속까지 검사인 그가 어쩌다 정치판 한복판에 서서 한쪽에서는 영웅이 되고 반대편에서는 비난과 공세에 시달리는 모습에 마음이 다소 안타까웠다.

"사람에 충성하지 않는다"는 명언을 남긴 검사 윤석열이 항명 사건으로 좌천되어 지방을 전전하다가 다시 스포트라이트를 받은 것은 2016년 최순실 사태 때였다. 박영수 특검의 수사팀장으로 발탁된 그는 순식간에

'박근혜 정부에서 물먹은' 정의로운 검사의 아이콘으로 떠올랐다.

이듬해 문재인 정권 출범과 함께 그가 서울중앙지검장으로 화려하게 부활하고, 다시 2년여 만에 파격적으로 검찰총장에 지명되는 모습은 누가 봐도 미리 정해진 시나리오를 따라가는 것 같았다. 적어도 그때까진 그랬다.

이제야 털어놓지만, 2019년 6월 문 대통령이 윤석열 서울중앙지검장을 검찰총장 후보자로 지명했을 때, '기수와 관행'을 논외로 하면 나는 내심 '검찰총장 윤석열'이 어색하지 않았다. 내가 기억하는 선배 윤석열, 검사 윤석열은 말 그대로 '법대로 하는' 검사였기 때문이다.

그러나 당론은 당론. 게다가 나는 제1 야당의 원내대표였다. 당장 인사 청문회를 준비해야 했다. 초점은 당연히 문재인 정권의 '적폐 청산'의 질주 속에서 또 한 명의 '정치 검사'의 총장 지명을 비판하는 것이었다. 인사 청문회를 앞둔 6월 18일, 청문회에 임하는 입장을 기자들이 물었을 때 나는 "이 정부의 적폐 수사, 정치 보복을 계속 이어가고 있는 것으로 보이기 때문에 철저히 청문회에서 그 부분을 검증하겠다"고 말했다. 당시 국회가 공전되던 상황이라 이 발언은 아무튼 국회로 돌아간다는 뜻으로 해석되기도 했다.

어떤 기자들은 나의 발언이 2019년 그 한 해 내가 줄곧 쏟아내던 날카로운 워딩과 결이 좀 다르다는 걸 눈치 챘다. 글쎄, '윤석열은 이 정부 뜻대로만 되지 않는 총장 아닌가? 그 직에 합당한 임무를 법대로 하는……'이라는 막연한 기대가 은연중에 말투에서 드러난 것이었을까?

청문회 준비 과정에서 윤 총장에 대한 새로운 의혹이 제기되거나 논란이 커지는 분위기는 아니었다. 친 정권 성향의 매체인 「뉴스타파」가 엉뚱하게 윤석열 후보자의 과거 대화 녹취록을 공개하면서 난데없이 '위증 논란'이 불거지기는 했으나, 대세에 영향을 주진 못했다. 내가 중간 중간 "검찰을 정치권의 하수인으로 만들려는 것" "한 번도 경험해 보지 못한 수준의 정치 보복을 통해 한 번도 경험해 보지 못한 공포 사회를 만들겠다는 선언"이라고 좀 독한 말을 쏟아내긴 했다.

조국 청와대 민정수석의 법무부 장관 발탁설이 모락모락 피어오른 것도 바로 그 무렵이다.

> 만약 조 수석의 법무부 장관 입각마저 현실화한다면 문재인 정권이 패스트트랙 독재 열차를 더는 멈출 수 없다는 일종의 선전 포고다. 윤석열 검찰총장이 총대를 메고, 조국 장관이 뒤에서 조종하고, 야당 겁박에 검찰이 앞장서는 '석국열차'가 완성되는 것이다.

그런데 결과적으로는 모두가 알다시피 윤석열 검찰총장은 정말로 '살아있는 권력', 그것도 다른 사람 아닌 문재인 대통령과 조국 법무부 장관에게 칼끝을 겨눴다. 윤석열·조국 '석국열차'는 한곳을 바라보고 질주하는 '광란의 쌍끌이' 대신, '원칙과 편법이 마주보고 돌진하는' 치킨 게임

열차가 되었다.

조국 하나 때문에

"예상대로예요. 반전이 없어서 식상해요."

만약 현실이 아니고 드라마였더라면 이렇게 평해도 좋으련만.

문재인 정권의 인사는 예상한 각본대로 착착 현실화돼 갔다. 윤석열 검찰총장 임명 이튿날인 2019년 7월 26일 조국 민정수석이 청와대를 떠날 때, 그것은 법무부 장관으로 가기 위한 수순이라고 모두가 예상했고, 그대로 되었다.

> 문재인 정권의 무능, 무책임, 그리고 권위주의 정치를 온몸으로 상징하던 그가 청와대를 떠난다. 물론 '청와대를' 떠난 것이지 문 대통령 곁을 떠난 것은 아니다. 조 수석의 법무부 장관행은 이미 정해진 수순으로 보인다. 쉽게 말해 '이직 휴가' 정도의 시간을 번 셈이다.
> 열심히 일한 당신, 떠나라. 대한민국을 위해서 통치 권력에서 떠나 달라.

그때 내가 페이스북에 올린 긴 글의 일부다.

당연히 그는 떠날 생각이 아니었을 것이다. 아니, 더 정확히 말하면 떠날 수 없었을 것이다. 그의 어깨에는 너무나 무거운 짐, 어쩌면 문재인 정권의 명운이 달린 짐이 지워져 있었기 때문이다.

조국 전 수석이 법무부 장관에 임명된다면 그것은 단순히 장관 한 명 임명이나 조국이라는 개인의 입각 이상의 의미가 있었다. 이것은 훨씬 중대한 의미를 갖는 시그널임에 틀림없었다. 조국은 교수 시절부터 문재인 정권이 추구하는 이념적 지향성을 대변하는 인물이었고, 구체적으로는 정권의 완벽한 검찰 장악과 무력화, 그리고 공수처 설치와 같은, 사법 제도의 근간을 흔드는 제도 개악을 상징했다. '법무부 장관 조국'은 야당으로서 결코 묵과할 수 없는 파국과 같은 것이었다. 결과적으로 '장관 조국'의 시간은 오래가지 못했지만, 후임 추미애 장관과 법무부가 2020년 내내 보이는 모습을 보면 당시 우리의 불길함은 근거 없는 것이 아니었다.

민정수석 퇴임 후 보름 만인 8월 9일, 조국은 과연 법무부 장관 후보자로 지명된다. 백팩을 메고 한 손에 텀블러를 들고, 이순신 장군의 '서해맹산(誓海盟山, 바다와 산에 맹세한다)'을 인용하며 "공정한 법 질서 확립, 검찰 개혁, 법무부 혁신 등 소명을 완수하겠다"며 포부를 밝히고는 한 손으로 머리를 쓸어올리며 뒤돌아 사무실로 들어가는 그의 모습은 다른 의미에서 매우 인상 깊었다. 법무부 장관 후보자가 아니라 차기 대통령 후보자 같은 느낌이랄까? 워낙 높은 대중성과 인지도를 가진 조 후보자였기에, 또 정치에는 신인으로 사생활에서 아직까지 별달리 문제가 될 만한 것들이 드러나지 않았기에, 임명을 저지할 뾰족한 방법이 없어 보였다.

그나마 문제 삼을 만한 것이 그의 과거 '사노맹(남한 사회주의노동자동맹)' 활동 전력 정도였다. 대한민국의 정통성에 정면으로 반하는 활동으로 유죄 판결까지 받은 사람이 법치주의와 준법의 핵심 부처인 법무부의 수장이 된다는 것은 가벼운 문제가 아니었다. 비록 젊었을 적 일이라 해도 그가 이후 사노맹 전력에 대해 공개적으로 반성하거나 전향을 밝힌 사실이 없고 오히려 그 전력을 훈장처럼 내세웠다는 점에서도 심각한 흠결임에는 틀림없었다.

그러나 우리는 조국 후보자의 사노맹 전력을 지나치게 부각시키는 것은 전략적으로 그다지 도움이 안 된다는 판단을 내렸다. 무엇보다 국민들이 문재인 정권 주요 인사들의 운동권 전력을 심각한 결격 사유로까지 봐주지 않고 있어서, 그런 문제 제기 자체가 진부하게 받아들여질 수 있는 것이 현실이었다. 게다가 본인도 스스로 "자랑스럽지도 부끄럽지도 않다"며 알아서 한 발짝 물러서는 태세였기에 타격 효과도 클 것 같지 않았다. 원내부대표단 회의에서 "이념과 사상 문제로 조 후보자를 몰고가면 대중적 공감을 얻지 못하고 자칫하면 역풍을 맞을 수도 있다"는 데 의견이 모아져, 우리는 이 문제를 집중적으로 물고 늘어지지 않기로 했다.

막막했다. '법무부 장관 조국'이 의미하는 것, 조 장관을 통해 문재인 대통령이 빚어가고자 하는 '한 번도 겪어 보지 못한 나라'의 모습이 눈앞에 어른거렸다.

그런 조 후보자의 자녀 교육 문제와 부친 학교법인(웅동학원) 논란, 사모 펀드 등 제보가 연이어 쏟아진 것은 지금 생각해도 입이 다물어지지 않는 반전이었다. 그러나 처음에 나나 우리 의원들에게 들어온 제보들은 조악하기 짝이 없는, '실마리' 수준을 넘지 못하는 것들이었다. 사실을 확인하고 혐의를 가시화하는 지난한 과제가 우리 앞에 놓여있었다.

'해보자. 할 수 있는 데까지는 다 해보자.'

당장 '조국 TF'를 꾸렸다. 법무부 장관 후보자 인사 청문회를 담당하는 법제사법위원회(법사위) 위원들만로는 화력이 달리겠어서 정무위·교육위·행안위 등 조금이라도 관련성이 있는 상임위 소속 의원들을 총동원하고, 정보 파악과 자료 확보에 보다 전문성이 있는 의원들을 중심으로 청문회를 준비하게 했다.

그러던 중 밖에서 정말 기가 막히는 보도가 나왔다. 조 후보자 동생 부부가 웅동학원의 채무 변제를 위해 위장 이혼을 했다는 보도였다. '조국 사태'의 폭풍은 이렇게 시작됐다.

곧이어 딸의 장학금 부정 수령 의혹, 의학 논문 제1 저자 등재와 입시 비리 의혹, '조국 펀드'의 서울시 공공 와이파이 사업 관련성과 유착 의혹 등등이 당 안팎에서 한꺼번에 잇따라 쏟아졌다. 원내대표실 담당자가 매일 아침 정리해 올리는 '단독' 문패 달린 기사들이 하루가 다르게 늘면서, 그걸 일일이 읽는 것 자체가 고역일 정도였다. 매주 월·목요일 최고위원회의와 화·금요일 원내 대책회의, 그리고 수요일 중진의원 연석회의가 있어서 원내대표는 자연스럽게 주중 매일 아침마다 출입 기자들을 상대로 '한마디' 할 기회가 있는데, 조국 이슈로만 한정해도 사실 관계들이 너무 다양하고 복잡해서 미처 다 언급하지 못할 정도였다.

당시 '구원 투수' 역할은 톡톡히 해준 게 김용남 의원이다. 변호사인 김 의원은 금융·주식시장 분야에 대한 지식이 해박했다. 보통 사람은 이해는커녕 알아보기도 힘들 정도로 복잡한 '펀드 지도'를 그는 종이에 펜으로 죽죽 그려 흐름을 안내해 주었다. 김용남 의원이 없었더라면 우리는 조국 펀드 이슈에 쉽게 다가서지 못했을 것이고, 역시 펀드 전문인 윤석열 검찰총장이 무슨 '감'을 잡은 건지 감조차 잡지 못하고 뉴스 따라가기에 급급했을지 모른다.

TF 의원들의 활약은 정말이지 상을 주어도 몇 번이나 주고 싶을 정도로 대단했다. 언론이 일제히나 단독으로 제기한 의혹들의 상당수는 먼저 우리 당 의원실에서 핵심 자료나 단서를 제공해 주고, 기자들이 파보니 과연 '얘기가 돼서' 기사화된 경우들이었다. 바로 그런 게 국회의원의 핵심적인 역할 중 하나다. 다만, 우리는 굳이 '아무개 의원 작품'이라는 꼬리표를 내세우지 않았다. 옳고 그름을 '그가 무엇을 했느냐'가 아니라 '그가 누구냐, 어느 편이냐'에 따라 다르게 재단하고, 불리하면 '메시지보다 메신저를' 공격하는 친문 홍위병들의 여론몰이를 이미 지겹도록 겪어봤기에, 언론과 국민의 관심이 불필요하게 왜곡될 것을 경계한 것이다. 단서를 처음 가져온 의원이 밝혀지면 그의 인맥을 통해 제보자가 드러나고 불이익을 받을 것을 미연에 방지하는 의미도 있었다.

그래도 이슈들은 아직 전체적으로 '의혹' 수준을 크게 벗어나지 못해 판세를 뒤집을 정도는 못 되었다. 옴짝달싹하지 못할 확실한 '스모킹 건', 이를테면 영상이나 녹취록이나 내부 제보자 같은 것을 확보해야 했다. 조 후보자 본인도 모든 의혹에 시치미를 뚝 떼고 모르쇠로 일관하는 노회함을 보였다.

기대는커녕 예상치도 않았던 윤석열 검찰이 느닷없이 키 플레이어로 등장한 게 바로 이때다.

조국 장관 후보자 지명 후 18일이 지난 8월 27일부터 검찰은 조국 자녀 입시 비리와 연루됐다고 알려진 서울대와 부산대 등 30여 곳을 전격적으로 압수수색하기 시작했다. 당초 9월 2~3일로 예정됐던 인사 청문회가 후보자의 가족을 증인으로 채택하는 여부를 놓고 여야 의견이 갈려 불발될 수도 있다는 전망이 나오던 때였다.

이때 조 후보자가 느닷없이 '기자 간담회'라는 반격 카드를 꺼내들었다. 선서를 하고 법사위 국회의원들 앞에서가 아니라, 기자들의 질문을 받고 그 자리에서 자신에게 쏟아진 모든 의혹을 뭉개고 가겠다는 의지였다.

조국 후보자는 9월 2일 오후 민주당의 협조를 받아 국회에서 기자 간담회를 자청했다. 조 후보자는 자신에게 쏟아진 모든 의혹을 부인하며 후보자 사퇴 요구를 일축했다. 전무후무한 '셀프 청문회'로 기록된 이날 간담회에서 "모른다"라는 말만 76번 나왔다. 간담회에 참석할 기자를 '민주당에 등록된 1언론사당 1인'으로 한정한 것은 판을 깔아준 민주당의 '신의 한 수'였다. '1사 1인'이라면 국회 행사이므로 우선적으로 정치부 기자들이 참석할 텐데, 사실 그동안 조 후보자 관련 의혹 대부분을 쫓아다닌 것은 사회부 기자들이었기 때문이다. 결국 조국 비리의 내용을 잘 모르는 정치부 기자들이 '친절한 조국 씨'의 해명 아닌 강변을 들으며 들러리를 서준 셈이 되었고, 질문다운 질문을 할 사회부 법조 출입 기자들이 뒤늦게 국회로 달려왔을 때는 생중계가 끝난 뒤였다.

여기서 잠깐, 국회의원이 아닌 '일개 장관 후보자' 조국이 국회에서 기자 간담회를 연 것을 짚고 넘어가야겠다.

국회 시설과 공간이 국회의원만의 전유물인 것은 당연히 아니다. '민의의 전당'이라는 말 그대로 국회는 국민 모두에게 열려있다. 단, 단순 방문이나 도서관 이용 등을 제외하고, 공간을 점유하고 행사를 열 때는 국회의원의 주선이 있어야 한다는 단서가 붙는다. 실제 많은 정치 행사를 비롯해 전시회·바자회 같은 행사들이 이런 절차를 밟아 국회 공간 안에서 이뤄지고 있다.

문제는, 인사 청문회를 앞둔 공직 후보자가 일방적인 자기 방어를 위한 기자 간담회를 국회에서 여는 것이 온당하냐는 것이다. 그날 국회를 조 후보자에게 내어주고 사회까지 봐준 여당은 그 점에서 정말이지 실망스러웠다. 조 후보자가 간담회를 연 곳은 여야 정당들의 의원총회가 주로 열리는 곳이었다. 엄청난 사회적 논란의 중심에 선 인물이 그 공간을 빌려 기자 간담회를 연 것은 조 후보자 입장에서는 오만했고, 장소를 알선한 민주당은 경솔했다.

나는 "국회와 국민을 무시·능멸·모욕하는 오만함에 다시 한 번 개탄을 금할 수 없고, 그 오만함에 들러리를 서는 더불어민주당과 청와대가 참으로 한탄스럽다"고 질타했다. 그리고 조 후보자 기자 간담회 이튿날인 9월 3일, 같은 자리에서 '조국 후보자의 거짓과 선동' 대국민 고발 언론 간담회를 열었다. 그 자리에서 나는 전날의 조 후보자 간담회를 "점령군 행세를 하면서 국회를 기습해 기자 간담회를 열어 역설적이게도 후보사퇴의 필요성을 굳혔다"고 비판하고, "국민을 속이려다 의혹만 키웠고, 감성을 자극하려다 분노를 자극했다"고 규정했다.

조국 '셀프 청문회'는 결과적으로 조 후보자에게 패착이 됐다. 조국 셀프 청문회 이튿날, 그러니까 우리 언론 간담회가 열린 9월 3일에 검찰은 조 후보자 부인 정경심 교수가 근무하는 동양대를 포함한 2차 압수수색에 들어갔다. 역설적이게도 조 후보자가 '셀프 청문회'에서 내놓은 답변과 설명들이 검찰에게는 고스란히 수사의 단서이자 공소장에 적을 사유들이 된 것이다.

우리에게 남은 선택지는 이제 많지 않았다. 문재인 정권과 민주당은 '청문회 파행'을 내심 바랐다는 듯, "셀프 기자 회견으로 청문회를 갈음했다"는 황당한 논리로 '청문회 패싱'도 불사하겠다는 태세로 나섰다. 단한 명의 증인도 부르지 못하더라도 청문회를 열어서 국민의 알 권리를 충족시킬 것인가, 별 소득도 없을 '맹탕 청문회'로 세간의 비난이나 받느니 차라리 청문회를 깔끔하게 포기하고 '청문회 없이 임명된 장관'에 초점을 맞출 것인가…….

나는 '원칙으로 돌아가자'는 원칙에 충실하기로 했다. 국회는 국무위원 후보자를 검증할 책무가 있고, 그 책무를 다하는 길은 청문회에 충실히 임하는 것 말고는 없었다. 이전까지의 경험으로, 청문회에서 조 전 장관이 내놓는 답변들 역시 향후 새로운 조사와 수사의 단서가 될 수 있을 것이었다.

이제 시간과의 싸움만 남았다. 검찰 입장에서 '법무부 장관 후보자'를 수사하는 것과 현직 '법무부 장관'을 수사하는 것은 하늘과 땅 차이다. 문재인 대통령은 하루라도, 아니, 한 시간이라도 빨리 조국 후보자를 장관으로 임명하고 싶었을 것이다. 임명장으로 검찰의 '반역'을 막을 수 있다고 계산했을 것이다. 우리는 어떻게든 청문회를 열어서 '법무부 장관 조국'의 등장을 조금이나마 늦춰야 한다고 생각했다.

청문회 개최를 놓고 의원들의 의견은 크게 엇갈렸다. 결국 청문회를 열기로 당론을 정하자, 법사위 간사로서 청문회를 열지 않는 것이 전략적으로 더 낫다는 입장이던 김도읍 의원이 크게 실망했다. 일선 전장이나 다름없는 법사위에 나가 있는 김 의원에게 미안했지만, 김 의원은 일단 당론이 정해지자 누구보다 열심히, 앞장서서 청문회를 준비해 주었다. 그렇게 9월 6일 하루, 어렵사리 조국 인사 청문회를 열 수 있었다.

지난해 마지막 날의 운영위, 며칠 전의 셀프 기자 간담회, 그리고 증인도 없는 진짜 청문회까지, 조 후보자는 나날이 노회해지는 것만 빼고는 한결같았다. 자동응답기같이 재탕, 삼탕 되풀이하는 거짓과 변명을 언제까지나 계속 듣고 있어야 하는지, 우리가 다 지칠 정도였다.

어렵사리 열린 청문회가 아직 진행중이던 이날 9월 6일 심야에 검찰은 정경심 교수를 사문서 위조 혐의로 전격 기소한다. 정 교수의 핵심 혐의 중 하나인 사문서 위조의 공소시효가 이날 자정으로 만료되는 것을 차단한다는 이유였다.

조 후보자 청문회 날짜를 정경심 교수의 공소시효 만료일로 맞춘 것이 야당이 의도한 것 아니냐, 한 술 더 떠 검찰과 야당 사이에 '이벤트'를 만들자는 교감이 있었던 것 아니냐는 의혹이 제기되기도 했다. 그렇지 않다. 다만, 청문회 일정을 조율하면서 우리 쪽에서 시간 끌기를 한 것은 사실이다. 새로운 의혹과 이를 뒷받침할 단서나 증거들이 얼마나 더 나올지도 모르는 상황에서 일찌감치 인사 청문회를 열고, 청문 보고서 채택 여부와 상관없이 대통령이 늘 그랬듯 장관 임명을 강행해 버리면, 수사 대상이 '후보자'에서 '장관'으로 격상되어 검찰이 수사하기 부담스러워질 수밖에 없다. 아직 후보자일 때 수사가 상당히 진척되어 "이 정도면 혐의가 명백하다"는 얘기가 나올 정도는 돼야 후보자 스스로 사퇴하거나, 인사권자가 지명을 철회하거나, 장관이 되더라도 검찰 수사를 계속

할 여건이 마련된다. 나는 바로 그 '시간'을 벌어주고 싶었던 것이다.

어쨌거나 후보자 지명 28일 만에야 열린 청문회 날 하필 후보자의 배우자가 기소된 것은 후보자 본인의 정당성을 크게 흔드는 결과가 되었다.

미니 정당이지만 '찍히면 날아간다'는 이른바 '데스노트'로 존재감을 과시해 오던 정의당은 연동형 비례제 공조라는 '잿밥'에 눈이 멀어 조 장관 임명에 찬성하는 당론을 정함으로써 논객 진중권의 탈당을 비롯해 엄청난 비난에 시달렸고, 그 후유증이 2020년 총선까지 이어졌다.

인사 청문 경과보고서는 역시나 채택되지 않았다. 우리는 채택해 줄 수 없었다. 9월 9일, 역시나 문재인 대통령은 청문 경과보고서 없이 조국 법무부 장관 임명을 강행했다.

조국 법무부 장관 임명 강행 후에도 검찰 수사는 계속됐다. 조 장관의 5촌 조카가 체포됐고, 사모 펀드와 관련된 코링크 PE와 웅동학원에 대한 압수수색이 진행됐다. 9월 한 달은 말 그대로 검찰이 어떻게 움직이느냐, 어디를 수사하느냐, 누구를 소환하느냐에 모든 관심이 쏠렸다.

훗날 듣기로, 검찰의 조국 관련 수사에서는 우리 당이 제출한 수많은 고발장들이 큰 도움이 됐다고 한다. 고발장들이 팩트와 근거가 탄탄하고 법리적으로 빈틈이 없었기에, 어디를 어떻게 수사하면 되는지 웬만큼 답을 얻을 수 있었다는 것이다.

고발장의 히어로는 최교일 의원이었다. 내가 시도 때도 없이 최 의원에게 전화해서 "고발장을 또 하나 좀 써주셔야 할 것 같아요……"라고,

차마 염치가 없어 기어들어 가는 목소리로 부탁을 하면, 말이 채 끝나기도 전에 "벌써 다 써놨어요"라는 대답이 전화기 저편에서 들려오기 일쑤였다. 척하면 척, 우리는 그렇게 이심전심 완벽한 팀워크로 움직였다.

나라는 두 쪽으로 갈라졌다. 정치권 바깥의 친조국·반조국 모두 각자 총력을 다해 결집했다. 사람 모일 수 있는 옥외 공간은 모두 반으로 쪼개졌다. 광화문 광장에, 서초동 거리에 몇 명이 모였느냐를 놓고도 공방이 오갔다. 한마디로 조국 하나 때문에 나라 꼴이 말이 아니었다.

'조국 법무부'는 서둘렀다. 턱밑까지 닥친 장관 본인에 대한 검찰 수사를 무력화시키기 위해 갖은 방법을 동원하기 시작했다.

가장 먼저 내놓은 것은 '피의 사실 공표'를 금지하는 취지로 법무부 장관 훈령을 개정하는 일이었다. 3년 전 자신들이 최순실 사태와 탄핵 정국을 기획해 박근혜 정부를 무너뜨릴 때 무차별로 휘두른 '수사 내용 공개'라는 여론 무기를, 장관 본인과 가족이 문제가 되자 '피의자 인권'을 내세워 금지하는, 그야말로 '조로남불'의 극치였다.

'어용 지식인' 유시민 노무현재단 이사장은 조국 일가 수사를 '가족 인질극'이라는 자극적인 언어로 폄훼하고, 정경심 교수 컴퓨터 하드디스크를 빼돌리는 증거 인멸이 '증거 보전'이라며 궤변을 늘어놓았다. 나는 "세 치 혀로 국민을 그만 선동하라"고 경고했다.

우리는 거리로 나섰다. 조국 법무부 장관을 끌어내리지 못한다면 대한민국 정치와 대한민국 국민 모두의 수치였다. 조 장관이 휘두를 '못된 칼'을 빼지 못하면 우리 헌법 정신과 법 질서가 무너질 것이었다.

대학생들은 물론 교수들까지 나섰다. 서울대·연세대·고려대 등 주요 대학 학생들이 잇따라 '조국 사퇴'를 외치며 촛불을 들었다. 9월 16일, 황교안 당대표는 청와대 앞에서 삭발하며 항의했다. 같은 날 1,100여 명 교수들의 서명으로 발표된 시국 선언은 사흘 만에 서명자가 3,400명까지 늘어났다. 친 정권 매체들이 한 여론 조사에서조차 조 장관 임명에 반대하는 여론이 우세했다.

말로만 "송구하다"고 할 뿐 조 장관 임명을 후회하지도 않고 철회하지도 않겠다는 문재인 대통령의 오만과 불통은 국민을 더욱 자극했다. 대통령의 지지율이 집권 후 최악 수준으로 떨어져갔다. 여당 내에서조차 금태섭 의원 같은 이들이 '불편한 진실'을 이야기했고, 어김없이 친문 세력의 '좌표 찍기' 린치에 시달렸다.

"문조황나 특검 가자"

어떻게 민심이 그렇게 순식간에 반조·반문으로 돌아설 수 있었을까? 문재인 정권의 거듭된 경제·안보 실정에다 국민을 개·돼지로 보듯 방약무인한 불통·쇼(show)통의 정치로 누적된 피로감이 조국 사태를 만나 임계점을 넘은 것 아니었을까?

그중에서도 사태에 기름을 부은 결정적 계기를 꼽는다면 아마 조 장관의 '용과 붕가개(붕어·가재·개구리)' 발언과 딱 맞아떨어지는 자녀 입시 비리가 아닐까 한다.

우리나라에서 입시 비리는 병역 비리와 함께 국민 정서가 절대로 용납하지 않는 양대 비리다. 그러잖아도 수시 전형과 학생부 등 '비(非) 수능' 입시 전형에 대한 불신이 극에 달하고 〈SKY 캐슬〉이라는 드라마가 많은 사람의 공분 섞인 공감을 사는 상황에서 조 장관 자녀 문제는 순식간에 '정유라 제2탄'이 되어 국민들의 화를 돋웠다. 그것도 남도 아닌 조국, 자칭 진보의 정의의 담론을 독점하다시피 한 조국이 그 엽기적인 '가짜 인생 만들기'의 주역이라니, 막장 드라마가 따로 없었다.

민주당은 정면 승부를 포기하고 '물타기'로 나왔다. 물귀신같이 나의 아들딸을 조국 사태의 구렁텅이에 끌어들이려고 한 것이다. "조국 장관이 문제인 건 인정하는데, 그건 자유한국당도 똑같다. 나경원 봐라" 이런 식이다. 조국 딸의 대학·대학원 입학 특혜에 맞추어 내 딸의 오래전 대학 입학을 들추고, 조국 딸의 의학 논문 제1 저자 표기 문제에 미국에 있는 내 아들의 학회 포스터와 경시대회 입상을 끌어들이고, 조국 아들의 '온라인 대리 시험'을 내 아들의 예일대 입학에 견주었다. 때맞춰 황교안 당대표에 대해서도 아들의 KT 취업과 관련해 나처럼 물타기 공세가 시작되고 있었다.

그 중에서도 단연 압권은 '원정출산' 의혹 제기였다. 그 네 글자를 듣는 순간 나는 헛웃음이 나왔다. 원정출산이라고? 내가? 조국 전 장관의 아들이 이중국적자이기 때문에 난데없이 나와 내 아들에게 원정출산과 이중국적의 의혹을 뒤집어 씌워야 했던 것일까. 박영선·강경화 장관 역시 이중국적 아이를 뒀기 때문에 그에 대한 반발 여론을 무마하기 위해 나에게도 같은 프레임을 걸어야 했던 것일까. 원정출산 허위 의혹마저도 '물타기용'이 아니었나 강한 의심이 든다. 이 책이 나온 직후 즈음에 아들은 입대를 한다. 당연히 누구든 국방의 의무 앞에 예외가 없어야 하겠으나 그럼에도 군에 아들을 보내는 엄마의 마음은 편할 수 없는 것이 사실이다. 그나마 군에 가면 이 혹한의 정치적 외풍으로부터 조금이나마 자유롭지는 않을까 하는 위안을 억지로 찾아보기도 한다.

이런 작전에는 '공식'이 있다. 먼저, 근거 유무 상관없이 의혹을 제기하고 본다. 무늬만 언론인 자칭 '응징 취재' 매체들이 '소설'을 써서 의혹을 확대 재생산한다. 그러면 여당이나 친여 정당 대변인이 이를 받아쓰기해 논평을 낸다. 이어서 관변 시민 단체가 나를 검찰에 고발한다. 고발장 제출 장면이 '○○단체, 나경원 고발'이라는 헤드라인으로 방송과 신문에 나가면, 다시 민주당과 친여 정당들이 "왜 조국만 수사하고 나경원은 수사하지 않느냐?"며 대 검찰 공세에 나선다.

민주당 공관위원까지 지낸 인사는 나를 무려 열세 번에 걸쳐 고발했다. 여권 측 의원들이 집중적으로 '나경원 수사'를 띄우자 급기야 추미애 장관은 사실상의 수사 지시를 내리고, 검찰은 뭐 하나라도 나올 때까지 집요하게 털고 또 터는 기획 수사에 나서는 것이다. 이것은 지금 이 순간에도 '현재진행형'이다.

내 마음이 너무나 아픈 것은 바로 아들에 대한 미안함 때문이다. 우리 아이가 초등학교에 입학했을 때 나는 국회의원에 당선됐다. 쉴 틈 없이 계속되는 정치 일정으로 미처 아이를 더 가까이 돌보지 못하자 교장 선생님마저 나서서 "아이를 차라리 유학 보내는 편이 낫지 않겠냐?"고 말해왔을 정도였다. 그런데 다행히 아들은 독립적인 아이였다. 미국에서 홀로 고등학교를 다니면서 엄마에게 해 온 부탁이라곤 "카드 번호 좀 알려 달라" 정도였다. 대학 입학에 필요한 각종 시험과 대회 출전, 서류 준비 등을 모두 혼자서 준비하고 척척 해냈다. 심지어 등록금 내는 것조차 까먹어버린 엄마에게 아들이 뭘 기댈 수 있었을까. 그런 아들마저 무자비한 공격의 대상이 되는 이 현실이 나에게는 너무나 큰 고통이다.

그러나 나는 결코 굴복하거나 물러설 수는 없다. 나보다 전에 얼마나 많은 보수 정치인들이 이런 집단 테러에 시달린 끝에 용퇴, 백의종군, 명예로운 퇴장이라는 이름으로 백기를 들었던가. 나는 선배들처럼 물러나서는 안 되었다. 조국 사태라는 광풍 앞에서 내가 잘못도 없이 테러에 위축된다는 것은 보수 진영은 물론 대한민국 전체에 죄를 짓는 것이었다. 나는 뻔뻔하리만큼 당당하기로 했다.

9월 21일 토요일, 광화문 광장에서 열린 '문 정권 헌정 유린 중단과 위선자 조국 파면 촉구대회'에서 나는 말했다. 이른바 '문조황나' 특검 제안이다.

> 조국 감싸기를 하다못해 이제 '물타기'입니다. 저보고는 뜬금없이 원정 출산을 했다고 합니다. 맞습니다, 저 원정 출산 했습니다. 부산에 살면서 아기 낳을 때 친정이 있는 서울에 와서 아들 낳았습니다. 그래서 제가 요구합니다. 문재인 대통령 딸과 아들, 조국 장관 딸과 아들, 황교안 대표와 내 딸과 아들, 다 특검 합시다.

민주당은 발칵 뒤집혔다. 문 대통령 자녀 문제까지 함께 파헤치자고 하니 얼마나 당황스러웠을까? "이루어질 수 없는 황당한 제안으로 자신의 아들딸 관련 특혜 의혹을 비켜가려는 새로운 물타기 수법"이라며 특검을 거부했다.

여느 때 같았으면 "어떻게 대통령 자녀까지 건드릴 수 있느냐"며 역풍이 불었을 것이다. 그런데 역으로, 그때 나의 역공이 먹힐 수 있었던 것은 문재인 대통령 자녀가 정말로 문제가 있을 개연성이 그만큼 컸기 때문이다. 어처구니없는 물타기가 결코 아니라는 말이다. 실제로 일부 언론이 대통령 자녀에 대한 의혹을 제기한 상태였다.

우리 당에서는 특히 곽상도 의원이 그야말로 전투적으로 문 대통령 딸 관련 이슈를 집중적으로 파고들어 심상치 않은 의혹을 밝혀냈다. 곽

의원은 심지어 대통령 딸이 거주하는 태국까지, 보좌진이나 다른 사람을 보내지 않고 직접 가서 의혹을 조사하는 열성을 보였다. 곽상도 의원의 활약은 대통령 자녀 문제에만 그치지 않았다. 곽 의원은 우리 당에 포진한 김도읍·최교일·주광덕·정점식 의원 등 율사 출신 의원들과 함께 가히 당의 '주포'라 할 만했다.

법사위원장을 맡은 여상규 의원도 법조계 선배 노릇을 톡톡히 해줬다. 평소 선비 스타일인 그가 법사위 회의를 주재하면서, 조국 후보자를 비호하려 안간힘 쓰는 여당 의원들을 단숨에 제압하는 카리스마에 '저분한테 저런 면이?' 하고 내심 놀랐던 기억이 새롭다. 김경수 경남도지사의 '드루킹 재판'과 관련해서도 판사 출신다운 깊은 통찰을 보여 주었다. 이런 분들이 원내에서 함께했기에 나는 자신감을 갖고 당당하게 전면에 나설 수 있었다.

'문조황나 특검'을 꺼내든 이후 민주당 쪽에서 내 자녀와 황교안 대표 자녀 특검 이야기는 다시 나오지 않았다.

그럼에도 여당은 현실 부정의 자기 최면에서 좀체 빠져나오지 못했다. "한 달 내내 먼지떨이식 수사를 해도 확실한 결과가 없다"는 이해찬 민주당 대표의 발언은 집권 여당과 민심 사이의 심각한 인식의 괴리를 적나라하게 보여주었다. 조 장관 본인의 자택까지 압수수색을 당하는 마당에 "확실한 것이 없다"니, 끝까지 우기면 언젠가는 진실이 되는 수법

그대로였다.

특검으로 바로 갈 생각을 하지 않은 건 아니었다. 검찰 수사 초기이고 조 장관 강행 임명 직후인 9월 10일경 나는 원내 대책회의에서 검찰의 제대로 된 수사를 촉구하면서 "범죄 혐의자인 법무부 장관의 눈치나 보는 검찰이 된다면 스스로 특검의 문을 열어주게 되는 것"이라고 특검 추진을 암시하기도 했다. 당시만 해도 윤석열 검찰과의 구원(舊怨)으로 인한 의구심이 당내에 남아 있던 데다가 정권과 여당이 노골적으로 수사에 간섭하고 있어서, 그것이 검찰의 공정한 수사를 은연중 유도하는 방법이기도 했다. 그러다가 9월 중순을 지나며 검찰 수사에 힘이 붙는 게 눈에 보이자 나도 특검 이야기를 자제하기 시작했다. '현재 검찰 수사'를 지켜보고, 그 결과에 따라 판단하려는 것이었다. 대신에 나는 국정조사 드라이브를 걸었다.

조국 장관은 버티기에 들어가고 검찰 수사도 길어지며 자칫하면 피로감이 올 수도 있겠다고 걱정할 무렵, 조국 사태의 불길을 다시 확 타오르게 하는 사건이 일어났다. 이번에도 조 장관 스스로 둔 악수(惡手)였다.

9월 26일 국회의 대정부 질문. 조국 장관을 불러 세워놓고 우리 당 주광덕 의원이 하는 질문을 듣다가 나는 '헉!' 하며 내 귀를 의심했다.

"지난 (9월) 23일 검찰이 장관 자택 압수수색을 시작할 무렵, 압수수색을 지휘하던 수사팀장 검사에게 장관이 외부에서 휴대전화로 통화를 한 사실이 있습니까?"

정보통으로 정평 있는 주광덕 의원이지만 그런 내밀한 정보를 도대체 어떤 경로를 통해 입수했는지, 벌린 입이 다물어지지 않았다. 짐작건대 정보를 당일이나 하루 전에 입수하지도 않았을 것이다. 압수수색 당일이나 늦어도 다음날까지는 확보해 둔 움직일 수 없는 정보를, 한편으로 취재원을 보호하면서 다른 한편 드라마틱하게 이용할 줄 아는 정치력이 압권이었다. 그야말로 치명타를 날린 것인데, 조 장관의 대답이 기가 막혔다.

"제 처가 놀라서 연락이 왔고, 처의 상태가 안 좋으니 차분하게 해달라고, 배려해 달라고 부탁한 것입니다."

법원의 영장을 발부받아 본인 자택 압수수색에 나선 검사에게, 다른 부처도 아닌 법무부 장관이 신분을 밝히며 전화를 해서 "차분하게, 배려해 달라"니, 이것은 법 위반 여부를 따지기 앞서 명명백백히 부적절한 실력 행사에 해당한다. 보도를 보는 국민은 그런 엄청난 일이 있었다는 데 한 번 놀라고, "뭐가 문제냐"는 식으로 대답하는 장관의 대담함에 두 번 놀랐다.

여당은 예의 '촛불'에 의지했다. 문제의 대정부 질문이 있은 날 이인영 민주당 원내대표는 "이번 주말 10만 명 이상이 촛불을 들고 서초동으로 향한다고 한다"며 사실상 집회 홍보에 나섰다. "제발 좀 모여서 조국 수호를 외쳐달라"고 하소연을 한 것이나 마찬가지다.

그 주말인 9월 28일, 서초동은 조국 수호의 촛불로 뒤덮였다. '제7차

검찰 개혁 촛불 문화제' 참가자들이 같은 시간대 서초구 서리풀 페스티벌 참가자와 뒤섞이면서 여당으로서는 흡족할 만한 시각적 효과도 거두었다. 얼핏 "이렇게 많이?"라는 말이 나올 만도 했다.

그런데 '뻥튀기'가 문제였다. 주최 측 '적폐 청산 연대'가 150만에서 250만 명가량이 모였다고 거짓말을 친 건 그렇다 쳐도, 공당의 원내대표가 그걸 그대로 받아 "어제(28일) 서초동에는 헤아릴 수 없이 너무나 많은 촛불이 다시 켜졌다. (집회 참가자가) 100만이라고도 하고 200만이라고도 한다"고 한 것은 실소를 자아냈다(SBS '생활 인구 데이터' 기반 추산은 13만 7,000명). 서울시 인구의 5분의 1, 대전광역시 인구가 그 도로에 모였다는 허풍이었다.

서초동 조국 수호 집회가 있던 9월 28일 그날 오후 우리 당은 지도부가 대구경북권(황교안 대표), 경남권(나경원 원내대표), 충청권(정용기 정책위의장), 울산(백맹우 사무총장) 등 전국 8개 권역을 나누어 방문해 '문 정권 헌정 유린 중단과 위선자 조국 파면 촉구' 합동 집회를 이끌고 있었다. 나는 서울로 돌아오자마자 서초동 집회의 김을 뺐다.

> 물타기와 감성팔이에 이어 이제는 홍위병 정치로 나섰다. 문 대통령이 분노에 가득 찬 검찰 증오를 드러내자마자 극렬 지지층 총동원령을 내렸다. 가장 타락한 민주주의 정치, 군중 정치로 가고 있다. 마오쩌둥(모택동)과 나치의 수법에 기대보겠다는 것이다.

여당 원내대표가 200만이 모였다고 한다. 옆의 대규모 축제 인원까지 훔쳐서 부풀렸다. 한마디로 판타지 소설급으로 뻥튀기하고 선동하고 있다.

이인영 원내대표가 "그 자리에 함께하지 못한, 국민들의 마음속에 켜진 촛불까지 합치면 2,000만"이라고 맞도발하면서, 그때까지도 광장에 나서는 데 미온적이던 시민들의 가슴에 불을 질렀다. 광장 민주주의의 위험성을 경계해 온 우리 보수 정당이지만, '이미 시작된 싸움, 저렇게 나온다면 물러설 수 없다'고 이를 악무는 국민의 뜻을 우리는 더 거역할 수 없었다. 서초동 뻥튀기는 물론이고 과거의 '탄핵 촛불'도 능가할 만한 집회로 저들의 기를 한번 꺾어줄 필요가 있었다.

결전의 날은 10월 3일 목요일, 개천절이었다.

10월 항쟁

'성공할 수 있을까? 시민들이 과연 나와줄까? 만약에라도 집회가 규모에서 밀려버려 여론이 급반전되면서 조국 사퇴가 물 건너가는 건 아닐까?'

그렇다. 나는 떨고 있었다. 세 번의 지역구 국회의원 선거, 한 번의 서울시장 선거에서 개표 결과를 기다리면서도 정말이지 그렇게 노심초사해 보지는 않은 것 같다. 이른 새벽에 잠에서 깬 나의 영혼은 불안과 기대, 절망과 희망, 공포와 용기 사이를 오가며 어느덧 광화문 한복판에 가 있었다.

조국 수호 세력은 전국 단위의 민주노총과 산하 노련·단위노조들, 각종 시민단체 등 광범위한 외곽 조직을 거느리고 있다. 수십 년 동안 집회로 단련된 몸이라 집요하고 조직적이고 질서정연하고, 세련된 무대에다 연예인들 동원도 쉽다. 그에 비하면 모래알이나 다름없는 대한민국 수호 세력은 국민 개인 한 분 한 분의 참여 의지 말고는 기댈 데가 없었다. 간절히 기도했다.

'제발, 정말 많은 분들이 나와주셔서 일반 국민의 평범한 의지를 보여주기를…….'

연설 원고를 가다듬고 또 가다듬었다. 메시지 하나하나, 문구 하나하나가 청와대를 향해 쏘아올리는 정의의 포탄이 되도록, 국민 한 분 한 분의 열망을 담아내야 했다.

집회는 오후 한 시에 시작할 예정이었다. 오전 열한 시쯤, 광화문 광장에 벌써 수많은 인파가 모이기 시작했다고 보좌진이 알려왔다. 눈물이 핑 돌았다. 집회라면 그동안 우리가 백전백패였는데.

'오늘은 아니다. 그래, 어쩐지 오늘은 기적을 쓸 수 있을 것 같아…….'

나는 희망의 심호흡을 가다듬었다.

점심을 간단히 해결하고 집회 현장으로 향했다. 진작부터 차량 통제가 시작돼 외부 차량은 들어갈 수 없었다. 어렵사리 도착해 차 문을 열고 나온 내 귀에 들리는 우렁찬 함성과 광장을 끝이 안 보이게 메운 인파는 난생 처음 보는 장관이었다. 대형 스크린에 공중 촬영 영상이 비춰지고 있었다. 광화문 광장에서 남쪽으로 광화문 네거리와 덕수궁을 지나 숭례문 너머까지! 왈칵 눈물이 쏟아지며, 그제야 안도의 숨을 내쉴 수 있었다. 빼곡히 들어찬 대한민국 국민의 함성이 고막을 진동시키며 그대로 나의 심장, 나의 영혼의 울림이 되고 있었다.

'저 함성이 청와대를 넘어, 북악산을 넘고 휴전선을 넘어 압제에 시달리는 북녘의 우리 국민들에게도 전해질 수만 있다면…….'

연단에 올라서서 눈으로 보고 귀로 듣는 국민의 외침은 '혁명'의 절규였다. 혁명이되, 체제 전복이 아니라 자유민주주의 수호를 위한 자발적 외침이었다. 나눈 불끈 쥔 주먹을 쳐들었다.

> 국민 여러분! 지난번 서초동 대검찰청 앞에서 시위하는 것을 보셨죠? 200만 맞습니까? 그들이 200만이면 오늘 우리는 2,000만은 왔겠습니다, 여러분!

시작부터 나는 승리를 선언했다. 우리의 압승을, 국민의 압승을 소리 높여 외쳤다. 연설할 때는 시종 웃으면서 했지만 마음속으로는 차올라 오는 눈물을 막느라 애를 먹었다. 마음 같아서는 "국민 여러분! 우리, 너

2019년 10월 3일, '문재인 정권의 헌정 유린 중단과 위선자 조국 파면 촉구 광화문 규탄대회'. 9일 한글날에도 이어진 위대한 국민의 외침을 나는 '10월 항쟁'이라 규정했다.

무 힘들지요?"라고 말하며 같이 주저앉아 펑펑 울고 싶었다. 도대체 조국이라는 일개 장관이 뭐길래, 얼마나 대단하고 이 정권에 소중하길래, 그 한 명을 끌어내려 보겠다고 우리가 이렇게 전국에서 모여 투쟁해야 하는 것인가? 함께한 국민들도 모두 울고 있었을 것이다. 그 울분을 포효로 표출하는 국민들의 위대함에 나는 전율과도 같은 경외감을 느꼈다.

연설과 공식 행사가 다 끝나고 나는 연단 아래로 걸어내려가, 현장을 떠날 생각을 하지 않고 있는 국민 한 분 한 분과 손을 맞잡으며 고개 숙여 경의를 표했다. 우리는 어느새 정부 서울청사 앞에서 세종문화회관 쪽으로 한 덩어리가 되어 걸어가고 있었다. 한 걸음 내딛기조차 힘들 정도로 꽉 찬 인파 속에서 자칫하면 위험할 수도 있는 행동이었으나, 그렇게라도 국민 한 분 한 분을 안아드리고 싶었다. 그렇게 새문안교회 근처까지 가는 데만 두 시간이 족히 걸렸다. 울먹이며 "제발 이 나라를 좀 살려달라"고 애원하는 분들, "절대 위축되지 말아라! 우리 국민이 있다!"고 격려해 주는 목소리들이 주변에서 끊이지 않고 들려왔다. 겉으로는 씩씩하게 웃으며 화답했지만 난 속으로 울고 있었다. 위대한 국민 앞에 아직 너무 부족한 우리 당, 그리고 나 자신이 부끄러웠다.

민주당은 뒤집어졌다. "군중의 많고 적음은 본질이 아니다"라는 논평을 냈다. 패배를 인정한 것이다.

다음날인 4일 아침, 나는 기세를 몰아 민주당을 난타했다.

서초동 200만 선동을 판판이 깨부수고, 한 줌도 안 되는 조국 수호 세력의 기를 눌렀다.

10월 3일에 이어 9일 한글날 집회도 마찬가지 장관을 연출했다. 몇십 년 동안 광장을 독점해 온 저들을 보기 좋게 굴복시킨 잇따른 쾌거를 어떻게 규정해야 할까? 문재인 정권의 폭주를 저지하고 정국을 완전히 전환시키는 분수령과 같은 이 시국을 무어라 부를까? 역사적으로 수긍이 가고 정치적으로 의미 있는 좋은 말이 없을까…….

10월 10일 최고의원회의에서 나는 '항쟁'이란 단어를 꺼내들었다.

광화문 집회는 다시 한 번 우리에게 기적과 경이로움을 보여주었다. 대한민국 국민의 저력과 민심의 무서움을 보여준 '자유민주주의의 축제'였다. '10월 항쟁'이었다.

우리는 이번 기회를 통해 확인할 수 있게 되었다. '나는 혼자가 아니다. 나는 결코 외롭지 않다. 이제는 눈치 보지 말고, 당당하게 외칠 수 있다'는 것을 서로의 강한 의지를 느끼며 확인할 수 있는 계기가 되었다.

나는 이제 대한민국 모든 국민들께 말씀드리고 싶다.

'쫄지 말자.'

세무 조사가 두려웠을 자영업자와 기업인들,

서울 광화문을 비롯해 전국 주요 도심에서 연설할 기회가 유독 많았던 한 해였다. 그만큼 대한민국은 분열과 갈등으로 치닫고 있었다. 사진은 패스트트랙 투쟁이 한창이던 4월 27일 광화문 집회 연설. 찬반 논란을 떠나 당의 지지자들을 직접 현장에서 만날 수 있었던 것은 소중한 경험이자 기회였다. ⓒ뉴시스

학교에서 손가락질 당하고 취업 길 막힐까 봐 망설이던 우리 학생들,
청산과 보복과 장악의 쓰나미에 휩쓸려 가는 사법부를 바라보며 탄식하던 양심의 법관들,
대놓고 조직을 무력화시키겠다는 대통령과 정권의 협박 앞에 속수무책이었던 대한민국 검사들,
그 밖에 친문 좌파 독점 아래 신음하던 문화예술인, 각계 전문가, 학

계, 공무원, 그리고 언론인 등,

대한민국 국민 모두 더 이상 쫄지 않아도 된다.

2011년 서울시장 보궐선거 때 상대편 일당이 나를 사정없이 난도질하며 한 말이 '쫄지 말자'였다. 바로 이 말을 내가 하고 싶었다. 되돌려주고 싶었다.

'쫄지 말자. 우린 반드시 이길 것이다.'

자유한국당을 믿고 지지하는 분들을 이렇게 응원해 주고 싶었다.

10월 14일, 조국 법무부 장관이 결국 35일 만에 사의를 표명했다. 국회의 법무부 국정감사 하루 전이었다. 나는 큰 숨을 몰아 내쉬었다. 후련하다기엔 찐득했고 안타깝다기엔 상쾌한, 갖가지 복합적인 감정들이 한꺼번에 몰려왔다. 한편으론 그가 측은하기도 했다.

'도대체 왜?'

왜 진작 그 자리에서 내려오지 않았는가? 왜 나라를 이 지경까지 만들어야 했는가? 씁쓸함이 아랫배에서부터 밀려올라왔다.

그해 10월 국민들을 광화문으로 이끈 힘은 무엇이었을까? 그것은 대한민국의 가치가 처참하게 무너지는 것을 그냥 두고만 볼 수 없다는 안타까움과 분노였다. 더 좋은 대한민국을 만들자는 소망, 힘을 합치면 할 수 있다는 믿음이었다. 모래알 시민을 콘크리트처럼 단단하게 만드는 물과 시멘트 역할, 그것이 정당과 정치 지도자가 할 일이라는 것을 새삼 깨달을 수 있었다.

조국 장관 사퇴 후 두 달 넘게 공석이던 법무부 장관에는 해를 넘겨 2020년 1월 2일, 추미애 전 민주당 대표가 임명되었다. 문재인 정권의 '검찰 개혁'의 본질을 적나라하게 보여주는 인사였다. 이어 1월 14일 문재인 대통령은 신년사에서 떠난 조국에게 "크게 마음의 빚을 졌다"고 말해, 그동안 정권의 온갖 독선과 탈선의 '몸통'이 대통령 자신임을 고백했다. 이 책 원고를 정리하는 2020년 9월 현재는 후임 추미애 법무부 장관이 아들 군 휴가와 딸 유학 비자 문제에 '엄마 찬스'를 쓴 의혹으로 1년 전 조국 사태의 판박이가 돼있다. 추 장관을 결사 옹위하는 측에서 어김없이 다시 내 딸 수사 얘기를 들먹이고 있는 것을 보며 헛웃음밖에 나오지 않는다. 차디차게 식어버린 재를 불어봤자 재나 뒤집어쓸 텐데.

서울대, 386, 운동권

'똥파리' 82학번, 나중에는 '386'이라 불리게 되는 서울법대 동기. 함께 한 별다른 추억이나 일화는 없지만 조국과 나는 학부와 석사과정을 같이 다녔다. 은사이신 최종고 교수님이 낸 『서울법대 시대』라는 책을 보면 대학원생 여럿이 교정에서 교수님을 모시고 찍은 사진 중에 조국과 내가 함께 나온 것도 있다.

대학 시절 조국 전 장관의 별명은 알려진 대로 '입 큰 개구리'였다. 그는 다소 천진난만한 캐릭터의 소유자였다. 학생식당에서 학우들끼리 밥을 먹고 있는데 불쑥 나타나 혼자서 뭐라 뭐라 중얼거리다 이내 사라져서 피식 하게 만드는 싱거운 남학생이기도 했다. 동기들보다 어려서일까, 좋게 보면 열정 넘치고 호기심 많고, 사회의 때가 전혀 묻지 않은 느낌이기도 했다.

그런데 사회에 나와 활동하다 보니 나와 조국이란 사람은 참 많은 부분에서 생각과 지향점이 다르다는 것을 느낄 수 있었다. 그렇다고 그를 딱히 멀리하지는 않았다. 내가 초선 때 형사법적 인권을 다루는 토론회에 형법학 교수인 그를 토론자로 섭외하기도 했으니, 진영은 달라도 나름의 인연은 이어온 셈이다. 그러다 그가 나에게 깊은 섭섭함을 안겨준 게 바로 2011년 서울시장 보궐선거 때다. 그가 나를 (오세훈에서 나경원으로) "수장의 성별만 바뀌었다"는 등의 말로 공개 비판하며 참으로 열심히도 박원순 후보를 돕고 나선 것이다.

보궐선거 패배 이듬해 총선에 나가지 않고 야인으로 돌아간 내가 한창 스페셜올림픽코리아(SOK) 활동에 여념이 없던 어느 날, 조국 교수 집안 어른의 부고를 접하게 되었다. 빈소가 강남성모병원이었던 것으로 어렴풋이 기억나는데, 내가 빈소에 들어서자 조 교수가 설마 내가 올 줄은 상상도 못 했다는 듯 흠칫 놀란 표정으로 나를 맞았다. 우리가 각자 다른 길을 걷고 반대되는 진영에 속해 있을지라도 그런 인간적 도리에 대해서는 정치를 굳이 개입시키고 싶지 않았던 것 같다.

조국의 『진보 집권 플랜』(오연호 공저, 2010)이 구상한 그대로는 아니었지만 문재인 일파는 9년여 만에 정권을 탈환했고, 조국은 마치 각본에 써 있기라도 했던 것처럼 문 정권의 초대 민정수석이 되었다. 말도 많고 탈도 많은 수석 시절은 그러나 '법무부 장관 35일'에 비하면 그런 대로 평온한 날들이었다. 그 조국 한 사람 때문에 온 나라가 두 패로 갈려 대치한 것도 기가 막히지만, 나를 포함해 오랫동안 대학을 함께 다니며 그를 막연히 '나이스한 동기' 정도로만 알던 사람들은 뒤늦게 드러난 그의 모습에 안타까움을 금치 못했다. 대통령까지도 한 번 해보겠다는 친구가 왜 그랬을까...

30여 년 전 관악 캠퍼스의 풋풋했던 '대학생 나경원'을 떠올려 본다. 대학생인 나는 어떤 모습이었을까? 어떤 사색, 어떤 고민에 사로잡혀 있었을까?

'1980년 5월'에서 겨우 두 해가 지난 1982년의 봄, 게다가 관악으로 옮긴 지 겨우 8년 된 캠퍼스는 황량했다. 정권의 정통성에 대해 운동권이든 아니든 대학생이라면 많건 적건 의구심을 가지는 분위기여서 봄이 마냥 봄이 아니었다.

사복 차림의 전·의경들과 함께 등하교하면서, 동기들 중에도 일찍부터 학내에서 최루탄에 '짱돌'로 맞서는 이들이 있었다. 많은 동기들이 학연이나 교우 관계를 매개로 학기 초부터 '언더'에 합류했고, 나도 심심찮게 여러 군데서 권유를 받으며 고민도 있었다.

그런데 갓 스물 나이에 일찌감치 운동권에 실망이랄까, 거부감을 갖게 된 것은 학교 성적이나 세속적 성공에 대한 욕구도, 딸의 장래를 염려하는 부모님의 조언 때문도 아니었다. '이건 아닌데……' 하는 의심의 씨앗을 심어준 것은 바로, 갓 입학하고 1학년 1학기 때 따라간 MT였다.

당시 학과나 단과대학별로 갖는 MT는 의식화 교육의 연장이었다. 후배들 제대로 한번 가르쳐 보겠다는 의욕으로 충만한 2~3학년들이 1학년을 반별로 맡아 가진 토론 자리에서, 선배들은 '고민'과 '치열함'을 강조했다. 그러나 말이 토론이지 정작 '토론'은 허용되지 않는 분위기를 나는 받아들이기 힘들었다. 더 놀라운 것은 나와 같은 1학년 상당수가 '토론 없음, 이의 불가' 분위기에 별다른 이의를 제기하지 않는 모습이었다. 그럴 만한 분위기가 애당초 아니었으니 누구 한 명 선뜻 나서기 어려웠을 것이다.

학교로 돌아와 어느 날 도서관 앞을 지나다 마주친 선배 하나가 "어떻게 법과대학 여학생이 치마를 입고 다닐 수 있나? 사회에 대한 고민이 부족하다"고 했다. 아니, 고민이랑 치마가 무슨 상관이지? 이런 비슷한 걸로 그전에 이미 몇 차례 혼란을 겪어본 나는 그날 처음이자 마지막으로 선배들에게 대들었다. “맨날 고민을 말하고 치열함을 말하는데, 어떤 생각이 맞는지 치열하게 토론은 왜 안 하느냐”고 따졌다. 격론이 벌어졌지만 형식뿐이었다. 답은 정해져 있었고 우리에게는 그 답에 따르는 외에 다른 길이 없었다. 격론이란, 내가 언성을 낮추지 않았고 적잖은 동기들도 “나경원이 말이 맞는 것 같다”며 거들었기 때문이었다. 그중엔 지금 이름을 대면 알만 한 사람들도 몇 있다.

‘그들이 민주와 정의를 독점했다.’

이게 그때 내가 아주 잠깐 직접 겪어본 운동권의 반민주적인 민낯이다. 살아오며 나와 비슷한 대학 초년 경험을 토로하는 사람들을 많이 보았다. 사실 그 민낯을 확인하는 데는 아주 잠깐의 경험이면 충분할 것이다.

그럼에도 그 시절 ‘투쟁’은 높이 살 만한 행위였다. 시위 때 바로 옆에서 함께 스크럼을 짰던 사람이 으슥한 뒷길에서 “잡았다!” 하며 뒤에서 허리를 감아 안았다거나, 교문을 나서는데 두 사람이 느닷없이 좌우 한 쪽씩 팔짱을 끼며 “가자!” 하더라는 경험담이 난무하던 시절이다. 누군가 한동안 안 보인다 싶으면 군대에 가있다거나 잡혀가서 고문을 당하고 감옥에 가있더라는 이야기도 심심치 않게 들려왔다. 실제 나는 그 당시 87년 헌법 개정을 이끌어 낸 희생과 노력을 절대 부정할 생각이 없으며, 그 역시 우리 역사를 한 발자국 앞으로 끌고 간 동력이었다고 생각한다.

문제는 그 위험이 누군가에게는 훈장을 달아 주었다는 것이다. 대학생 안에서 ‘훈장을 이미 단 사람’ ‘장차 달지도 모르는 사람’ ‘그냥 보통

대학생'으로 계급화가 이루어지는 식이었다. 운동권 학생 앞에서 운동권 아닌 학생들은 이유 없는 열등감에 사로잡히며 위축되었다. 남들도 납득할 만한 사정이나 가정사 등으로 운동에 동참할 수 없는 사람들도 틀림없이 있었을 텐데, 그들조차 실체 없는 죄의식 같은 것을 느껴야 했다.

2010년 지방선거 때 한나라당 서울시장 후보 경선에서 나와 후보 단일화를 이뤘던 원희룡 제주도지사도 대학 동기다. 그는 대입 학력고사 전국 수석답게 첫 학기에도 완벽한 학점을 받았다. 그런 원희룡을 선배들은 "넌 이기적이야" "운동 같은 거 안 할 거야"라며 놀리곤 했다. 그 원희룡은 지금 나와 함께 보수 정치인의 길을 걷고 있다.

동기 중 운동권이라면 '강철 서신'의 김영환도 빼놓을 수 없다. '주사파 대부'로까지 불리던 김영환은 막상 김일성을 만나고 돌아온 후에 북한 인권 운동가로 변신했다. 그는 2020년 9월 한 인터뷰에서, "학교 때 시위 현장에서 조국 봤다는 말 못 들었다. 운동권이라면 6두품에도 못 들어간다"고 했다. 실제로 조국은 막상 대학 때는 운동권으로 분류되는 인물도 아니었고, 지명도에서는 원희룡에, 파급력에서는 김영환에 비할 바가 못 됐다. 박사과정 마치고 울산대 교수 때 '사노맹 사건'에 엮인 게 오히려 생뚱맞았달까? 그 조국만 바른 길로 돌아오지 않았다. 아니, 반대쪽으로 더 멀리 갔다.

10·26과 '광주' 직후인 1980년대 운동권의 아우라는 40년 가까운 세월이 흐른 지금까지도 위력을 발휘하고 있다. 그때에 비하면 우리 사회

는 민주화와 탈권위주의가 돼도 한참 됐다. 그럼에도 우리 때 운동권 출신들은 여전히 '민주 투사'라는 시대에 어울리지 않는 완장을 차고, 자기들과 노선을 함께하지 않는 이들을 도덕적으로 천박한 계층으로 깎아내리고 있다. 1982년 대학 1학년 때 목격하고 느낀 윽박지르는 분위기가 지금도 지속되고 있다는 생각을 지우기 어렵다.

그 운동권 출신들이, 몸은 21세기 강남에 살면서 머리는 1970~80년대 캠퍼스와 공단과 농활 현장에 머물러 있는 이율배반적인 모습으로 사회 전 영역에서 권력을 손에 쥐고 '주류 교체'를 외치고 있다. 그 신주류의 몸통이 바로 문재인 정권이다. 2018년 연말 문재인 대통령이 성탄절 메시지로 박노해의 「그 겨울의 시」를 인용한 것은 그들의 머리와 가슴이 시대를 따라 성장하지 못하고 스무 살 시절 산업화 시대의 언저리를 아직도 방황하고 있음을 여실히 보여주었다.

우리 때 대학은 '의식'을 선진화시키는 훈련보다 '의식화'에 매몰돼 있었던 것은 아닌지 반성해 본다. 장차 사회를 이끌어 갈 엘리트다운 소양과 의식을 키우는 노력이 '민주화'라는 시대적 요청의 뒷전으로 밀려버린 것은 아니었을까?

그럼에도 "토론은 어디 있느냐?"며 눈 치켜뜨고 선배에게 대들었던 '1학년 나경원'의 모습은 돌이켜봐도 제법 대견스럽다. 나와 운동권의 정치적 대결은 어쩌면 그때 시작된 건지도 모르겠다. '86 세대' 운동권의 '학내 기득권'이 '대한민국 기득권'으로 굳어가는 이 시점에서 내가 해야 할 일이 무엇인지, 조국 사태를 겪고 40년 전을 돌이켜보며 더욱 또렷하게 직시할 수 있었다.

최근 민주화 운동가 자녀에 대한 대학 특례입학 전형이 또 다른 반발과 논란을 일으키고 있다. 민주화 운동 경력이 기득권화되는 것을 넘어 그것이 '세습'의 수단으로까지 변질되는 것은 분명 많은 국민들에게 실망을 안겨주고 있다.

2019~20년 캠퍼스에 김정은을 패러디해 문재인 대통령을 비판하는 등의 대자보가 '(우파) 전대협' '트루스 포럼' 등의 이름으로 나붙는가 하면, 2020년 상반기 서울대 '부끄러운 동문' 투표에서 조국·유시민·이해찬 동문이 나란히 1~3위를 차지했다는 소식이다. 무려 90퍼센트 몰표를 받은 조국은 전년에 이어 1등을 2연패하는 기염을 토했다. 아, 나도 윤석열 검찰총장과 함께 부끄러운 동문 후보 13명에 들었다. 우리 둘 다 부끄럽게도 1퍼센트 미만의 초라한 성적표를 받았지만.

이인영(1기)·임종석(3기)의 전대협 시절 대학가에서라면 상상도 못 할 일들이 대학에서 일어나고 있다. 깨어있는 대학생들이 목소리를 낼 수 있고, 내고 있다는 데서 대한민국의 희망을 본다.

11

조국 복수 혈전

2019년 10월 14일 조국 법무부 장관의 사퇴는 정치권의 공기를 일순간 차갑게 얼어붙게 만들었다. 두 달 가까이 대한민국을 뒤흔든 조국 사태의 종료는 조국 사퇴를 외친 우리의 승리였지만, 승리감보다는 뜻밖에 큰 공허함을 안겨줬다.

'조국의 빈자리가 이렇게 클 줄이야…….'

그 짧은 기간에 우리 정치가 얼마나 한심한 수준까지 떨어졌는지, 한숨이 나왔다.

나는 우선, 인사 참사와 국론 분열의 책임을 지고 노영민 비서실장과 이해찬 민주당 대표가 사퇴할 것을 촉구했다. 그것이 조국 법무장관 임명이라는 최악의 수를 둔 것을 반성하고 국민들에게 사죄하는 최소한의 조치라고 여겼다.

그러나 단순히 조국 장관 한 명 사퇴시키고자 시작한 항쟁이 아니었다. '조국을 양보했으니 이제 잦아들겠지?'라고 생각했다면 그것은 오판이고 환상이었다. 광장에 모여든 노도와 같은 민심은 장관 한 명 물러난다고 해서 달래질 수 있는 것이 아니었다. 조국 장관의 사퇴는 사필귀정, 당연한 수순인 것이고, 10월 항쟁의 강렬한 목소리가 그보다 더 근본적으로 원하는 것이 따로 있었다. 바로 문재인 정권의 오만을 심판하고, 공수처와 연동형 비례제를 골자로 하는 권력 독점의 야욕을 꺾는 것이었다. 두 법안의 패스트트랙 상정부터 반드시 철회시켜야만 했다.

그러나 문재인 대통령과 정권은 쉽사리 고집을 꺾지 않았다. 제2, 제3의 조국이 등장할 가능성이 농후했다. 아니, 오히려 '더 센 선수'를 등판시켜 복수 혈전을 펼칠지도 모를 일이었다(실제 추미애 장관 임명으로 현실이 되었다).

'특특특' 특수부

조국 사태에서 사실상 백기 투항한 정권과 여당은 그 분풀이로 공수처와 연동형 비례제 통과에 열을 올리기 시작했다. 입이 마르도록 칭찬하며 출범시켰던 윤석열 검찰이 '살아있는 권력'을 수사하는 데 대한 분노와 적개심도 여당의 복수 의지를 불타오르게 했다. 민주당은 4월의 폭거로 패스트트랙에 태운 공수처 카드를 꺼내들고, 남은 2019년을 '검찰개혁' 정국으로 몰아가겠다는 의지를 분명히 했다.

사실 '조국 진퇴' 공방은 껍데기에 불과한 것이었다. 조국 법무부 장관 임명은 결국은 '주류 교체와 50년 집권'을 위한 전략적 무기인 공수처를 출범시킬 마중물이었다. 조국은 갔어도 그들에게는 해야 할 일이 남아 있었다. 본격적으로 '힘의 정치'를 시작할 기세였다.

우리는 방어 태세로 모드를 급히 전환했다. 연말까지 남은 두 달여 시간에 공수처법과 연동형 비례제 선거법의 패스트트랙 처리를 막는 것이 나의 제일 중요한 임무였다.

문제는 여론이었다. 조국 사태 때는 국민 대다수가 조국 장관에게 문제가 있다고 생각했고, 형사 유무죄를 떠나 '이 정도면 장관직에서는 물러나야 되는 것 아닌가' 하는 폭넓은 공감대가 있었다. 그러나 공수처와 연동형 비례제는 조금 달랐다. 무엇보다 민생이나 도덕성과 직결되는 이슈가 아니어서 일반 국민들이 깊이 관심을 가지고 문제를 체감할 수 없었다.

연동형 비례제가 그나마 조금 상황이 나았다. '선거구와 선거제 개정은 국회의원들 밥그릇 싸움'이라는 선입견이 팽배한 상태에서 야당과 합의 없이 여당이 의석수로 밀어붙여 선거법을 바꾸었다간 역풍을 맞을 수도 있었다.

공수처는 달랐다. '검찰 개혁'에 반대할 사람이 어디 있을까? '부패한 고위 공직자'를 수사할 기관을 만든다는 데 반대할 사람이 어디 있을까? 검찰 개혁을 명분으로 한 공수처 설치 드라이브는 이름부터 점수 따고 들어가는 '상징의 정치'였다. 따라서 공수처를 저지하려면 국민들에게 공수처의 위험성을 알리는 일이 제일 급한 과제였다.

나는 공수처를 조국 사태와 엮어, 공수처를 만들려는 문재인 정권의 '의도'를 공격하는 데 포커스를 맞췄다. "여당의 공수처 집착은 공수처 없이는 이 정권 최후가 끔찍하기 때문"이라며 포문을 열고, 조국 전 장관과 윤석열 검찰총장을 대비시키며 "있는 죄를 덮고, 없는 죄를 만들겠다는 속셈"이라고 비판했다. 공수처를 검찰 특수부에 빗대 '특특특특수부'라 지칭하고, "산성비 내린 뒤처럼 여기저기 뿌려진 조국 잔재를 청산하는 것이야말로 진정한 검찰 개혁의 첫 단추"라면서 '조국표 검찰 개혁'을 막으려고 애썼다. 문재인 정권의 공수처에 목을 매는 것은 바로 지나간 조국 사태 같은 것을 은폐하고 검찰 수사를 무력화시키기 위한 것이라는 점을 널리 알리고 싶었다.

미미하지만 여론 조사에서 공수처 반대 여론이 조금씩 상승하는 것을 보면서 조금씩 희망도 가질 수 있었다. 그렇게 12월까지만 버티면 연초부터는 총선 정국으로 들어설 것이고, 공수처와 연동형 비례제 법안 통과를 어떻게든 막을 수 있지 않을까 하는 한 가닥 희망을 놓지 않았다.

신상필벌

'조국 정국'이 막판 파열음을 강하게 내며 정국을 얼어붙게 하는 와중에도 어쨌든 협상 마라톤은 계속 이어지고 있었다. 우리 3당은 물밑으로 협상의 끈을 아주 놓지 않고 있었다. 원내대표들 외에 몇몇 의원들 사이에도 비공식 라인이 가동되고 있었다.

협상은 기브 앤드 테이크다. 절대로 포기해서는 안 되는 것이 있다면 그것을 지키기 위해 무엇을 내주어야 하는지, 고민의 시간이 깊어가고 있었다. 범여권에서는 "더 이상 기다려줄 수 없다"며 이인영 민주당 원내대표를 강하게 압박하고 있었고, 나는 나대로 시간에 쫓기면서 출구 전략을 고민하지 않을 수 없었다.

우리 당은 10월 19일 또 한 차례의 대규모 장외 집회를 열기로 했는데, 내부에서 집회 피로감이 극에 달해 있었다. 각 지역 당협위원장들의 금전적, 체력적 부담도 한계를 넘은 지 오래였다. 나와 일부 의원들은 집회를 좀 쉬거나 열지 않는 것이 어떻겠냐는 의견을 내기도 했지만 당의 방침을 바꾸기에는 역부족이었다. '조국 대전'의 열기를 당 지지층 결집과 여론전으로 연결시켜서 이어가겠다는 의욕이 당내에서 더 지배적이었던 것이다. 그러나 이미 우리 당은 지칠 대로 지쳤고, 그러던 중 10월 하순에 '사고 아닌 사고'가 터졌다. 이른바 '패스트트랙 가산점'과 '조국 사태 표창장' 논란이다.

10월 22일, 우리 당 의원총회 날이었다. 그 자리에서 나는 조국 사태 때 우리 당에서 큰 역할을 한 의원들과 외부 인사들에게 표창장과 함께 약간의 수고비를 수여했다. 주로 '조국 TF'와 법사위 위원들의 노고를 치하하는 성격이었다. 그런데 일부 언론이 이것을 두고 "자유한국당이 자화자찬에 빠졌다"는 식의 기사를 내보내기 시작했다.

이날 나의 '패스트트랙 가산점' 발언도 논란을 증폭시켰다. 내가 지난 4월의 패스트트랙 충돌로 기소된 우리 당 의원들에게 다가올 총선에서 공천 가산점을 주자고 황교안 대표에게 건의한 일이 언론에 유출된 것이었다. 두 가지 이슈가 한데 맞물려 언론 지면을 도배하면서 나를 향한 비난의 목소리가 커졌다.

진실은 이렇다. 우선 '패트 가산점'은 내가 황교안 대표에게 직접 건의한 게 사실이다. 황 대표도 이견을 보이지 않아 내가 비로소 비공개 의원총회에서 의원들에게 그 뜻을 전달한 것이다. 그리고 공천 가산점 부여는 지금 다시 돌이켜봐도 전혀 문제될 것 없는, 당으로서 지극히 당연한 조치다.

당을 지키고 자유민주주의를 지키기 위해 몸을 던지고 형사 처벌까지도 불사한 의원들에게 그 정도 보상도 해주지 못한단 말인가? 이것은 신상필벌의 기본이다. 상과 벌의 내용이 중요한 게 아니라, 잘한 일은 반드시 인정해 주고 잘못한 일엔 반드시 제재를 가한다는 그 믿음이 사람의 마음을 잡는 것이다.

신상필벌이 제대로 되지 않는 문화, 적당히 눈치 보고 뒤에서 내부 총질을 해도 이미지 잘 만들고 '줄'을 잘 잡으면 또 공천을 받고 다선 중진 의원이 될 수 있는 문화는 우리 자유한국당의 고질병과도 같은 것이었다. 실제로 패스트트랙 사태로 기소된 의원들 중에는 "형사상 기소된 후보자에게는 공천을 하지 않는다"는 당헌 당규가 다가올 총선에서 발목을 잡지 않을까 걱정하는 이도 있었다. 이 불안을 당에서 선제적으로 해소해 줘야 했다.

조국 사태 표창장도 그 연장선상에서 추진한 일이었다. 나라의 명운과 당의 입지를 위해 앞장선 의원들과 원외 당협위원장들의 공로를 어떤 형태로든 치하해야 했다고 생각한다. 다만, 표창장 수여식을 비공개 의원총회에서 했더라면 불필요한 오해는 줄일 수 있지 않았을까 하는 아쉬움은 있다. 신상필벌을 제대로 해야겠다는 의지가 앞섰던 것 아닌가 싶다.

신상필벌 하면 한나라당 때인 지난 2011년 서울시장 보궐선거를 잊을 수 없다.

2011년 8월, 서울시 '무상 급식 조례안'의 주민투표가 투표율 미달로 개표가 무산되며 오세훈 시장이 사퇴함으로써 갑작스럽게 보궐선거가 열리게 됐다.

잘 알려졌다시피 처음엔 당내에 선뜻 나서려는 주자가 없었다. 우리 당 소속 시장의 사퇴로 인한 보궐선거라 출발부터가 불리한 데다, 당시 이명박 정부에 대한 일부의 피로감과 정권 심판론이 제법 무르익은 시점이었기 때문이다. 설상가상으로 안철수 교수가 나오기만 한다면 당선은 떼놓은 당상이라고 할 정도로 '안풍(安風)'이 거세더니, 그 안 교수의 '포옹' 한 번으로 단숨에 야권 단일 후보로 올라선 박원순 변호사의 지지율이 가파른 성장세를 보이고 있었다. 5% 지지율의 박원순 변호사는 금세 45%의 유력 후보로 올라서 있었다.

우리 당 소속 시장의 사퇴로 실시되는 보선이라 우리 당의 패배는 기정사실이나 다름없었다. 문제는 얼마나 잘 싸우고 지느냐였다. 질 싸움이라고 지레 포기해서 참패라도 하면 다음해 총선과 대선까지 영향을 받을 터였다. 어떻게 하면 잘 질 수 있을까, 그게 우리의 고민이었다. 당내 일각에서 '나경원 비토론'이 이는 가운데, "나경원 아니면 선거가 안 된다"며 나의 의지와 상관없이 '나경원 차출론'도 힘을 얻어 가고 있었다. 그러나 당에서 전폭적으로 지원해 줄 것 같지도 않은 '독박 선거'라니, 리스크가 너무 컸다.

그러던 중 홍준표 당대표로부터 갑자기 만나자는 연락이 왔다. 꽤 근사한 호텔 식당에서 만나자고 했다. 참 그분답지 않은 장소와 식단이긴 하다. 홍 대표는 나에게 서울시장 보선에 출마하라고, 읍소에 가깝게 강하게 설득했다. 얼마 전까지 나경원 비토론에 편승했던 그가 갑자기 태도를 바꾼 게 어리둥절했지만, 이렇다 할 주자를 찾지 못하고 있었으니 홍 대표에게도 더 이상의 대안이 없었을 것이다. 홍 대표와 나와의 어쩌면 거의 유일한 접점, '당과 대한민국에 대한 걱정' 앞에서 마냥 버틸 수만도 없었다. 결국 나는 서울시장 선거에 도전하기로 결심했다.

2011년 9월 23일 출사표를 던지고, 나흘 뒤 경선 없이 한나라당 후보로 확정된 나는 10월 26일 선거까지 한 달여간의 레이스를 거의 혼자 짊어지고 가야만 했다. 선거 자금이 부족해서 차입금까지 가져다 써야 했다. '나는 꼼수다' 같은 좌파 매체의 악랄한 마녀사냥에 나의 삶 자체가 무너져내리는 듯한 가운데서도 나는 꿋꿋이 레이스를 완주했다.

여론 조사는 박원순 후보의 압승을 예상했으나 결과는 46 대 53, 비록 졌지만 예상을 크게 뛰어넘은 선전이었다. 일각에선 "여성 서울시장 나왔으면 내년 여성 대통령은 물 건너갈 뻔했다"는, 나름 안도의 소리도 들렸다. 아무튼 그 '서울 46퍼센트'로 힘을 제대로 받은 우리 새누리당은 이듬해 2012년 총선과 대선에서 연승하며 정권 재창출에 성공했다. 나는 소임을 다했고, 보궐선거는 무늬만 패배일 뿐 실질은 성공이었다.

도전은 이번에도 나를 성장시켰다. 키가 한 뼘은 큰 느낌이랄까? 선거 공약과 비전을 준비하느라 거대 도시 서울의 시정(市政)과 시정(市井)을 현미경으로 보듯 샅샅이 들여다보고 훑고 다닌 경험은 서울에 지역구를 둔 나의 정치 역정에 더없이 소중한 자양분이 되어주었으니 나로서는 고마운 경험이었다.

그러나 패배 뒤엔 어김없이 '책임론'이라는 역풍이 따르는 것이 냉혹한 현실이었다. 그렇게 당의 총알받이처럼 쓰이고, 그 희생마저도 탐욕으로 매도되는 것에 엄청난 울분을 느꼈다. '신상(信賞)'은 없고 '필벌'만 있는 이 비겁한 보수 정당의 정치 풍토를 언젠가 뜯어고치고야 말리라 전의를 다졌다. 그때의 결심이 7년 뒤 나의 원내대표 임기 1년을 지배했다고 해도 과언이 아니다.

앞서 장외 투쟁에서 민주당과 우리 당의 '조직화' 역량 차이를 언급했다. 보수 정당이 길거리 동원에 취약한 것은 세계 공통이라지만, 우리 당은 원내에서조차 조직화에 취약하다는 해묵은 과제 하나를 안고 있었다. 국회 상임위만 보아도 우리 당 의원들의 출석률이 전반적으로 낮고, 각종 산하기관이나 유관단체, 사회단체가 주최하는 외부 행사에 참석하는 데도 대체로 미온적이라는 평가를 받는다. 민주당만 해도 상임위 출석을 점수화해 관리해서 그 성적이 차기 공천까지 반영되는 시스템이 정착해 있다. 그런 시스템이 없는 우리 당에서 '차기'를 보장해 주는 것은 적극적인 의정 활동이 아니라 '네트워크'다.

정당 개혁의 관건은 의정 활동의 내실화다. 의정 활동이야말로 국회의 존재 이유다. 소속 상임위와 본회의, 각종 소위에 적극적으로 참석하는 것은 물론, 원외 소관 단체들과 교감을 쌓아나가는 의원들을 당내에서 높이 평가해 주는 시스템 없이는 당의 경쟁력을 획기적으로 끌어올릴 수 없다. 이런 것들을 계량화해 인센티브와 페널티를 주는 방안을 내 원내대표 임기 중 끊임없이 시도해 봤으나, 공천에까지 연계하는 시스템을 마련하기는 역부족이었다.

두 달간 조국 사태를 함께 이끌어 와준 동지들에 대한 고마움의 표시는 절대 양보할 수 없는 나의 책무였다. 모두가 짐승이 된 패스트트랙 전투 현장에서 몸을 사리지 않은 '전우'들에게 총선 재도전을 위한 발판을 깔아주고 싶었다. 그래서 나온 것이 표창장 수여식이고 가산점 발언이었다. 지금도 나는 그때 일이 신상필벌이라는 아주 단순한 원칙도 지키지 않는 잘못된 문화를 가진 보수 정당에 작은 파문을 일으켰다고 자부한다.

기만, 박탈, 파괴

세 번째 원내교섭단체 대표 연설이 10월 29일로 다가오고 있었다.

달력으로 1년 안에 교섭단체 대표 연설을 세 번 하기는 쉽지 않다. 통상 1년인 원내대표 임기가 반드시 연초나 연말에 시작하고 끝나지 않고, 정치 상황에 따라 임기중 사퇴하는 일도 다반사이기 때문이다. 2020년 9월 정의당 대표에서 물러난 심상정 의원조차 가장 아쉬운 것이 교섭단체 대표 연설 못 해본 것이라지 않는가. 나는 영광스럽게도 2019년 한 해에만 세 번이나 중요한 연설을 할 기회가 있었다. 만약 원내대표 임기가 총선 때까지 연장된다면 한 번 더 기회가 있을 테지만, 한 치 앞을 내다볼 수 없는 것이 정치 일정이기에 이번이 마지막이라 생각하고 연설을 준비했다.

2019년 10월 29일, 세 번째 교섭단체 대표 연설을 마치고 우리 당 의원들과. ⓒ연합뉴스

역시 가장 큰 고민은 '문재인 정권 2년 반'을 무슨 말로 규정할 것인가였다. 연비제와 공수처 협상, 패스트트랙 정국, 조국 사태 등 굵직굵직한 사건들에 부닥치며 지난 열 달 동안 수없이 많은 몸짓과 메시지로 문 정권을 질타해 왔었다. 이때까지의 메시지를 간명하게 요약할 키워드가 필요했다.

거듭된 고민과 여러 차례 회의 끝에 고른 키워드는 '기만' '박탈' 그리고 '파괴'였다.

국민은 이 정권의 거짓말에 속았습니다. 계속해서 빼앗기고 잃어버려야만 했습니다. 나라 전체가 무너지는 것을 바라봐야만 했던 암흑의 시간이었습니다.

기만, 박탈, 파괴 — 이 세 단어 외엔 지난 2년 반의 문재인 정권을 설명할 길이 없습니다.

이것이 내가 내린 문재인 정권 임기 전반기의 총평이었다.

'촛불 혁명'을 뒷배 삼고 정의·공정·평등을 외치며 등장한 문재인 정권은 결국 부정·불공정·특권이라는 기만적 실체를 드러내 국민에게 큰 실망을 줬다.

그리고 국민은 빼앗겼다. 일자리, 소득, 시장의 자유가 박탈당하고, 국민이 응당 누려야 할 권리와 민주적 시민권도 제약당했다. 재정 건전성과 기업 경쟁력이 흔들렸다.

그 결과 대한민국의 근간이 파괴되고 있었다. 경제와 안보가 허물어지고, 헌정 질서가 흔들리고, 법치가 위협받는 시대로 접어들면서 대한민국의 국체 자체가 위기에 직면해 있었다. 조국 사태는 이 정권의 민낯을 제대로 확인시켜 준 좋은 기회였다는 점에서 차라리 감사한 일이라고 할까?

마음 같아서는 "문재인 대통령이 과연 대한민국 대통령이 맞느냐?"라는 아주 근본적인 의구심마저 표출하고 싶었지만, 그것만은 자제하는 것이 좋겠다며 말리는 사람이 많았다. 아무리 이 정권이 무능하고 못났더라도, 정권과 대통령의 정통성에 대해서까지 의문을 제기하는 것은 국민의 공감을 얻지 못할 뿐 아니라, 자칫 '선거 불복' 논란으로까지 이어질 수 있다는 지적이었다. 그래서 이 대목은 톤을 한층 낮추어 '진정한 국민의 대통령'이 돼달라는 호소로 마무리했다.

> 저는 문재인 대통령이 과연 국민 모두의 대통령이 맞는지 묻고 싶습니다. 진심으로 문재인 대통령을 대한민국 헌법상의 대통령으로 존중할 자신이 없습니다.
> 제발 분열이 아닌 통합의 대통령, 고집이 아닌 타협의 대통령이 되어주십시오. 국민 모두를 국민으로 여기는 대통령이 되어주십시오.

지난 7월의 두 번째 대표 연설에서도 겪은 것이지만, 이번에도 민주당은 내 연설 내내 침묵을 지켰다. 3월 대표 연설 때 극렬한 방해와 항의가 오히려 내 연설을 돋보이게 했다는 학습 효과로, "무슨 소리야!"라는 호통 한 번 없이 고요한 본회의장의 공기는 기이했고, 역설적으로 이 정권의 불통과 배타성을 더 극명하게 보여주었다. 제1 야당 원내대표가 뭐라고 떠들든 신경 쓰지 않는 청와대의 완고한 태도가 고스란히 집권 여당 의원들에게까지 스며들어 있었다(연설 전문은 **부록 4**).

곳곳에 '조국 좀비'

『삼국지 연의』에 "죽은 공명(제갈량)이 산 중달(사마의)을 쫓는다"는 말이 있다. 2019년 11월로 접어들면서 본격적으로 시작된 정권의 법무부와 검찰 장악 기도는 그야말로 '쫓겨난 조국이 남은 윤석열에게' 칼을 들이미는 형국이었다.

역대 가장 많은 빈도의 고집불통 인사로 악명 높은 문재인 청와대라지만, 그래도 인사 낙마와 후퇴·양보가 손꼽을 만큼은 있었다. 하지만 조국 전 장관 사퇴만큼 정권의 체면을 구기는 인사 참사는 전에도 없었고 앞으로도 다시 없을 것이다. 조국은 정권의 트레이드마크였기 때문이다. 참여연대 출신이고 노무현 대통령 때 민정수석을 한 문재인 대통령의 이력을 그대로 밟아가던 조 전 장관은 그야말로 문재인의 분신, 정치적 도플갱어였다. 사실상 차기 대선 후보로 낙점됐다는 평가를 들을 정도로 위세가 대단하던 조 전 장관의 실각으로 썩어들어 가는 속을 풀자니 얼마나 많은 망동이 필요했을까?

장관 조국의 시간은 짧았지만, 그가 법무부에 남긴 자취는 역력했다. 법무부는 검찰 개혁, 언론 개혁이라는 이름으로 노골적인 정치 보복에 돌입했다. 조국 자신은 '검찰 개혁의 불쏘시개'를 자임했지만, 그것은 불쏘시개가 아니라 시한폭탄에 가까웠다. 검찰 대학살의 타이머를 맞춰놓고 장관 '직'만 떠났을 뿐이었다.

타이머 스위치는 문재인 대통령이 직접 눌렀다. 조국의 대리인인 김오수 법무부 차관에게 "강력한 검찰 개혁 방안을 강구해 대통령에 직접 보고하라"는 특명을 내린 것이다. 검찰에 대한 법무부의 감찰권 강화를 시작으로 법무부는 '오보'를 낸 언론사의 검찰 출입을 제한하는 훈령을 만지작거리기 시작했다. 법무부발 '조국 복수 혈전'은 걷잡을 수 없겠다는 예감이 들었다. 문재인 정권 임기 끝나는 날까지, 그리고 잘못하면 그 뒤로도 이어질 수 있겠다는 아찔한 불안감마저 감돌았다.

나는 법무부가 검토중인 훈령을 곧바로 "초헌법적이고 초자유민주주의적 발상으로, 묵과할 수 없다"고 비판했다. 이것은 대한민국 언론 환경을 5공화국 시대로 돌리는 것이었다. 본질적으로 조국 장관 사퇴 건에 대해 언론에 앙심을 품고 복수를 하겠다는 것이나 다름없었다. 도대체 21세기 법무부 맞는지, 정권의 퇴행이자 민주주의의 퇴보가 아닐 수 없었다.

2019년 11월 1일, 이번에는 강기정 청와대 정무수석이 싸움을 걸어왔다. 국회 운영위의 청와대 국정감사에서였다.

아침 10시에 시작된 국감이 열두 시간을 넘겨 한밤이 다 돼가고 있었다. 이슈들은 굵직했지만 그때까지 첨예한 충돌은 없이 추가질의, 보충추가질의가 이어지고 있었다.

당시 운영위를 앞두고 가장 논란이 된 이슈 중 하나가 바로 북한의 안보 도발이었다. 2019년 초 하노이 회담 결렬 후 북한은 크고 작은 미사일 도발을 이어가면서 계속해서 한반도 안보 불안을 가중시키더니, 10월 2일에는 신형 잠수함발사탄도미사일(SLBM) '북극성 3형'을 발사해 다시 한 번 핵 위협을 고조시켰다. 언제 어디서 핵탄두가 장착된 미사일을 쏘아올릴지 모르는 SLBM 기술은 기존의 핵 위협과는 아예 다른 판을 만들어내는 '게임 체인저'다. 10월 중순에는 백마를 타고 눈 덮인 백두산에 오른 김정은의 사진을 공개하면서 '중대 결심'을 시사하는가 싶더니, 북한의 김영철이 대놓고 미국을 압박하기 시작했다. 미국이 B-52 전략폭격기까지 띄워가며 북한에 엄중 경고를 했지만 결국 북한은 운영위 바로 전날인 10월 31일 또다시 미사일 도발을 강행했다. SLBM 시험 발사에 이어 29일 만이었다. 그러니 11월 1일 운영위에서 정의용 안보실장에게 안보 현안을 묻고 따지는 것은 야당의 당연한 책무였다.

그래서 내가 "문재인 정권 들어서 안보가 튼튼해졌다고 보시나?"고 묻자 정의용 실장은 "자신 있게 말씀드린다. 우리 방위력을 현저하게 개선했다"는 취지로 답했다. 내가 "안보실장이 이 정도로 생각하기 때문에 국민이 불안해 한다. 억지로 우기지 말라"는 취지로 반격하자, 정 실장 뒤편에 앉아 있던 강기정 정무수석이 느닷없이 "'우기다니'가 뭐예요!"라고 소리치며 항의하는 사태가 벌어진 것이다. 강 수석은 들고 있던 노란 소책자로 삿대질하듯 나를 가리키며 다시 "'우기다니'가 뭐예요! 똑바로 하세요"라고 했다.

정회가 되고 여야 의원들 간에 설전이 이어지다가 자정 가까워 강 수석이 유감을 표하는 것으로 사태는 일단락되었으나, 있을 수 없는 일이었다. 정무수석은 본업이 '소통'이고, 야당과 원만한 관계를 유지해야 하는 자리이지, '정쟁수석'이 아니다. 청와대는 엄연히 국회 국정감사의 '피감(被監) 기관'이었고, 심지어 그때는 강 수석이 문답의 당사자도 아니었다. 그의 상관인 안보실장을 상대로 문답이 진행될 때 하급자가 끼어든 것이다. 평소 국회를 보는 청와대의 안하무인격인 태도를 단적으로 보여준 사건이었다. 조국 사퇴에 대한 청와대의 원한이 얼마나 사무치는 것이었는지 보여준 사건이기도 하다.

강 수석이 재차 사과하고 이낙연 총리까지 사과했지만, 우리 당 의원이 위원장으로 있는 예결위가 예산안 심사를 거부하면서 국회는 사실상 개점휴업에 들어갔다. 조국 복수 혈전의 피비린내가 그렇게 11월의 여의도에 진동하고 있었다.

'패트 충돌' 검찰 출석

공수처와 연동형 비례대표제를 통해 권력을 장악하려는 여권의 무도함을 역사는 똑똑히 기억하고 심판할 것입니다. 대한민국 자유민주주의, 의회 민주주의를 저와 자유한국당은 반드시 지켜내겠습니다.

2019년 11월 13일 오후 두 시. 추적추적 비가 내리는 가운데 서울남부지방검찰청 정문 앞에 선 나는 굳은 표정으로 짤막하게 입장을 표명하고 검찰청으로 들어섰다. 4월의 패스트트랙 충돌 사태로 입건돼 조사를 받기 위한 처음이자 마지막 검찰 출석이었다. 의회 민주주의가 검찰이라는 권력의 가랑이 밑을 기어서 지나가는 느낌이었달까, 참담함이 이루 말할 수 없었다. 쉼 없이 터지는 카메라 플래시들은 오늘의 비참한 역사를 제대로 기록할 수 있을까?

검찰 조사에 끝내 응하지 않는 것도 하나의 저항 수단일 수 있긴 했다. 그 생각을 해보지 않은 게 아니다. 국회 안에서 벌어진 여야 간 갈등을 검찰로 가져간 것부터가 마뜩잖았기에, 내 발로 검찰에 걸어들어가는 것은 여러 모로 바람직하지 않았다.

패스트트랙 사건은 2020년 1월에 우리 당 23명, 민주당 5명 등 의원만 해도 28명이 기소되었고 2020년 현재 1심 재판이 진행중이라 말하기 조심스럽다. 그러나 나는 패스트트랙 사태의 실질적인 책임자다. 검찰의 논리와 향후 수사 구상을 호랑이 굴속에 직접 들어가서 들여다볼 필요는 있었다. 동료 의원들의 권익을 지키기 위해서라도 내가 대표로 한번 들어갔다 나오는 것이 옳다고 판단했다.

일각의 추측처럼 검찰이 대충 봐주고 시간이나 끌다가 넘어갈 분위기는 결코 아니었다. 검찰이란 곳은 수사 엔진에 한번 불이 붙었다 하면 꺼트리기 어렵고, 당장은 멈추는 데 성공한다 해도 캐비닛 속에서 잠자던 수사 문건이 언제 어떻게 생명력을 얻어 다시 깨어날지 모른다. 패스트트랙 사태에 대한 수사와 재판은 앞으로 정치적 환경이 어떻게 변하더라도 결국은 멈추기 어려울 것이기에 나는 처음부터 장기전에 대비했다.

무엇보다, 검찰의 기소에 모종의 '경향성'이 직감적으로 감지됐다. 4월 그날의 충돌은 피해자와 가해자를 구분하기도 쉽지 않음은 물론 물리력을 행사한 정도를 개인별로 가려내기조차 어려운, 그야말로 아수라장이었다. 그런데 관련 의원들 중 검찰 출신 중에서는 유독 우리 당 곽상도 의원만 기소했다든가, 각 당 원내부대표들 중에서도 이른바 '미운 털' 박힌 사람을 더 중하게 기소했다든가 하는 식이었다. 앞서 황교안 대표가 먼저 소환에 응해 검찰에 다녀오기는 했지만, 결국은 당사자인 내가 두 눈, 두 귀로 검찰의 분위기를 탐지해 볼 필요가 있었었다.

아홉 시간 가까이에 걸친 조사 내내 무거운 긴장과 팽팽한 기싸움이 이어졌다. 조사를 마치고 나와보니 그 늦은 시각까지 기다리는 동료 의원들과 당직자들의 얼굴이 보였다. 마음이 먹먹해지면서, 가을밤에 엉뚱하게 시원한 생맥주 한잔이 떠올랐다. 가까운 치맥집을 찾아 얼음장같이 차가운 맥주 한 잔씩을 다 같이 들이켜며 지친 심신을 함께 씻어내렸다. 지난겨울 이래 열한 달, 고단했던 투쟁의 장면 장면들이 하나씩 눈앞을 스쳤다. 우리는 지금 무슨 일들을 겪고 있는 것인가? 역사는 오늘의 이 모습을 뭐라고 기록할 것인가?

열 달 지나 2020년 9월 21일, 패스트트랙 충돌 형사재판이 본격적으로 시작되었다. 첫 공판에서 나는 모두 발언의 기회를 얻어, 패스트트랙 사태의 본질과 역사적 함의, 그리고 재판부가 잊어서는 안 될 원칙을 짚어줬다. 나 개인의 재판을 넘어 이것은 역사의 법정에서 이뤄지는 역사의 재판이었다.

> 복잡한 재판의 일정 가운데 우리가 반드시 놓치지 말아야 할 더욱 중요한 것이 있습니다. 그것은 바로 국민의 기본권을 지키고 공동체의 안정과 번영을 가능케 한 대한민국의 헌법 정신입니다.
> 헌법 정신이 유린되는 비참한 현실 앞에 우리 제1 야당은 저항해야 했습니다. 그것은 선택이 아닌 숙명이었습니다. 준연동형 비례대표제와 공수처법은 이토록 위험하고 무서운 악법입니다. 우리는 이 두 악법이 민주주의를 희롱하고 헌법 가치를 훼손하는 것을 막아야 했습니다.
> 부디 이 법정이 헌법 가치를 지켜내고 입법부의 자율성과 독립성을 지키는 자유민주주의의 보루가 될 수 있도록 현명한 판단을 해주시기 바랍니다.

그리고 "2019년 4월에 벌어진 모든 일들의 의사 결정권은 바로 저에게 있었으며, 그로 인한 책임은 역시 모두 제게 있습니다. 짊어져야 할 짐이 있다면 그것은 저의 짐이며, 감수해야 할 고난 역시 저의 몫입니다"라며, 동료 의원들에게 그 책임을 지우지 말아줄 것을 재판부에 호소했다. 함께 출석한 동료 의원들의 얼굴을 보며 이내 눈물이 맺히고 말았다. 옳은 일을 하는 데 앞장 선 댓가로 고초를 겪는 이들을 위해 내가 해줄 수 있는 것은 너무나도 적었다. 풍파 앞에 그저 우리의 결백과 진실을 외치는 것 외엔 할 수 없는 무력함은 우리에겐 분명 시련이었다. 그러나 반드시, 우리는 함께 이겨낼 수 있을 것이라는 믿음이 더 컸다.

안팎의 총질

나는 어느덧 싸움꾼이 되어 있었다. “정말 듣고 싶었던 얘기를 속 시원하게 대신 잘해 주었다”며 칭찬하고 격려하는 목소리가 훨씬 많았지만, 여당과 친여 야당들에게는 결코 달갑지 않은 ‘나경원의 변신’이었을 것이다. 때로 당내에서도 뒷담화로, 드물게는 대놓고 비판이 일었다.

적들의 비난은 감내할 수 있었다. 그것보다 서운한 건 내부 총질이었다. 대표적으로 ‘조국 사태 표창장’과 ‘패스트트랙 가산점’ 사건은 조국 법무부 장관 사퇴와 ‘강기정 파동’ 사이, 10월 하순에 일어난 일들이다. ‘신상필벌’이라는 나의 소신은 앞에서 썼다.

‘패트 가산점’ 발언은 비공개 의총에서 했던 것인데 누군가에 의해 언론에 제보돼 보도됐다. 흘린 사람이 누군지 난 알고 있지만, 밝히지 않을 것이다. 아니, 밝힐 가치가 없다.

그러는 가운데도 한여름 7월에 시작된 한일 갈등 정국은 겨울에 접어들도록 잦아들지 않고 있었다.

정치인 나경원 하면 빼놓을 없는 '연관 검색어'가 '나베'다. 나의 성 '나'와 일본 아베 총리(2020년 9월 사임)의 성 한 글자를 섞은 악의적 조어다. 그러잖아도 보수 정당 하면 친일이라는 낙인이 찍혀있는데, 친일 하면 대표적으로 나경원이라는 것이다.

아이러니한 것은, 국내에서는 반대 정파와 언론들이 나를 친일로 매도하지만 막상 일본에서 나는 한때 '반일 정치인'으로 찍혀 대일 외교의 길이 막힌 바 있었다는 사실이다.

나는 2016년 8월 15일 광복절에 국회 독도방문단 단장으로 독도를 방문해 우리 영토임을 알리는 활동을 했다. 일본 외무부와 주한 일본 대사관이 사전에 유감을 표명했지만, 방문 전날 단장 명의로 "대한민국의 국회의원으로서 통상적인 의정 활동의 하나로 우리나라 영토를 방문하는 것인데 일본이 과민하게 반응하는 것을 도저히 이해할 수 없다"고 공식적인 입장을 내고 방문을 강행했다. 이 때문에 그 보름 뒤로 잡혔던 스가 요시히데 관방장관(현 총리)과의 면담을 일방적으로 취소당했다. 그래서 원내대표 때인 2019년 6월 관훈토론회에서, "일본에서는 반일 정치인, 한국에서는 친일 정치인이라고 하니 내 정체성을 나도 잘 모르겠다"고 반 농담처럼 심경을 토로하기도 했다(기조연설 **부록 2**).

단순한 일본 예찬이나 일본 마니아가 다 친일은 아닐 것이다. 일본과

2016년 8월 15일, 단장으로 국회 독도방문단을 이끌고 독도에서. 이 일로 나는 일본에서 '반일 정치인'으로 찍혔고, 스가 일본 관방장관과 예정돼 있던 면담을 취소당하기도 했다.

잘 지낸다는 것이 무조건 비난받을 일도 아니다. 비난받을 만한 친일은 아마 '대한민국의 국익보다 일본의 이익을 앞세우는 태도'가 아닐까? 그렇다면 21세기, 아니 건국 이래 대한민국에 '일본을 미워한 나머지 대한민국의 국익을 해치는' 그릇된 반일 정치인은 있었을지 몰라도, '한국보다 일본을 위하는' 친일 정치인은 없었고, 지금도 없다고 자신 있게 말할 수 있다. 친일도 반일도 아니고 '친한(親韓)'만이 진정한 대한민국 정치인의 태도라고 나는 믿는다.

그럼에도 정치인을 비롯한 사회 지도층 인사나 셀럽을 공격하는 데 '친일 프레임'처럼 손쉽고도 강력한 무기는 없다. 내가 바로 그 친일 프레임의 대표적인 희생양이다.

얼마나 어처구니없는 에피소드까지 있었는지 지금 생각해도 기가 차다. 2019년 광복절에 나는 동료 의원 몇 명과 임시정부의 숨결이 남아있는 중국 충칭을 찾았다. 국내에서 열린 기념식에 내가 보이지 않자 "역시 나경원은 광복절 행사에도 오지 않는다"며 비아냥거리는 목소리들이 있었다. 더욱 어이없는 건, 내가 충칭 임시정부 방명록에 "조국의 독립을 위한 열정의 정신을 이어받아 강한 대한민국, 행복한 대한민국의 국민을 위한 길을 만들어가겠습니다! 자유민주주의 수호!"라고 적었는데, 여기서 대한민국을 '대일민국'으로 적었다는 황당하고 악의적인 루머가 돈 것이었다. 물론 나는 딱 판이 보였다. 일부 악성 커뮤니티에서 '대일민국' 이미지를 만들고, 이것을 유통시킨다. 그러면 옐로 저널리즘 전문 매체들이 이를 마치 대단한 기사인 마냥 쓰고, 이것이 결국 언론에 도배가 되는 식이다. 글씨를 또박또박 쓰지 않은 내 잘못일까? 나에겐 늘 이런 패턴으로 친일 프레임 공격이 반복돼 왔다.

패스트트랙 충돌 당시 있었던 루머도 상상을 초월한다. 몇 날 며칠 밤을 새워 국회 본관을 지켜야 하는 상황에서 나는 여벌의 옷을 미처 챙기지 못했다. 갈아 신을 양말이 부족해서 이리저리 찾던 중에, 젊은 수행과장이 챙겨 온 양말을 미안하지만 좀 얻어 신게 되었다. 예쁘고 귀여운 캐

2019년 8월 15일, 동료 의원들과 중국 충칭의 옛 대한민국임시정부 유적지를 찾아.

릭터가 그려진 '신세대 양말'이었는데 하필 그 캐릭터가 일본 어느 지방을 홍보하기 위해 개발한 것이라나 뭐라나, 아무튼 민주당이 상임위 회의장에 무단 진입하는 걸 막기 위해 뒤로 눕다보니 자연히 양말이 카메라에 비춰졌는데, 이 캐릭터를 갖고 또 인터넷에서 안티 세력이 장난을 한 것이다. 그 수행과장은 본의 아니게 내게 누를 끼친 것 같은 죄책감에 펑펑 울었고 집에 가자마자 그 양말을 내다 버렸다고 했다. 어처구니 없는 일들의 연속이었다. 친일 프레임 공격이라는 것들이 대개 이런 수준들이다.

그런 만큼 2019년의 한일 갈등은 나에겐 괴로움의 시간이었다. 다른 더 중요한 정치 일정에서 우군을 한 명이라도 더 확보하기 위해 때로는 나의 소신을 숨기고 다중의 의견을 편드는 비겁함을 택해야 하기도 했다. 국익과 정치적 서바이벌 사이에서 방황한, 짧지만 고통스러운 나날들이었다.

12

바람이 흔들어도

공수처와 연동형 비례제를 저지하려는 투쟁이 아직 끝나지 않은 가운데 2020년 제21대 4·15 총선이 어느덧 반년 이내로 임박해 왔다. 당 밖으로는 투쟁, 안으로는 쇄신과 혁신, 그리고 그 중간에 보수 대통합의 지난한 과제가 산적해 있었다.

그러는 가운데 나의 원내대표 임기 종료가 다가오고 있었다.

원내대표 임기는 1년, 나의 경우 2019년 12월 10일까지였다. 여기에는 단서가 하나 있는데, "국회의원의 잔여 임기가 6개월 이내일 경우 의원총회 결정에 따라 의원 임기 만료 때까지 현 원내대표와 정책위의장의 임기를 연장할 수 있다"는 것이 그것이다. 20대 국회 폐원일은 2020년 5월 29일이므로 나와 정용기 의장의 경우가 여기 해당했다.

노영민과 마지막 딜

2019년 11월 말로 예정된 임시국회에서는 무조건 연동형 비례제와 공수처법이 본회의에 상정 처리될 분위기였다. 우리는 11월 들어 '겉으로 저지, 속으로 계속 협상'이라는 투트랙 전략을 마련해 놓고 있었다.

나는 노영민 청와대 비서실장에게 비공개 회동을 제안했다. 정기국회를 앞두고 문재인 대통령과 청와대의 진의를 타진하고, 어디까지가 협상 가능하고 어디부터는 협상 불가인지를 마지막으로 확인해 둬야 향후 저지와 협상 사이에서 최적 지점을 찾을 수 있겠다는 판단에서였다. 뜻밖의 빅딜을 성사시킬 수 있을지 모른다는 일말의 기대도 있었다.

노 실장과의 회동은 3당 원내대표의 방미 직전, 11월 중순에 모처에서 이루어졌다. 비교적 허심탄회한 대화가 오가는 가운데서도 노 실장의 태도는 완강했다. 특히 연동형 비례제는 민주당에게도 불리한 것이 사실이지만, 문재인 정권 출범과 함께 대대적으로 공언한 대표적인 '진보 어젠다'이니만큼 절대로 포기할 수 없다는 입장이 확고했다. 다만, 표심을 왜곡한다는 비판을 받고 있는 '연동률'을 낮추는 방향으로 계속 협상의 여지는 열려있어 보였다.

공수처도 법안 자체를 처리하지 않고 자동 폐기시킬 여지는 더 이상 없었다. 그렇다면 공수처 출범을 연기시키는 길밖에 남지 않았다.

"법안이 통과되더라도, 공수처 출범만은 대통령 임기 종료 후 차기 대통령 때까지 연기할 수 있지 않은가요?"

사실상 공수처법 통과에 협력하겠다는 뜻을 내비친 것이니 나로선 커다란 양보였다. 이제 노영민 실장이 그에 걸맞게 뭔가를 양보할 차례였다.

수차례 밀당이 오간 끝에 노 실장은 "임기 후는 절대 안 되고, 아무리 늦어도 임기 종료 6개월 전까지라면 생각해 볼 수는 있다"고 여지를 열어줬다. 공수처는 문재인 정권의 '퇴임 후 안전판'과도 같은 것이니 문 대통령 임기 내 출범시키겠다는 의지를 꺾기는 힘들어 보였다. 다만, 확언은 아니라도 가능성을 열어놨으니 상당한 접근은 이룬 셈이었다.

노 실장과의 회동은 비공개였고, 서면 증거 같은 것을 남기지 않은 구두 담판이었다. 파국의 눈앞에서 어렵사리 확보한 실낱같은 희망을 이어나가려면, 노 실장과 더불어 유이한 증인인 내가 한동안 더 청와대와 여당의 카운터파트로 남아 있어야 했다.

황 대표의 단식

황교안 전 국무총리를 당에 영입하는 것이 나의 바람이었음은 앞에서 밝혔다. 우리는 보수 대통합과 원내 다수석 탈환, 나아가 2022년 정권 교체를 위해 함께 지혜를 짜내도 모자랄 판이었다. 균열 같은 것에 신경 쓰기엔 2019년 그해 정치 상황과 원내대표의 무게가 녹록지 않았다. 황교안 대표의 품위와 엄정함을 나는 믿었고, 믿어야 했다.

그런데 나의 미국 방문이 하필이면 황교안 대표의 단식 투쟁과 시기적으로 맞물리는 사건이 일어났다.

우리 여야 3당 원내대표들은 한미 방위비 분담 협상을 위한 미국 방문을 11월 초부터 논의하고 있었다. 그러잖아도 문재인 정부의 지소미아 파기 언급으로 한일 갈등이 악화되는 가운데, 방위비를 둘러싼 이견이 한미 간 외교 갈등으로까지 번지는 것은 무슨 수를 써도 막아야 했다. 여야 원내 지도부가 직접 미국을 찾아 출구 전략을 모색하자는 아이디어는 잘하면 묘수가 될 수도 있었다. 여당 원내대표 방미에 야당 원내대표들이 들러리를 서는 것 아니냐는 우려가 당내에 있었지만, 여당 원내대표만 가게 내버려 둔다면 한미 동맹의 유지 및 강화를 원하는 절대다수 국민과 보수 정당의 목소리를 전할 기회가 없어진다는 우려가 더 컸다.

내심으론 이 기회를 패스트트랙의 막판 막후 협상 기회로 삼으려 한 것이 사실이다. 나는 이미 4월에 홍영표 민주, 김관영 바른미래당 원내대표와 사이에 기대했던 '상하이 컨센서스'가 무산된 아픔이 있었다. 하지만 이번 방미 기회에 오신환 바른미래당 원내대표를 포함해 이인영 민주당 원내대표까지 삼자가 이 지긋지긋한 패스트트랙 국면을 웬만큼 매듭지을 '워싱턴 컨센서스'를 이룰 수 있을지 모른다는 기대감을 나는 아주 떨칠 수 없었다. 노영민 비서실장과의 비공개 회동도 그런 기대의 연장선상에서 추진해 성사시킨 것이었다.

실제로 이인영 원내대표와 계속된 물밑 협상도 꽤 그럴듯한 접점을 향해 가고있었다. 이인영 원내대표는 전임 홍영표 원내대표가 공수처와 연비제의 패스트트랙 상정을 밀어붙인 직후 취임했다. 그때부터 이인영 원내대표는 '4당 공조'를 밀고나가느냐, 자유한국당까지 5당이 모두 동참하는 진짜 '4+1' 합의를 이뤄내느냐를 놓고 계속 고민하는 눈치였다. 제1 야당을 배제하고 선거법을 처리하기에는 이 원내대표 자신 상당한 부담감을 느끼는 듯했다.

자유한국당이 협상 테이블로 돌아가기 위한 전제로 이미 몇 가지가 거론되고 있었다. 노영민 비서실장과의 회동 때 제안한 것처럼 공수처 출범 시점을 문재인 정권 말기나 가능하면 차기 정부로 확 늦춰서 공수처가 현 정권의 하명 수사처로 악용되지 못하도록 하는 것도 그 방안의 하나였다. 그 밖에 준연동형 비례제를 받는 대신 연동률을 낮추거나 연동형 의석수 캡(상한선)을 설정하는 방안 등도 있었다.

물론 이 원내대표도 청와대와 당내 강경파, 그리고 정의당의 눈치를 보지 않을 수 없었기에 그때까지 확실히 결정된 것은 아무것도 없었다. 그럴수록 며칠이나마 미국에서 이 원내대표와 함께할 시간이 나에겐 절실했다. 언론들도 대놓고 '물밑 협의' 가능성을 점치고 있었다.

그렇게 기대 반 우려 반으로 11월 20일을 기다렸다.

미국으로 떠나기 전날인 11월 19일 낮, 황교안 대표로부터 만나자는 연락이 왔다. 잘 다녀오라는 격려쯤으로 생각하고 간 나는 아찔했다. 황

대표가 내일부터 단식에 돌입한다는 것이었다.

손학규·이정미 대표의 단식 속에 원내대표 임기를 시작한 나다. 과거에 단식이 때로 효과적인 투쟁 수단이었고 지금도 상대에게 부담을 주는 측면이 있다고는 해도, 단식이나 삭발 같은 극단적 투쟁에 나는 부정적이다. 무엇보다 나와 이인영 원내대표 간에, 심지어 노영민 비서실장과 사이에서도 극적인 합의 가능성이 점쳐지고 있는 때였다. 며칠의 시간적 여유만 허락해 준다면, 1년 내내 장외 집회 등 강경 일변도였던 당의 투쟁 기조에서 조금이나마 벗어날 길을 찾을 수 있을지 몰랐다. 이런 상황에서 당대표의 단식은 협상 타결에 좋은 요소는 아니었다.

하지만 황 대표는 이미 마음을 굳게 먹은 듯했다. 내가 말려서 될 일이 아님을 직감했다.

이인영·오신환 원내대표와 공동으로 출국 기자 회견을 갖고 비행기에 오르는 마음은 개운치 않았다. 제1 야당 대표가 단식에 돌입하는 날 원내대표는 미국행이라니, 좋은 그림이 결코 아니었다. 지금이라도 늦지 않았으니 방미단에서 빠지는 것이 어떻겠냐는 조언이 출국일인 20일 아침까지 계속 들어왔다. 황 대표 측근들로부터 '사실상의 경고'도 직간접적으로 전해져 왔다.

잠깐 흔들리며 고민했으나, 예정된 방미를 실행하기로 결심했다. 방위비 분담 협상이라는 예정된 목표를 내려놓을 수 없었고, 당대표가 단식을 하더라도 원내대표는 아직 '협상의 시간'에 머물러야 했다.

미국 일정은 대체로 순조로웠다. 여야 없이 초당적으로 합동 외교를 펼치는 데 미국 정가도 긍정적 반응을 보였다. 그러는 가운데 미국 국무부 부장관에 막 지명된 스티븐 비건이 면담에서 '동맹의 재생'이라는 표현을 쓴 게 마음에 걸렸다. 재생이란 죽거나 시든 것을 전제하는 표현이니, 트럼프 행정부가 한미 동맹에 대해 갖고 있는 인식이 이전 행정부들과 사뭇 다르다는 것을 감지할 수 있었다. 알 수 없는 싸늘함이 감도는 워싱턴의 기류에서는 '동맹의 위기' 냄새가 묻어났다. 방위비 분담금 협상이 매우 어려운 장기전으로 돌입할 수도 있겠다는 생각이 들었다.

몸은 미국에 있어도 정신의 반쯤은 어쩔 수 없이 한국에 있었다. 찬성하지는 않았지만 내가 원내대표로서 몸담은 당의 대표가 식음을 전폐하고 누워있다는 사실에 마음이 여간 불편하지 않았다. 참모진과 수시로 전화를 하면서 파악하는 국내 분위기는 미국에서의 시간을 더욱 불편하게 만들었다.

나의 우려대로, 단식 초기에는 다소 어정쩡한 분위기였으나 겨울바람이 거세게 몰아치는 텐트에서 단식 나흘 만에 황 대표가 몸져눕자 우리 당 지지자들은 격앙되어 갔다. 황 대표 단식이 모든 이슈를 집어삼킬 기세였다. 말로 표현하기 어려운 종교적 아우라 같은 것이 감돌던 황 대표였기에, 그의 혹한 속 단식 투쟁은 문재인 정권에 비판적인 우리 지지층에 상당한 울림을 주었을 법하다.

결국 혼자서 하루 먼저 귀국하기로 결정했다. 말이 하루 먼저지, 당초 계획한 일정에서 2박이나 축소한 1박 3일 만에 부리나케 귀국한 것이었다. 이인영·오신환 원내대표가 너무나 아쉬워했다. 그들도 속으로는 각자 그렇게 바랐을 '협상의 시간'이 정국 급랭으로 무산된 게 안타까웠을 것이다. 특히 이인영 원내대표는 제1 야당을 테이블로 끌어낼 마지막 기회를 놓쳤다는 아쉬움이 있었을 거라고 나는 지금도 믿는다. 나 역시 마지막일지 모를 역사적 기회를 놓치는 것 같다는 아쉬움에, 비행기 날개마저 축 처져 보였다.

11월 23일 새벽에 공항에 내리자마자 맨 먼저 찾아간 곳은 당연히 단식 현장이었다. 단식 현장 분위기는 생각했던 것보다 훨씬 무거웠다. 정기국회라는 연중 가장 바쁜 시기, 예산안과 법률안 심사로 그야말로 정신없는 국회 일정을 소화해야 하는 시점에 그 바쁜 의원들이 열 명씩 당번처럼 돌아가며 단식 현장을 지키고 있었다. 협상의 'ㅎ'자라도 꺼냈다가는 바로 매국노·역적으로 몰릴 것 같은 살벌함이 감돌고 있었다.

'이제 협상은 물 건너갔구나!'

패스트트랙 열차의 꽁무니가 그렇게 멀어져 가고 있었다.

그 하루 전 11월 22일 자정은 일본과의 지소미아가 만료 예정된 날이었다. 청와대는 21~22일 연이틀 국가안전보장회의(NSC)를 열어, 지소미아의 종료 효력을 조건부로 정지하는 결정을 극적으로 내렸다. 황 대표가 단식에 돌입하며 내건 세 가지 요구 사항(지소미아 연장, 공수처법 포기, 연비제 철회) 중 하나가 단식 사흘 만에 관철된 셈이다. 돌이켜보면 이 선에서 단식을 멈추었더라면 명분으로나 실리로나 나무랄 데 없었을 것이다.

단식 아흐레째인 11월 28일, 탈진한 황교안 대표는 결국 병원에 실려 갔다.

이제 냉정하게 '포스트 단식'을 고민할 때가 왔다. 소수 정파가 쓸 수 있는 저항 수단 중에 가장 수위가 높은 것이 단식이다. 패스트트랙이 현실화되기까지 남은 시간과 절차가 아직 적지 않았고 총선도 넉 달 반이나 남았는데, 이제 무슨 방법으로 투쟁 동력을 이어나갈지, 암담했다.

덧붙이자면 사실 나에게도 삭발이나 단식을 해보면 어떻겠냐는 조언이 꽤 있었다. 9월 10일 무소속 이언주 의원이 삭발한 것을 시작으로, 엿새 뒤 우리 당 황교안 대표 삭발, 이튿날 김문수 전 경기지사가 삭발 대열에 합류함으로써 '릴레이 삭발' 투쟁이 본격적으로 전개됐을 때다. 그때 여성 원내대표인 내가 삭발을 하면 투쟁 효과가 극대화될 것이라는 권유가 많았다.

그러나 이후 정국 돌아간 모습에서 알 수 있듯, 당시 릴레이 삭발은 결코 효과적이지 않았다. 그럼 그다음은? 단식일 것이다. 황 대표처럼 보다 못한 주변 측근들이 병원으로 보내 정신을 되찾게 한다? 또 그다음은? 극한 투쟁으로 정국이 경색되면 협상의 숨통이 막힌다. 단언컨대 패스트트랙은 협상 없이 투쟁으로 막아질 수 있는 것이 아니었다. 결과가 말해 준다.

9월의 릴레이 삭발, 11월의 황 대표 단식 동안은 분위기가 고조되며 우리 당이 단결하는 모습을 보인 것이 사실이다. 그러나 단식이 끝난 후에는 어찌할 줄 모르는 모습이 역력했던 것 또한 사실이다. 황 대표가 실려가자마자 정미경·신보라 두 최고위원이 동조 단식을 이어나갔지만 이미 언론의 관심은 멀어져 가고 있었고, 투쟁의 전선을 더 강화하기에는 역부족이었다.

한편에서는 "왜 당대표 단식에 맞춰 국회를 올스톱시키고 대대적인 장외 투쟁을 전개하지 않았느냐?"는 비판이 아직도 들려온다. 그러나 4월과 10월의 광화문 항쟁이 비록 성공적이었어도 정치 수단으로서는 예외였다. 길고 잦은 장외 투쟁으로는 민심을 붙잡아 둘 수 없다. 더구나 3당 원내대표들 간, 특히 나와 이인영 원내대표, 사이에는 여전히 협상의 끈이 살아있었다.

그러는 가운데 내년도 예산안 처리 시한인 12월 2일이 코앞에 다가왔다. 여당은 도로교통법·특정범죄가중처벌법 부분개정안을 묶은 '민식이법' 같은 민생 법안을 흔들며 우리를 정쟁 집단으로 매도하는 여론몰이에 한창이었다.

아! 필리버스터……

패스트트랙 충돌이 있고 7개월째 된 2019년 11월 27일, 연비제 도입을 골자로 한 공직선거법 개정안이 먼저 패스트트랙으로 본회의에 자동 부의됐다. 일촉즉발, 우리 당은 최고 경계 태세에 들어갔다. 나는 "기어이 공직선거법 개정안 부의를 강행하는 것은 금수만도 못한 야만의 정치"라고 문희상 국회의장을 가장 높은 수위로 비판하고, "이 모든 것의 끝은 누구겠나? 문재인 대통령!"이라고 일갈했다. 지금까지도 실체가 제대로 밝혀지지 않은 '유재수 감찰 무마' '울산시장 선거 공작' '우리들병원 대출 특혜' 의혹들을 '판도라의 상자', 이른바 '3종 친문 농단 게이트'로 규정하고 국정조사를 요구하며 정부를 압박했다.

선거법 다음 수순은 공수처법이 될 터였다(12월 3일 본회의 부의). 나는 깊은 고민의 시간 속으로 빠져들어 갔다.

'어떻게 막을 수 있을까? 자동 부의를 못 막으면 처리를 늦추기라도 할 수는 없을까…….'

선거법과 공수처법을 밀어붙이고자 하는 4당의 의지가 너무나도 확고했기 때문에 소수당인 우리가 언제까지나 표결을 막을 수는 없었다. 일단 본회의에 부의되기만 하면 의석수에서 밀리는 우리가 표결로 법안 통과를 막을 방법은 없었다. 남은 유일한 방법은 표결 시기를 늦추는 것뿐이었다. 하루라도 더 끌수록 여당에게 협상의 유인(誘因)이 커지고, 또 총선이 가까워질수록 예비후보 등록 등 여러 가지 변수가 함께 작용하기 때문에, 일단은 기존 선거제로 21대 총선을 치를 수밖에 없다는 신중론이 힘을 받을 수도 있었다.

어떻게 처리를 늦출 것인가?

합법적인 의사 진행 방해, 작전명 '필리버스터(무제한 토론)'가 등장한 순간이었다.

필리버스터 작전의 산파역은 당의 전략 브레인인 김재원 의원과 주호영 원내대표였다. 잘 알려지지 않은 사실이지만 그 1년간 여야 협상에서 보이지 않는 징검다리 역할을 한 사람도 바로 김재원 의원이었다. 김 의원의 역할은 '받을 건 받고, 대신 얻어낼 것은 얻어내자'는 나의 철학과 잘 맞아떨어졌다. 패스트트랙 충돌로 국회가 완전히 마비됐던 4~5월을 지나 6월에 어렵게나마 국회 문을 다시 열게 한 아이디어도 김재원 의원에게서 나왔다. 주호영 원내대표도 위기 때마다 판사 출신 답게 법률적 조언을 아끼지 않으며 힘을 보탰다.

필리버스터는 당장 한 고비라도 막기 위해 그때 우리가 채택할 수 있었던 유일한 작전이었다.

2019년 11월 29일, 오후 2시부터 공직선거법 개정안을 비롯한 200여 개 법안을 처리할 국회 본회의가 예정돼 있었다. 본회의 직전 우리 당은 200여 개 법안 모두에 대해 무제한 토론을 전격 신청했다.

필리버스터는 치밀하게 준비됐다. 200여 개 법안에 대해 우리 당 모든 의원이 필리버스터를 신청하려면 당내 매우 긴밀한 협업은 물론이고 극도의 보안이 요구됐다. 소속 의원들과 당직자, 보좌진들은 성공적으로 작전을 수행했다. 그들이 이 정권하에서 받을지 모를 불이익을 우려해 자세한 이야기는 다음 기회로 미루지만, 두 가지는 확실히 말해 두고 가련다. 필리버스터는 합법적이었고, 훌륭했다.

실제 무제한 토론 신청은 199개 법안에 대해서만 했다. 반드시 처리돼야 할 민생·안전 법안이 있었기 때문이다. 당시 대표적인 민생·안전 법안으로 이른바 '민식이법' 같은 것은 구체적인 내용에 사실 따질 것이 많았다. 그러나 당시 분위기에서 우리가 법안을 놓고 갑론을박했다간 여당과 언론이 "자유한국당이 민식이법을 볼모로 선거법과 공수처법을 막고 있다"고 매도할 것이 뻔했다. 프레임 전쟁상 민식이법 같은 긴급 민생·안전 법안을 선처리하자고 제안하고, 그다음에 야당 최후의 저항권인 필리버스터로 나가는 것이 당시로서는 최선이었다. 그러려면 여당의 양해가 필요했다. 나는 "우리가 필리버스터에서 제외한 '민식이법' 등 주요 긴급 법안을 먼저 처리하고, 그 후에는 우리의 필리버스터 권한을 보장해 달라"고 요구했다.

그런데 필리버스터에는 한 가지 치명적인 맹점이 있다. 필리버스터로 그 회기 내 처리되지 못한 법안이 다음 회기에 다시 상정되면, 해당 법안에 대해서는 다시 필리버스터를 할 수 없다는 것이다. 다만, 필리버스터 신청된 회기 내에 시간이 부족하거나 그 밖의 이유로 무제한 토론이 진행되지 않으면 다음 회기에 다시 필리버스터를 신청할 수 있도록 돼있다. 우린 바로 이 점을 노렸다.

그래도 안심할 수 없었다. 문희상 의장이 본회의 상정 법안 순서를 임의로 조정하거나, 선거법과 공수처법을 갑작스럽게 끼워넣어 강행 처리할 가능성을 여전히 배제할 수 없었다. 예를 들어, 처음으로 필리버스터를 신청한 1번 법안의 무제한 토론이 언젠가 끝나고 다음 법안에 대한 필리버스터가 시작되기 직전에 문 의장이 선거법을 상정할 수 있는 것이다. 선거법은 이미 11월 27일 본회의 안건으로 부의돼 있었기 때문에 언제든지 처리 안건으로 올릴 수 있었기 때문이다. 그러면 계산을 해봐야 한다. 1번 법안에 대한 필리버스터가 끝나고 문 의장이 만약 2번으로 선거법 개정안을 기습적으로 올린다면? 그러면 우리 당은 즉각 선거법 필리버스터를 신청해 회기중 선거법이 통과되는 것을 막을 수 있다. 그러나 그러면 다음 임시회 회기에 선거법이 다시 상정될 때 필리버스터를 할 수 없다.

결론은 하나다. 1번 법안만 가지고 이번 임시회 회기가 끝날 때까지 필리버스터를 하자!

통상적으로 임시국회의 회기는 30일씩이다. 하루 24시간씩 30일이면 720시간, 이것을 우리 당 소속 의원 100명으로 나누면 대략 7시간 좀 넘는다. 이런저런 변수를 고려해 1인당 최소 8시간씩 토론을 하면 12월 임시회 표결을 통째로 막을 수 있겠다는 계산이 섰다.

당시 준비했던 기자 회견문 초안에 나의 절박함이 그대로 묻어있다.

존경하는 국민 여러분!

우리가 어떻게 만든 대한민국입니까? 잔혹한 식민 통치의 질곡을 견뎌내고 전쟁의 폐허 위에 산업화와 민주화의 기적을 꽃피운 위대한 국민, 위대한 대한민국입니다. 지구상에서 가장 아름답고 자랑스러운 역사입니다.

하지만 지금 대한민국이 절체절명의 위기에 직면해 있습니다. 사상 초유의 헌정 무력화 폭거에 의해 어렵게 쌓아올린 자유민주주의와 의회 민주주의가 사정없이 유린당하고 짓밟히고 있습니다.

공수처는 이 정권의 추악한 비리와 부패를 덮고 친문무죄·반문유죄 사회를 만들겠다는 문재인 정권의 '공포수사처'일 뿐입니다. 연동형 비례제는 대한민국을 망치려는 포퓰리즘 세력의 야합 선거제일 뿐입니다. 이 두 개의 독재 악법을 탄생시키기 위해 불법으로 출발시킨 패스트트랙 폭거의 열차가 대한민국을 절망과 몰락의 낭떠러지로 끌고갑니다. 제1 야당인 자유한국당이 막지 않는다면 과연 누가 막을 수 있겠습니까?

존경하는 국민 여러분!

이제 자유한국당은 마지막으로 평화롭고도 합법적인 저항의 대장정을 시작하려고 합니다. 오늘 본회의에 상정된 모든 법안에 대해 자유한국당은 필리버스터를 실시합니다.

이 저항의 대장정을 막을 수 있는 유일한 길은 불법 패스트트랙의 완전한 철회 선언과, 친문 게이트 국정조사 수용입니다. 이 두 가지 요구 사항을 수락해야만 자유한국당의 필리버스터는 멈출 것입니다.

밤을 지새워 가며 200여 개 법안에 일일이 의원들의 인장을 찍고, 이를 다시 정리해서 국회 사무처에 제출해 검토를 받고, 사소한 실수를 트집 잡아 부당하게 반려하면 묵묵히 또다시 필리버스터 신청서를 준비하고……. 이 모든 과정을 지켜보며 나는 마음으로, 온 가슴으로 울 수밖에 없었다. 도대체 자유민주주의, 의회 민주주의 국가 대한민국에서 왜 이런 참담한 광경을 지켜봐야 하는 것인지, 참을 수 없는 분노가 휘감아 왔다.

결과적으로 우리의 필리버스터 대장정은 실패했다. 이유가 허탈했다. 국회의원 5분의 1 이상이 출석하면 열리도록 돼있는 국회 본회의를 문희상 의장이 자의적으로 열지 않았다. 국회 본회의장에 독재의 대못을 박아버린 것이다. 야당 국회의원이 본회의를 열 기회조차 허락하지 않은, 명백한 국회법 위반이자 제1 야당 탄압이었다.

본회의장의 문이 열리지 않았기 때문에 당연히 몇 가지 민생 법안이 통과될 기회도 자연스럽게 박탈됐다. 지나간 얘기지만, 이때까지 여기 '민생 법안'에 민식이법은 아직 포함되지 않았다. 여당이 우리 당을 압박하며 전가의 보도처럼 꺼내 흔든 민식이법은 당시 법사위도 통과하지 못했고 당연히 본회의에 상정되지도 않은 상태였음을 밝혀 둔다.

용의주도하게 계산하고 준비한 필리버스터 대장정이 시작도 못하고 실패로 끝나 버린 허무함은 이루 말할 수 없었다. 아무리 국회법을 밥 먹듯 위반하는 집권 세력이라지만, 이렇게 노골적으로 본회의를 봉쇄하고 아예 국회 일정 자체를 보이콧해 버리는 모습에는 더 이상 할 말이 없었다. 이 정도라면 그 어떤 일이라도 저지르고 말 그런 세력이었다. 도대체 무슨 수로, 어떤 방법으로 이들의 폭주를 막을 수 있단 말인가?

19대 국회 말미에 민주당은 테러방지법 반대를 위한 필리버스터를 통해 국민들을 향한 절절한 연설을 할 기회를 가진 바 있다. 왜 그 기회를 자신들이 정권을 잡은 후에는 야당에게 허락하지 않겠다는 것인가? 잔혹한 여당은 응당 줘야 할 기회조차 허락하지 않고 야당의 입을 막았다. 그리고 민식이법과 같은 예민한 이슈를 악용하여 우리에게 정치적 역공을 펼치는 데에만 집중했다. 무제한 토론을 통해 우리의 생각, 입장, 철학을 국민들에게 상세하게 설명할 기회를 갖지 못한 것이 나로서는 몹시 참담했다. 나의 원내대표 임기중 어쩌면 마지막 대여 투쟁이 됐을지 모르는 필리버스터는 그렇게 물 건너갔다.

문희상 국회의장은 6선의 의원 경력 내내 자타공인 의회주의자답게 탁월한 협상력으로 신망이 높았다. 그런 그가 정계 은퇴를 앞둔 말년에 의회 민주주의의 파괴자로 내내 처신한 것은 충격이었고, 개인적으로는 아쉽고 서운했다. 문 의장 아들의 지역구 도전은 이미 익히 알려진 이슈였다. 아들의 꿈을 망치고 싶지는 않다는 부정(父情)이 문 의장의 마지막 퇴임길을 비틀거리게 만든 것일까?

그가 2020년 5월 말 국회의장 퇴임 겸 정계 은퇴 기념 기자 회견에서 "패스트트랙 충돌로 기소된 의원들의 처벌을 원치 않는다"는 취지의 덕담을 남긴 것이 오히려 평소의 그다운 언행이었다. 아마 그분도 정치 인생 최후 최대의 오점을 퇴임 직전에 연달아 남긴 것을 지금쯤은 후회하고 있지 않을까?

비토에 막힌 마지막 협상의 꿈

그러는 사이 자유한국당은 황교안 대표의 지배 체제가 더 견고해지는 길로 내달리고 있었다.

단식 투쟁을 마무리짓고 12월 2일 당무에 복귀한 황교안 대표는 당사가 아니라 청와대 앞, 단식을 하던 그 천막 집무실로 향했다. 그날 오후 35명 모든 당직자의 일괄 사표를 받은 뒤, 천막 최고위원회의에서 일부 핵심 당직을 속전속결로 교체하고 나머지는 사표를 반려해 유임시켰다. 사무총장과 여의도연구원 등 요직에 측근들을 임명해 대표 중심의 결속력을 강화하는 수순을 밟은 것이다.

그리고 내 임기 연장 여부를 정할 시한이 다가오고 있었다.

앞서 말한, 국회의원 임기 만료까지 6개월이 안 남았으면 원내대표와 정책위의장의 임기를 연장할 수 있다는 규정은 우리 당「원내대표 및 정책위원회 의장 선출 당규」제7장의 제24조 3항이다. 그런데 같은 당규 제1장의 제3조 1항 "① 원내대표 및 정책위의장 선거는 의원총회에서 실시하며, 선거일은 당대표가 선거일 전 3일에 공고한다"는 규정을 유추 해석하여, 나의 임기 연장 여부에 대해 당대표가 우선적으로 결정할 권리가 있다는 반론을 펴는 세력이 있었다. 모 당직자가 이런 내용을 페이스북에 올려 한 차례 '여론전'을 펼치기도 했다.

이것은 법리에 무지한 얕은 수다. 나에게 적용되는 것은 '선출'이 아니라 '임기 연장'이다. 나는 이미 '선출'되었고, 국회 폐원까지 6개월이 남지 않았으므로 '임기 연장 여부'만 의원총회에서 의결하면 되는 것이었다.

"내 임기의 연장 여부를 의원들이 결정하도록 조속히 의원총회를 열어달라. 만약 의원들이 임기 연장에 동의해 주지 않으면 그때 당대표께서 의원총회를 소집해 새로운 원내대표를 선출하면 된다."

그러나 황 대표는 침묵했다. 그 침묵의 의미를 지금도 나는 알 수 없다. 내가 알아서 그만두길 바란다는 뜻이었을까, 아니면 하고 싶은 대로 일단 해보라는 뜻이었을까? 아무튼 내 임기 연장을 결정할 의원총회 개최 여부에 대해서도 황 대표는 끝끝내 묵묵부답이었다.

공수처법과 선거법 개정안의 협의 처리가 물 건너가고 강행 처리가 카운트다운에 들어간 상태에서 '레지스탕스 나경원'의 임기연장 여부는 당연히 언론에서도 초미의 관심사였다. 밖으로는 황·나 투톱에 균열이 일어나길 바라는 친 정부 언론, 안으로는 차기 원내대표직을 노리는 동료 의원들의 견제 등이 계속해서 뉴스를 재생산했다. 당연한 일이기도 했고, 나는 원론적으로 답할 수밖에 없었다.

"내가 스스로 원내대표직을 그만두지 않는 한, 당규상 의원총회를 열어 임기 연장 여부를 결정해야 한다."

그렇게나 연장하고 싶었느냐고? 솔직히 그렇지도 않았다. 원내대표직을 계속하게 되면 다가올 총선에서 선거운동이 힘들어질 수 있다. 실제로 선거일이 다가오면서 나의 지역구 참모들은 원내대표직보다 지역구 활동에 더 공들이는 것이 좋겠다고 조언하고 있었다. 원내대표로 계속 있다가 자칫하면 6년간 닦아온 소중한 지역구를 떠나게 되거나, 심할 경우 공천조차 못 받게 될 위험이 있기 때문이다. 무엇보다, 연비제·공수처법을 막지 못했다는 책임을 나에게 모두 뒤집어씌울 수 있는 좋은 핑곗거리가 될 수도 있었다. "나경원 때문에 다 밀렸다"는 어처구니없는 독박을 씌우고도 남을 것이었다.

그럼에도 나는 원내대표직을 순순히 놓을 수 없었다. 실낱 같은 '협상의 꿈'이 아직 완전히 스러지지 않고 있었기 때문이다. 필리버스터 투쟁 등으로 여야 간 갈등이 극단으로 치닫고 있는 가운데도 이인영 민주당 원내대표와 이어오던 물밑 협상의 불씨는 아직 살아있었다. 이 원내대표도 아직까지는 '그래도 협상을 통해 해결했으면……' 하는 낌새였다.

4월의 패스트트랙 충돌로 입건된 우리 당 의원들을 대표해서 수사와 재판을 받아야 할 처지이기도 했다. 내가 원내대표직을 그만두면 검찰의 패스트트랙 편파 수사의 명분을 제공할 수 있었다. 결자해지해야 된다는 의무감과 책임감이 나를 붙잡았다. 이대로 임기를 마친다면 끝마쳐야 할 일을 제대로 마무리하지 못하고, 총선에서 나 하나 살 길을 찾아 도망가는 셈이었다.

그건 내 사정이고, 아무튼 판단은 의원들이 하는 것이었다. 그래서 황교안 대표에게 계속해서 의원총회를 열어달라고 했고, 묵시적이라도 황대표의 동의를 구했던 것이다.

사무총장과 여의도연구원장 등이 기습적으로 교체된 이튿날 12월 3일 오후에 황 대표는 또다시 청와대 앞에서 '천막 최고위원회의'를 열었다. 안건은 바로 나의 임기 연장 여부였다.

'조속히 의원총회를 열어 내 임기 연장 여부를 결정짓자는 것일까, 아니면 사퇴하라는 종용일까?'

청와대 앞으로 향하는 내내 궁금증이 가시지 않았다. 법대로는 두 가지 모두 절차상 맞지 않는 것이었다. 의원총회는 최고위원회의의 의지와 관계없이 원내대표인 내가 소집하는 것이고, 최고위가 사퇴 운운하는 것은 당규상 근거가 없는 압박에 불과하기 때문이다.

텐트에 들어서며, 분위기가 냉랭한 데서 방향을 직감할 수 있었다. 약간의 대화 끝에, 안건의 당사자인 나더러 "텐트에서 나가달라"고 요청했다. 쫓겨난 나는 씁쓸한 기분을 내내 떨치지 못하며 여의도로 돌아가 천막 최고위의 결정을 기다렸다.

기자들 앞에 나타난 박완수 신임 사무총장의 결론은 엉뚱했다.

“우리 당규 ‘원내대표 및 정책위의장 선출’ 24조에 의한 원내대표 임기 연장은 ‘연장하지 않기로 의결한다’ 이렇게 의결했습니다.”

최고위가 당헌 당규를 자의적으로 해석해 불법 의결을 강행한 것이었다.

의원들은 술렁였다. 아무리 황교안 대표가 전당대회에서 선출된 대표라지만, 당헌 당규까지 위반해 가며 원내대표를 자의적으로 내쫓겠다고 결정한 데 찬동하기 어려웠을 것이다. 의원들이 직접 투표로 뽑은 원내대표의 지위를 원외 당대표가 쥐락펴락하는 데 대한 반감도 없을 수 없었으리라.

아니나 다를까, 박 사무총장의 기자 회견이 있자마자 곧바로 의원들의 전화가 빗발쳤다.

“나 대표가 여기서 물러서면 절대 안 된다. 당장이라도 의원총회를 열어서 임기 연장 여부를 결정해야 한다.”

“우리가 스스로 우리 당의 규정을 위반한다면, 문재인 대통령의 위법한 ‘조국 감싸기’를 어떻게 비판할 수 있겠느냐?”

격한 어조로 황 대표를 비난하는 이들도 있었다.

모두 맞는 말이었다. 나도 마음 같아선 ‘당내 권력’이 이렇게 당규를 제멋대로 왜곡해 해석하는 데 대해 직을 걸고 항거하고 싶었다.

고민의 시간이 시작됐다. 주어진 선택지는 세 가지로 간추려졌다.

첫째, 최고위 결정을 거부하고, 의원총회를 소집해 임기 연장 여부를 묻는다.

둘째, 최고위 결정을 따르되, 황 대표와 최고위의 결정을 정면으로 비판한다.

셋째, 조용히 퇴장한다.

참모·가족·언론인 등 주변의 답안은 각양각색이었다. 주전파와 주화파, 매파와 비둘기파의 목소리들이 어지러이 교차했다. 우리 당과 나경원을 위하는 진심이 읽히는 반응이 있는가 하면, 각자도생을 노리는 티가 역력한 의견도 있었다. '사람은 정말 끝까지 겪어봐야 아는 거구나' 하고 새삼 느끼며, 나의 영혼은 '낙담과 비관' '분노와 실망' 사이를 시계추처럼 오가고 있었다.

주어진 시간도 그리 많지 않았다. 나는 한 가지만 생각하기로 했다.

'어느 것이 우리 당을 위한 길인가?'

내가 원내대표직을 계속 하고 싶은가 아닌가, 어느 쪽이 나에게 유리할까를 제쳐두고, 오직 당을 기준으로 우리 당에 도움이 되는 방향으로 가는 것이 맞고, 솔직히 말하면 긴 안목으로도 그것이 나에게 유리할 거라고 판단했다. 어느 쪽으로 결론이 나든, 우리 당을 공격하고 음해하는 세력과 언론에게 빌미를 주지 않도록 '모양'도 갖춰야 했다. 어차피 사람들은 당내 세세한 규정과 사실 관계는 모른다. 멀찍이서 보이는 대략적

원내대표 나경원의 발걸음은 나 스스로 멈추었으나, 정통 보수 정당의 발걸음은 멈춘 돌을 디딤돌 삼아 앞으로 앞으로 가야만 한다.

인 윤곽만으로, '권력 투쟁은 이전투구'라는 선입견을 가지고 남을 재단하는 것이 정치판이다. 옳은 쪽이 욕심으로 매도당하고 그른 쪽이 배려라고 돋보이는 일이 비일비재하지 않은가.

의원총회는 2019년 12월 4일로 잡혔다. 전날 새벽 늦게까지 잠을 이룰 수 없었다. 원내대표 임기 연장안을 상정할 것인가 말 것인가? 오늘의 결정은 우리 당의 총선 판세와 나의 향후 정치 인생과 직결될 것이다. 신중 또 신중, 고민 또 고민을 이어가던 끝에, 마침내 결심이 섰다.

'조용히 물러나자. 아무런 설명도 항변도 없이 당을 위해 물러서자.'

지금 원내대표가 당대표와 대립각을 세우는 모습이야말로 우리 당이 망하기를 바라는 사람들, 내가 몰락하기를 바라는 사람들이 가장 원하는 모습일 것이다. 분열의 원흉으로 매도당하고 적들을 이롭게 할 수는 없다. 부당하다면 언젠가는 밝혀지겠지. 여기서 그냥, 조용히 나의 자리로 돌아가자.

멈춘 돌이 디딤돌로

'나경원의 반격일까, 마지막 포효일까? 쉽게 물러설 사람이 아닌데.'

12월 4일 아침 의원총회. 빼곡히 들어찬 카메라의 숲을 헤치고 단상에 올라선 나는 담담하게 사퇴 회견문을 읽어내려 갔다.

지난 1년 자유한국당 원내대표로서 보낸 시간은 뜨거운 열정과 끈끈한 동지애로 가득한 1년이었습니다. 눈물과 감동의 시간이었습니다. 문재인 정권의 폭정과 독선에 맞서서 대한민국의 헌정 질서를 지키기 위해서 우리 모두 온몸을 던진 위대한 저항의 역사였습니다. 의원님 모두에게 감사드립니다.

오늘 의원총회에서는 임기 연장 여부에 대해 묻지 않겠습니다. 권한과 절차를 둘러싼 여러 가지 의견이 있습니다만, 오직 국민의 행복과 대한민국의 발전, 당의 승리를 위해서 내린 결정입니다.

자유한국당 원내대표 나경원의 발걸음은 여기서 멈춥니다. 그러나 자유민주주의의 수호와 자유한국당 승리를 위한 그 어떠한 소명과 책무도 마다하지 않겠습니다.

부족한 저에게 기회를 주시고 또 믿어주신 국민 여러분과 의원님들, 그리고 당직자와 보좌진 여러분들께 진심으로 감사드립니다. 그리고 저는 여기 계신 모든 분들이 너무나 자랑스럽습니다.

바람에 나무가 흔들려도 숲은 그 자리에 있습니다. 바위가 강줄기를 막아도 강물은 바다로 흘러갑니다. 자유한국당은 흔들리거나 멈춰선 안 됩니다. 그것이 대한민국을 구하는 길이라고 생각합니다.

고맙습니다.

나경원의 발걸음은 스스로 멈추었으나, 정통 보수 정당의 발걸음은 멈춘 돌을 디딤돌 삼아 앞으로 앞으로 가야만 한다.

나경원의 발걸음이 멈춘 것이 결코 아니었다. 자유한국당의 발걸음이 멈춘 것은 더더욱 아니었다. '오늘, 지금' 원내대표 한 사람이 그 발걸음을 멈춘 것이었다. 그것도 스스로.

우리가 결코 틀리지 않았음을 보여주고 싶었다. '연비제·공수처·패스트트랙'의 광풍에 1년 내내 몰리고 치이고 밟히고 상처받은 자유한국당

100여 명 전사들이 패배주의에 빠지게 두어서는 안 되었다. 고맙고 감사했다, 자랑스럽다고 꼭 이야기해 주고 싶었다.

바람이 휘몰아쳐도 자리를 지키는 숲처럼, 거대한 바위를 유유히 둘러 바다로 나아가는 강물처럼, 우리 당은 있을 자리를 지키고, 나아갈 곳으로 어김없이 나아가야 한다. 지금은 자유민주주의와 시장경제의 가치가 외면당하고 있는 듯 보여도, 언젠가는 이 나라를 위기에서 구하고 국민의 삶을 보듬어주는 올바른 정치를 바로 세우기 위해서 우리 당은 반드시 우리의 가치를 지켜나가야만 한다.

'우리마저 무너지면 안 된다.'

그 말이 하고 싶었다.

닷새 뒤 12월 9일, 의원총회에서 5선의 심재철 의원이 새 원내대표로 선출되었다.

나는 20대 국회 새누리당-자유한국당-미래통합당의 네 번째 원내대표이자, 자유한국당의 이름으로 임기를 시작하고 마친 마지막 원내대표가 되었다.

13

보수의 길

“아니, 왜 그렇게 싸우셨어요? 살살 좀 하시지.”

4·15 총선 선거운동 다니면서 만난 유권자 중 적잖은 분들이 이런 말을 건네곤 했다.

‘그러게요, 왜 그렇게 열심히 싸웠을까요?’

속으로 이런 대답을 하면서, 또 한편으로는 ‘도대체 어떻게 설명해 줘야 할까?’ 하는 답답함도 없지 않았다.

원내대표를 하는 동안도 많은 분들이 “너무 각을 세우지는 마시라”고 충고해 주었다. 어쩌면 이 책 갖고도 그런 충고를 해주는 분들이 있을지 모르겠다. 다음 선거에 불리하게 작용할 수 있다는 정치공학적 판단이다.

좋은 게 좋다고, 말이 통할 정도로만, 당장 국민들 귀에 듣기 좋은 말

좀 해주고, 착하고 순한 이미지를 적당히 유지하면서 '당선을 위한 정치'를 하려면 할 수도 있을 것이다. 실제로 많은 정치인들이 '투사' '강성' '튀는 이미지'가 덧씌워지는 걸 부담스러워 한다. 정치 피로도가 높고 좌우 양쪽에 다 실망한 다수의 중도층 유권자들은 온건·온화한 이미지의 정치인을 선호하기 마련이다.

하지만 나는 싸워야 했다. 우리는 항쟁해야 했다. 그것은 정략적인 판단도, 계산된 선택도 아니었다. 2019년 그 한 해, 꼭 제1 야당의 원내대표가 아니었더라도 책임 있는 정치인으로서 나는 문재인 정권에 격렬하게 맞서 싸웠을 것이고, 우리 동지들 모두 그래야 했을 것이다. 그것은 반드시 지켜야 할 그 무엇 앞의 의무였고, 어쩌면 숙명이었다. 반드시 지켜내야 할 '그것'이 문재인 정권에 의해 무너지는 것을 그대로 보고있을 수는 없었다.

실종된 '공존'과 '상생'

정치인마다 이상이 다르고, 정당마다 이념이 다를 수 있다. 그러나 자유민주주의·의회 민주주의라는 링 안에서 누구나 예외 없이 지켜야 하는 하나의 룰이 있으니, 그것은 '나도 틀릴 수 있다는 걸 인정하기'다. 나와 다른 의견이 때로 나의 생각보다 우월할 수 있음을 부정해서는 안 된다는 말이다. 다름을 인정하고, 다름을 틀리다고 낙인찍지 않는 것, 그것이 정치에서 '공존의 룰'이고, 추구하는 바가 다른 집단들끼리 상생하며 정치를 작동시키는 원동력이다. '절대 권력은 절대 부패한다'라는 격언은 자유민주주의·의회 민주주의의 절대적 격언이다.

문재인 대통령과 집권 세력의 가장 실망스러운 점은, 그들이 권력을 절대화하고 정의와 선(善)을 독점하려는 야망을 숨기지 않고 또 그 야망대로 국정을 운영해 나간다는 사실이다. 내가 원내대표에서 퇴임하고 총선에서 고배를 든 이후 몇 달 동안 문 정권의 행적만을 봐도 나의 우려가 결코 기우가 아님을 알 수 있다.

나는 원내대표 때 문재인 정권을 '신독재'로 규정했다. 그러자 "과연 독재라는 말까지 붙일 정도인가?" 하고 의구심을 드러내며 "좀 오버한다"고 핀잔하는 분들도 적지 않았다. 그러나 지금 보면 어떤가? 「이코노미스트」지가 2019년에 신독재라는 말을 쓸 때는 딱히 한국을 겨냥한 것은 아니었다. 그 「이코노미스트」가 1년 뒤 2020년 8월에는 문재인 정부를 콕 찍어 '내면의 권위주의'라고 직격탄을 날렸다. 9월에는 아랍권 뉴스 매체 「알 자지라」가 비슷한 취지의 칼럼을 실었다. 필자는 호주의 한국인 교수인데, "문재인의 한국에서 규범이 된 권력 남용"이라고 제목부터 선명하고 구체적으로 달았다. 나의 이른 경고가 헛발질이 아니었음을 자랑하기 앞서 대한민국 국민으로서 너무나 민망하고 창피한 일이며, 해외 매체에서조차 문재인 정부의 권위주의화를 우려하는 기사와 칼럼이

나오는 걸 엄중하게 받아들여야 한다.

문재인 정부는 '민주적으로' 탄생했다. 박근혜 대통령 탄핵소추와 파면이 과연 절차적·실체적으로 정당했는가 하는 의문은 별개로 하고, '대통령 문재인' 탄생의 전제가 된 것은 헌법재판소의 탄핵결정문과, 대통령 선출 절차를 정한 헌법이었다. 문재인 후보가 승리한 그 대선은 부정선거도 통제된 관권 선거도 아니었다. 41퍼센트 득표율에 그치긴 했지만(직전 박근혜 52%), 민주적 절차에 따라 문재인 후보는 정권을 거머쥐었다.

그러나 '민주적 선출의 정당성'이 곧 그 통치 세력의 정치적 정당성으로 이어지는 것은 아니다. 정권의 민주적 탄생 과정과 별개로, 그 정권의 '운영 방식'이 우리 헌법 가치에 맞지 않는다면 그 정권은 정당성을 상실하고 극복의 대상이 될 수도 있다. 문재인 정권은 자유민주주의라는 헌법적 가치를 급격히 손상시켰고, 자유민주주의는 지금 이 순간도 점점 더 심각한 수준으로 퇴보하고 있다.

'민주'는 때로 '자유'와 충돌한다. 민주가 '다수의 뜻'을 따르는 절차상의 문제라면, 자유는 우리가 반드시 지켜야 하는 기본적 '가치'의 문제이기 때문이다. 그래서 참다운 자유민주주의를 '민주 없이 자유 없고, 자유 없이 민주 없다'는 말로 표현하기도 한다.

문재인 정부의 가장 심각한 과오는, 정권이 표방하는 '민주'에서 '자유'를 삭제하고 있다는 것이다. 문 정권하에서 가장 수난을 겪는 기관들을 떠올려 보자. 언젠가 여당이 될 수도 있는 야당을 논외로 하면 대표적으로 검찰·언론·기업을 들 수 있다. 사법부의 중립성이 흔들리고, 감사원장이 핍박을 받으며, 전문가들의 권위가 부정당하고 있다. 이것이 자유민주주의 몰락의 징조라는 것은 이미 권위주의로 퇴행해 버린 남미와 동유럽 나라들에서 확인할 수 있다.

준연동형 비례대표제를 골자로 하는 공직선거법 개정안과 공수처설치법을 야당과의 협의 없이 패트스트랙으로 강행 처리한 것은 그중에서도 의회 내 자유민주주의 퇴행의 상징적인 사건이었다.

선거제는 입법부를 구성하는 룰이다. 그런 룰을 한쪽 선수들 마음대로, 단순히 숫자가 더 많다는 걸 내세워 마음대로 결정하고 통과시켜 버린다면 이후의 경기는 공정할 수 없다. 상대편을 타협·공존·상생의 파트너로 여기지 않는 배타적 정치관을 적나라하게 드러낸 폭거였다.

공수처는 문재인 대통령 자신 야당 시절 '제왕적 대통령제'라고 비판하던 그 대통령의 무소불위의 권력을 훨씬 더 강력하게 만드는 무기다. 법관·검사·국회의원·선관위원 등 합법적으로 대통령의 권력을 견제할 수 있는 헌법 기관들이 공수처의 칼 아래 숨죽이게 되면 그렇잖아도 이미 제왕적인 대통령의 권력이 황제급으로 격상된다.

야당을 궤멸시킬 연비제, 무소불위의 대통령을 탄생시킬 공수처 — 2019년 1년 내내 나와 우리 당의 항쟁은 이 두 악법을 막으려는 처절한 몸짓이었다.

국회 밖으로 눈을 돌리면 '견제와 균형의 파괴' 징후가 훨씬 역력하고 광범위하다. 대법원과 헌법재판소는 이 정권의 코드 인사를 통해 완벽하게 장악되었다. 정권 주변 인사들은 법원의 판결이나 결정이 성에 차지 않으면 '판사 탄핵' 운운하며 사법부 공격을 서슴지 않더니, 한명숙 전 총리 뇌물 사건의 확정판결까지 뒤집기 위해 군불을 때고 있다. 이재명 경기도지사와 은수미 성남시장의 무죄 판결은 법치주의의 몰락을 노래하고 있다. 살아있는 권력을 수사해야 할 검찰을 무력화하기 위해 법무부 장관은 감찰권과 인사권을 남용하고 있다. 대통령과 청와대의 계속되는 인사 참사는 국회의 인사 청문 보고서를 무시하는 수준을 넘어 청문회 자체를 열지 않고 장관을 임명하기까지 이르렀다. 이른바 반(反) 제도주의(anti-institution)의 전형이다.

브레이크 없는 '무오류' 정권

문재인 정부의 무분별한 돈 퍼주기를 막으려 싸운 이야기는 제9장에서 했다. 정권의 '돈풀리즘'은 급기야 긴급재난지원금 군불로 선거 판세에 결정적인 영향을 끼치는 '표(票)퓰리즘' 참사로 발전했다.

우리가 '퍼주기 정치'를 우려하고 반대하는 것은, 어느 정권에서 재정 건전성이 흔들리는 것은 다음 정권의 재정 고갈로 직결되어 미래 세대에 나쁜 유산으로 상속되기 때문이다. 미래 세대의 행·불행에 대한 의식 자체가 없어 보이는 문재인 정권은 위기를 맞을 때마다 선심성 퍼주기 정책으로 국민의 당장의 분노를 달래면서, 그에 반대하는 야당을 '트집' '몽니' '발목잡기'라며 역공하는 못된 버릇을 고치지 않고 있다. 중국발 코로나 정국과 유례없는 자연재해가 퍼주기 정치에 대한 경각심을 희석시키는 모습이어서 아쉽고 안타깝다.

게다가 문 정권은 특히 경제 정책에서 '무오류 정권'을 자처하는 독선에 빠져있다. 어느 정권이든 정책 운용에서 크고 작은 실패를 경험할 수 있다. 실패 앞에서는 한 발 물러서서 사과하고 정책을 수정해야 한다. 원조 '정치 10단'이라던 김영삼·김대중 전 대통령들도 경제외적으로 아들 비리 앞에서는 고개를 숙였고, 외환위기 같은 경제 실정(失政)에 대해 국민의 용서를 구했다. 그래서 우리는 김영삼·김대중 두 정권을 완벽하진 않았어도 최소한 도덕적이고 겸허한 정권으로 기억하는 것이다. 노무현·이명박·박근혜 정권도 마찬가지다. 실수가 있을 때마다 대통령은 사과했고, 국민이 너그러이 이해하고 다시 단결할 것을 호소했다.

문재인 정권은 어떤가? 소주성·탈원전, 측근 비리, 인사 참사 등에서 대통령이 제대로 된 대국민 사과 한번 하는 것을 보지 못했고, 문제가 생기면 동문서답과 갈라치기로 비판 세력을 되레 공격하는 기술만 늘어왔다.

대표적으로 부동산 정책을 보자. 스무 번 넘게 남발한 온갖 규제와 정책은 완벽하게 실패했다. 평생 소원이 내집 갖기인 국민 대다수에게 월세나 강요하면서 집값 오른 책임의 화살을 다주택자에게 돌린 것은 고스란히 청와대 비서관들과 장·차관, 여당 의원들에게 부메랑으로 돌아왔다. '경제학 개론과 싸우는 정권' '직(職)보다 집'이라는 비아냥을 들으면서도 문제의 근본 원인이 공급 부족이란 걸 인정하려 들지 않으니, '영끌'에라도 나서야 하는 애먼 무주택자에 고스란히 피해가 전가된다. 그래도 이 정권은 결코 수정하지 않는다. 눈을 감고 귀를 막고 "우리는 늘 옳다"만 되뇌는 무오류 정권이기 때문이다.

2019년까지의 반(反) 시장적 정책들은 제쳐놓고, 180석 거대 여당 이후에 남발한 수많은 반기업적 법안들도 경악할 수준이다. 글로벌 스탠더드와 결코 어울리지 않는 누더기 규제들로 그렇잖아도 힘든 기업과 자영업자들에게 "이래도 기업 안 접을래?" "제발 우리나라를 떠나라"라는 주문을 외우는 수준이다.

믿음직한 보수로 가려면

정권이 무너뜨리는 헌법적 가치를 일차적으로 야당 아니면 누가 지킬까? 좌와 우, 진보와 보수를 넘어 우리 모두에게는 대한민국의 헌정 질서를 지켜야 할 의무가 있다. 정권의 반헌법적 독주를 막지 못하면 희생은 결국 국민의 몫이다. 경제가 무너지고 정치가 마비되면 국민은 빈곤과 불안 속에서 살아가야 한다. 그런 징후가 이미 너무 많은 곳에서 드러나고 있다.

이러한 문재인 정권의 질주를 막을 힘이 국민의힘으로 대표되는 우리 보수 야당에게 부족했다는 현실을 겸허하게 시인하고, 나부터 반성한다. 우리는 신뢰를 잃었고, 국민의 기대에 못 미쳤다. 2016~17년 탄핵 정국 이후 통일되고 일관성 있는 철학을 보여주지 못했고, 대선에 이어 지방선거와 총선 과정에서도 제대로 된 비전을 보여주지 못하고 연패했다. 때로는 눈앞의 이해관계에 집착해 당장의 인기에 영합했고, 심지어 여권의 망국적 정책에 편승하는 모습을 보이기까지 했다.

우리 보수 정당은 과연 문재인 정권의 대안 세력으로 국민들에게 다시 인정받을 수 있을까? 그러기 위해 우리는 무엇을 해야 할까?

나는 세 가지에 집중해야 된다고 생각한다.

첫째, 보수의 가치를 견지하는 책임 있는 보수, 믿음직한 보수, 그리고 용기 있는 보수가 돼야 한다.

미국·일본·영국·프랑스·독일 등에서는 보수 정치 세력이 집권하여 국정을 책임 있게 수행하고 국민의 재신임을 얻는 경우가 많다. 때로 표심을 거스를 것을 감수하면서까지 보수의 핵심 가치인 '자유'와 '시장'을 고수하는 정치 세력, 또 그것을 표로 보상해 주는 국민들을 보면 경외감을 느낄 정도다. 지금 우리나라에는 그런 '책임 있는 보수'가 보이지 않는다. "이런 사회 문제에는 이것 말고 해법이 없다"고 자신 있게 말하는 '믿음직한 보수'가 없다.

선거에 크게 몇 번 졌다고 하여 엉뚱한 곳에서 해답을 찾아선 안 된다. 그것은 용기가 부족한 정치다. 우리가 스스로 옳다고 믿는 것에 대해 자신감을 가져야 한다. 일시적인 부정적 여론과 언론의 공격에 위축돼 물러서면 그때부터 더 집요한 공격이 시작된다. 한 발 물러서면 두 발 다가와서 때리는 것이 정치다. 어설프게 남을 따라 하는 것도 방법이 아니다. 가장 우리다운 것에 집중해야 한다.

둘째, '대안이 있는 정당'으로서 구체적이고 시의성 있는 어젠다로 승부해야 한다. '내 손에 만져지는 정치'를 해야 한다.

그동안 우리 보수는 '자유시장경제' '강한 안보' 등 비교적 거대한 어젠다 안에 갇혀있는 한계를 보여왔다. 물론 이 두 어젠다는 그 어떠한 주제보다도 중요한 국가적 과제다. 문제는 이것들이 국민들 입장에서는 손에 잘 만져지지 않는, 거리감이 느껴지는 주제로 다가오기에 그만큼 흥미가 가지 않고 어렵게 느껴진다는 것이다. 이제 우리는 더 국민들에게 가까이 다가가야 한다. 국민들이 "아, 저런 정책이라면 내 삶이 이렇게 저렇게 바뀌겠구나!" 할 수 있는 예측 가능성을 심어줘야 한다.

우리 가치에 충실하면서도 얼마든지 국민들에게 어필할 수 있는 이슈들이 있다. 교육 개혁, 노동 개혁, 규제 개혁 등은 '우리' 것들이다. 잠자는 교실, 정체된 교육에 대한 국민적 불만을 생각해 보자. 배달 앱 발전과 재택 근무 보편화 등 획기적으로 변화해 가는 노동 환경도 떠올려 보자. 모두 우리가 해결해 나가야 할 과제들이 산적한 영역들이다.

그러면서 우리는 중도층을 끌어안기 위한 변신도 꿈꿔야 한다. 나는 2019년 7월 두 번째 원내교섭단체 대표 연설을 통해 '안전'과 '안심 인프라 확충'을 이야기한 바 있다. 붉은 수돗물로 인한 국민적 공포, 우리가 해결해야 한다. 우리의 가치를 지키고 소중히 여기되, 그 안에만 갇혀 있다간 필패다. 준비된 대안 세력이 개혁 세력으로 재탄생해서 국민에게 솔루션을 내놓을 수 있어야 한다. 주거·보건·안전·인권·환경·문화 등 등, 삶의 모든 영역의 이슈를 당 안으로 끌고 들어와야 한다. 정권의 자책골에서 반사이익이나 얻으려 해서는 안 된다. 누구나 할 수 있는 "문재인 정권의 부동산 정책은 잘못됐다"는 50점짜리 정책을 넘어, '우리의 솔루션'을 내는 90점, 100점짜리 정책을 내놓아야 한다. 공허한 담론이 아닌 구체적인 대책에 초점을 맞출 수 있으려면 전문가 집단에도 편견 없이 문호를 활짝 열어야 한다.

셋째, 우리 스스로의 개혁이다.

정당 개혁은 시급한 과제다. 우리의 가치를 지키고, 구체적이고 시의성 있는 어젠다로 승부하고자 한다면 결국 그 원동력은 내부 개혁에서밖에 나올 수 없다.

패권 다툼, 계파를 위한 계파 정치, 줄 세우기 공천과 결별하고 '시스템 정치'로 나아가야 한다. 그래야만 보수의 우산 아래 끊임없이 새롭고 젊은 정치 세력을 재생산할 수 있다. 물론, 아무리 없애려 해도 정당에서는 자연 발생할 수밖에 없는 것이 계파와 파벌이다. 중요한 것은 '무엇을 중심으로' 형성된 계파·파벌이냐다. 기존의 계파는 특정 인물·지역과 정치적 이해관계에 따라 만들어졌다. 그래서 계파 간 갈등은 늘 소모적이었고, 상대를 죽여야 내가 살아남는 적자생존식, 제로섬 대립이었다. 그러나 만약 계파가 이념과 철학에 의해 분화된 것이라면, 당내 계파 갈등은 오히려 어젠다를 더 생산적으로 확장시키는 촉진제가 될 수 있다. 그렇다면 '공정한 룰'을 만들어 생산성 있는 경쟁이 이뤄지도록 관리하면 된다.

공정한 룰이란 무엇일까? 내가 정치 초년생 시절부터 줄기차게 주장해 온 '오픈 프라이머리' 공천이 그 한 예가 될 수 있을 것이다. 반복돼 온 당내 갈등과 파국은 결국 공천에서 비롯됐다. 납득할 수 없는 불공정과 줄서기로 공천이 이뤄지니 능력 있는 정치인들이 발을 붙이지 못하고 당을 떠나는 일이 고질적으로 반복돼 왔다. 완전한 의미의 '아래로부터의 공천'은 불가능할지 모른다. 일부 전략 공천도 불가피할 수 있다. 그러나 원칙은 어디까지나 상향식 공천, 즉 오픈 프라이머리 공천이 돼야 하고, 예외적인 경우에만, 그것도 어디까지나 당헌·당규의 통제 아래 전략 공천을 해야 한다.

정당 개혁의 또 하나 줄기는 세대교체다. 말로만 청년, 청년 할 것이 아니라 '젊은 보수' '샤이 보수'들의 진정한 보호자가 되어 그들을 육성하고, 실질적인 기회를 주고, 미래의 정치 지도자로 성장시켜야 한다. 나는 좌파 운동권 정치의 한계에 대해서 누구보다도 비판적이지만, 동시에 그들이 갖고있는 '계보의 정치'가 얼마나 막강한 힘을 발휘하는지 현장에서 지켜볼 수 있었다. 김영삼·김대중 전 대통령들의 정치력은 결코 개인에게서 나온 것이 아니다. 민주화 운동이라는 역사적 뿌리를 바탕으로 그들은 사람을 키웠고, 사람과 함께 정치를 했다. 그렇게 형성된 계보가 지금도 한국 정치를 견인해 가고 있다. 물론 그 폐해도 있다. 하지만 보수는 제대로 된 줄기조차 만들지 못하고 각자도생의 정치를 해온 탓에, 결국 세력 대 세력의 대결에서 늘 패배를 면치 못한 것이다. 이제 우리는 신(新) 보수를 과감히 끌어올리고 20대는 물론이고 10대 청소년들과의 소통에까지 전면적으로 나서야 한다.

내가 늘 하는 말이지만, 우리는 정치'꾼'이 아니라 정치'인'이 돼야 한다. 정치꾼이 다음 선거를 고민한다면, 정치인은 다음 세대를 생각한다. 우리 아이들의 미래, 100년 후의 대한민국에 대해 우리는 무거운 책임감으로 임해야 한다. 그러기 위해 우리는 무엇을 바꿀 것인지 답을 찾아야 한다. 이것이 곧 정치의 개혁이고, 우리 보수의 개혁이다.

이것이 보수 정치가 가야 할 길이다. 내가 원내대표 1년 동안 가고자 했던 길이고, 나의 정치 인생에서 결코 포기할 수 없는 나의 꿈이고, 내가 정치를 하는 이유다.

그리고 진보와 보수, 좌우를 떠나 내가 늘 지키고자 하는 정치의 원칙은 바로 '진정성'이다. 2019년 6월, 나는 여느 때처럼 현충일 즈음을 맞아 묘비 닦기 봉사활동에 나섰는데, 모 언론이 무려 한 시간이나 카메라를 들고 나를 촬영했다. 내심 내가 잠깐만 하는 척하다 자리를 뜨기를 바랐던 것으로 추측된다. 정작 한 시간 넘게 땡볕에서 묘비를 닦은 나의 모습은 그 매체에 보도되지 않았다.

아무리 바빠도 나는 장애인과 같은 사회적 약자를 위한 행사만큼은 꼭 현장을 찾아 직접 아이들이나 그 부모들을 부둥켜안고 마음을 나눴다. 또 고성산불, 포항지진 때 이재민들과 껴안고 함께 눈물을 흘리며 '내가 힘이 있다면 정말 도와줄 수 있는 일이 많을텐데...'라는 아쉬움에 마음이 아팠다. 오랜 정치 생활을 통해 내가 체득한 것은, 진짜 어렵고 힘든 분들에게는 정말 마음으로 다가가야만 그 문제를 해결하고 실질적인 도움을 줄 수 있다는 사실이다.

추경 당시에는 낭비성 예산을 삭감하려 애를 쓰는 과정에서도 나는 미세먼지 대응이나 안전 관련 예산은 오히려 늘리려고 노력했다. 정말 국민을 위하는 마음이라면, 깎을 건 깎는 와중에도 늘릴 건 늘려야 한다고 봤다. 국민이 필요로 하는 디테일에 더 신경 쓰고 조금이라도 더 필요한 곳에 예산이 먼저 흘러갈 수 있어야 한다. 정치인의 눈은 국민을 향해 있어야 한다. 그것이 정치의 본질이다.

14

6년 만의 여백

시곗바늘이 벌써 8시를 가리키고 있었다. 7시 넘어 눈을 떠본 적이 얼마만이던가. 화창한 봄볕이 창밖에 아른거렸고, 몸은 처질 대로 처져서 침대에 달라붙어 있다고 해야 할 지경이었다.

'낙선자.'

당분간 붙어 다닐 수식어에 적응해야만 했다. 물론 한 달 반쯤 남은 임기 동안은 아직 국회의원 신분이고 의정 활동도 계속해야 하지만 말이다.

오랜만에 다시 느껴보는 홀가분함이기도 했다. 2014년 7월에 서울동작을 보궐선거에서 이제는 고인이 된 노회찬 전 의원을 꺾고 여의도로 돌아온 지 6년여 만에 다시 자연인으로 돌아가는 것이다.

갑자기 정신이 번쩍 들었다. 누워만 있을 때가 아니었다. 선거운동에 애써 준 동료들을 다독거리고, 모든 것들을 하나하나 차곡차곡 제자리로 돌려놔야 했다. 내가 정치에 입문한 후 최악의 참패를 겪은 당도 추슬러야 했다. 부지런히 외출 준비를 하고 지역구 사무실로 향했다.

기울어진 운동장

11월에 무산된 필리버스터는 12월 임시국회에 다시 신청되었고, 50시간 만에 임시국회 회기 종료와 함께 만료되었다. 문희상 국회의장과 민주당은 27일에 임시국회 새 회기를 소집해 연동형 비례제 도입을 골자로 하는 선거법을 처리하고, 30일에는 공수처설치법도 강행 처리했다.

해가 바뀌며 정국은 급격하게 선거 모드로 전환되었다. 2020년 2월 17일, 우리 당은 부분적으로 보수 통합을 이루며 미래통합당으로 재탄생했다(다시 국민의힘으로 개명함으로써 결과적으로 몇 달짜리 간판이 되고 말았지만). 이후 당이 올바른 방향으로 나아갔는지, 그러도록 우리는 최선을 다했는지는 그 바로 얼마 전까지 원내대표를 지낸 사람으로서 말을 아끼려 한다.

2019년 12월에 원내대표에서 물러나 넉 달 동안 평의원으로서 지역구를 관리하고 본연의 의정 활동에 몰두하고 선거운동을 치르는 내내 어떤 싸늘함 같은 것이 감돌고 있었다. '쉽지 않겠다'는 불안감, 또 '무엇이 어떻게 날아올지 모른다'는 두려움이랄까? 누가 상대 후보로 올지조차 맨 막판까지 기다려봐야만 알 수 있는 불투명한 선거 구도에서 내가 맞서야 하는 상대는, 누군지도 모르는 '경쟁 후보'뿐만이 아니었다. 민주당, 그리고 정체를 알 수 없는 외부 단체, 정권과 일체가 된 편향 언론들이 사정없이 나를 공격했다. 사방에서 화살이 날아오는 광야를 단기필마로 달려가는 느낌이었다.

선거가 본격화되기 전인 1~2월까지만 해도 분위기는 그리 나쁘지 않았다. 조국 사태를 거치고 2020년 초, 처음엔 '우한 폐렴'이라는 이름으로 코로나 19 바이러스가 확산되면서 문재인 정권은 한 차례 큰 위기에 빠졌다. 당시만 해도 자유한국당-미래통합당이 총선에서 결코 불리하지 않다는 낙관론이 컸다. 그동안 내가 지역구에 쏟은 애정과 열정을 새 얼굴이 들어와 극복하기란 쉽지 않았을 것이다.

중국발 입국 금지 조치에 실기한 정부, 마스크 대란, 그리고 첫 코로나 사망자가 나온 날 영화 〈기생충〉의 감독과 출연진을 청와대에 초대해 짜파구리를 앞에 놓고 파안대소하는 대통령 내외의 모습 등은 여당에 커다란 악재로 작용했다. 우리 당에서 공천 파동과 연이은 설화(舌禍)가 터져 나오기 전까지, 정권 심판론은 불씨가 살아있었다.

앞서 이야기 했던 노영민 비서실장과의 막판 공수처 협상을 위한 비공개 회동 당시, 노 실장은 나에게 "지역구 관리 참 잘하셨더만요"라고 이야길 해왔다. 여론 조사에 누구를 내 상대로 넣어서 돌려봐도 만만치 않더라는 얘기였을 것이다. 임종석 전 비서실장, 강경화 외교부 장관, 고

민정 전 청와대 대변인, 기존의 강희용 당협위원장 등등, 유력하게 거론되는 사람만 꼽기에도 열 손가락이 부족할 정도로 한 치 앞이 안 보이는 선거였다.

'기필코 나경원만은 떨어뜨려야 한다'는 당훈(黨訓) 같은 것이 민주당을 지배하는 듯했다. 패스트트랙 충돌부터 시작해서 2019년 내내 격렬하게 항쟁한 내가 서울에서 수성(守成)에 성공한다는 것만은 결코 받아들일 수 없다는 위기의식 같은 게 팽배했을 것이다. 총선 후 민주당의 소위 '전략통'이라고 불리던 모 고위 당직자는 나에 대해서 "자체 조사를 해보니 소위 국민밉상이 돼 있더라"고 말했다. 뭔가 퍼즐이 맞춰지는 느낌이었다. 국민밉상을 만들어내기 위해 수단과 방법을 가리지 않고 '작전 '비슷한 것을 펼쳤다는 실토처럼 들린 것이다. 특히 MBC의 집요한 비방 보도와 민식이법을 둘러싼 강도 높은 정치 공세가 나를 궁지로 몰아 넣었다.

원내대표 때부터 MBC의 〈스트레이트〉라는 프로그램은 나를 집요하게 공격하고 있었다. 2019년 11월 18일 내 아이의 문제를 걸고넘어진 그 프로그램이다. 장관 사퇴로 끝난 조국 사태로 궁지에 몰린 정권에 MBC가 내민 구원의 손길 같은 것이었다. MBC의 공격은 원내대표에서 물러난 후 2020년 1월에 다시 시작됐다. 내 아들이 다니는 미국 학교까지 직접 찾아가는 열성 취재를 감행한 것이다. 그리고 미래통합당이 출범한 2월 17일 〈스트레이트〉 3차분, 다시 3월 9일에는 윤석열 검찰총장에 대한 의혹 제기 방송에 나를 묶어서 내보냈다. 특정 공영방송이 무려 네 차례에 걸쳐 '나경원 낙선 특집'을 방영한 것이다. 야당 정치인 한 명을 타깃으로 전파와 시간을 네 번이나 쓰는 이 집요함을 도대체 어떻게 설명해야 할까?

'스트레이트'의 영향력은 실로 막강했다. 큰 선거를 몇 차례나 치러본 나는 유권자 눈빛만 봐도 안다. 방송이 나가고 며칠 동안은 지지율이 출렁이고 동네 여론이 급격히 싸늘해지는 게 보였다.

MBC가 전국을 무대로 나경원 낙선 운동을 전국을 무대로 펼치는 동안, 지역구는 외부 세력이 난도질했다. 전가의 보도, 친일 프레임이었다. 대진연이라고 했나, 솔직히 이름도 정확히 기억 안 나는 단체가 내 지역구 지하철역마다 나를 콕 찍어 매도하는 피켓을 들고 나서서 조직적으로 선거운동을 방해했다. 내 지역구 사무실을 배경으로 '사사건건 아베 편' 같은 피켓을 든 사진을 찍어서 배포하는가 하면, '투표로 100년 친일 청산하자' 같은 문구의 현수막을 곳곳에 기습적으로 달았다.

선거관리위원회의 이중잣대는 우려한 이상이었다. 선관위는 그들의 '친일 청산' 같은 현수막이 선거법상 문제 될 것이 없어 제재할 수 없다는 입장이었다. 그러면서 나의 지지자들이 자발적으로 만든 '민생 파탄' '거짓말 OUT' 같은 피켓은 불법 선거운동에 해당한다며 제지하고 나섰다. 친일 청산은 되고 민생 파탄은 안 된다? 이유를 물었더니, 친일 청산 앞에 '100년'이 붙었기 때문에 '특정 후보와 선거'에 대한 의견 개진으로 보기 어렵다는 답변이 왔다. 성난 나의 지지자들이 '반세기 민생 파탄' '100년 거짓말 OUT'으로 응수하자, 선관위는 선거를 겨우 이틀 앞두고 '친일 청산' 현수막도 불허한다며 유권해석을 바꿨다. 이미 친일 프레임으로 나경원 낙선 운동이 재미를 다 봐놓은 상태에서, 야당 지지자들이 피켓을 들자 그제서야 둘 다 안 된다는 것이었다. 앞에서 사법부에 이어 선관위까지 농단하는 문재인 정권을 보며 우려했던 일들이 모두 현실, 아니 현실 그 이상이 되었다. 다른 지역구에 나선 동료들 중에도 비슷한 경험을 한 분들이 있지만, 결코 정상적인 선거 환경이 아니었다.

선거는 후보 개인의 역량만으로 치르는 것이 결코 아니다. 배가 선장 한 명의 힘만으로 항해할 수 없는 것과도 같다.

제21대 4·15 총선이 워낙 어렵기도 했지만, 내 지역구인 서울동작을 자체가 원래 보수 정당에게 쉬운 지역구가 아니다. 내가 서울동작을로 옮기며 처음 치른 선거에서 정의당이 노회찬 전 의원을 내보낸 것이 이곳의 상징성을 잘 말해 준다. 어떤 거시적 정치 환경에서 어떤 구도로 치르느냐에 따라 결과가 극에서 극으로 달라질 수 있는 곳이 서울동작을이다.

3월로 접어들면서 풍향이 급격히 바뀌기 시작했다. 선거를 불과 한 달 반쯤 앞두고 상대 민주당 후보가 결정될 무렵, 바람은 민주당에 유리한 쪽으로 불고있었다. 코로나 19가 전 세계적으로 확산되기 시작하면서 상대적으로 우리나라의 방역이 모범적인 모델로 인정받아 문재인 정권은 순식간에 유능한 정권이 되었다. '신천지' 사태로 대구 지역이 사실상 셧다운에 들어가며 국민적 불안이 가중되었고, 여기 단호하게 대응하는 정부가 국민들에게 적잖은 신뢰감을 주었다. 마스크 공급 체계가 자리를 잡기 시작하고 생산량도 늘어나 더 이상 대란도 없었다.

매표(買票)나 다름없는 긴급재난지원금이 결정타였다. 선거를 보름가량 앞두고 소득 하위 70퍼센트 계층에 대한 재난지원금 지원이 공론화되기 시작하더니 급기야 전 국민 지원 얘기로 번졌고, 심지어 우리 당 일각에서도 "줄 거면 다 주자"며 거들었다. 결정적으로 총선 하루 전날인 4월 14일, 문재인 대통령이 '긴급한 추경'을 강조하면서 전 국민 재난지원금을 기정사실화함으로써 전국 유권자의 마음을 돌이킬 수 없이 물들여 버렸다.

급랭한 여건에서 한 명의 유권자라도 더 만나기 위해 다른 후보보다 더 일찍 시작하고 더 늦게까지 발품을 팔았다. 응원해 주는 분들의 미소를 보니 없던 힘까지 솟아나기도 했다. 그야말로 손이 부르트고 지문이 다 닳도록 한 분 한 분 손을 잡고, 마스크 때문에 숨차 하면서 마이크를 잡았다. 주저앉고 싶을 때마다 거의 1년 전 '패스트트랙 폭거'의 그날을 떠올렸다. 우리 당 식구들이 함께 지키고자 했던 그 가치, 온몸을 던져 수호하고 싶었던 우리의 이념과 원칙 — 오직 그것만 되새기며 선거운동에 올인했다.

서울동작을 민주당 후보는 이수진 전 수원지법 부장판사로 결정되었다. 정권의 이수진 후보 지원 사격 중에서도 나를 가장 괴롭힌 것은 바로 임종석 전 비서실장의 독설이었다. 임 전 실장은 정권과 여당의 횡포와 독주에 치열하게 저항한 나를 '싸움꾼'으로 몰아가며 언론의 헤드라인거리를 양산해 냈다. 이낙연 전 총리, 이인영 전 원내대표 등도 차례로 '나경원 떨어뜨리기'를 위해 후보 지원 유세에 나섰다. 그에 맞서 김황식 전 총리, 김동길 교수, 강창희·박관용 전 국회의장 등 기라성 같은 정치 원로들이 우군이 돼 와줬지만 여권의 총공세는 버텨내기 참으로 버거웠다.

알다시피 결과는 역부족이었다. 나경원 개인과 지지자들의 힘만으로는 이길 수 없는 싸움이었다. 헌정사상 여성 최다선 타이(5선) 도전도 다음을 기약하게 됐다.

딸과 함께

전에 없이 힘겨운 선거에서 오아시스 같은 존재는 나의 딸이었다.

나는 크고 작은 선거 때 후보 가족들이 유세장에 함께 나서거나 최소한 투표 당일 투표함 앞에서 함께 사진 찍히고 언론에 공개되는 모습이 참 좋아보였다. 특히나 자녀들이 남의 관심에 개의치 않고 엄마 아빠의 선거를 돕는 모습은 부럽기도 했다.

미국에 있는 아들은 코로나 19 때문에 한국에 오기 쉽지 않았다. 장애가 있는 딸이 직접 엄마의 선거운동을 돕는 것도 여건상 어려웠다. 그나마 이번 총선에는 남편이 전에 없이 두 팔 걷어붙이고 도와줘서 참 든든했다. 나의 선거에서 남편이 이렇게 열심히 뛰는 걸 처음 본다는 인사를 많이 들었는데, 남편도 오죽했으면 그랬을까?

총선을 13일 앞둔 4월 2일. 공식 선거운동이 시작되는 날이었다. 어떤 모습으로, 어떤 메시지를 출사표로 던져야 할지 고심에 고심을 거듭하면서, 이번만큼은 가족과 함께 첫날 무대에 오르고 싶다는 생각이 들었다. 당연히 주변에서는 말렸다. 장애 가진 딸을 선거에 이용한다는 역공의 우려, 무엇보다 자신이 상처받을 수 있다는 걱정 등이었다. 이미 성신여대 입학과 스페셜올림픽 관련 거짓 의혹 등으로 정치권과 언론에 치일 대로 치인 아이다. 엄마를 따라 무대에 오르고 얼굴과 이름이 공표되면 앞으로 어떤 비방성 보도와 악플에 시달려야 할지 알 수 없었다. 남편과 아이들의 손을 꼭 붙잡고 선거운동 첫 레이스를 시작하는 것만큼 행복한 순간이 정치인에게 다시 있을까만, 나와 남편은 끝까지 망설였다.

정작 당당한 사람은 아이였다. "당당하고 싶고, 엄마의 당선에 누구보다도 보탬이 되고 싶다"는 것이었다.

그렇게 처음으로 엄마 선거운동의 무대에 오른 딸은 거침없이 씩씩하게 엄마에 대한 지지를 호소했다. 잘 나가다가 갑자기 "중국발 입국을 막지 않아 코로나가 확산됐다"는 예상치 않은 사설이 튀어나올 땐 얼마나 당황스럽던지 식은땀이 흐르긴 했다.

어색한 기호 2번. 2020년 4·15 총선에서 여성 최다선(5선) 타이기록 도전에 실패한 나는 6년 만에 값진 여백의 시간으로 돌아왔다.

힘들고 지칠 때 나는 딸을 떠올린다. 그러면 졸음도 달아나고 피로도 잊혀진다. 딸은 내게 오아시스 같을 뿐 아니라 나침반과도 같다. 딸을 위해서라도 '다음 세대가 더 살기 좋은 대한민국'을 만들기 위해 한 발자국이라도 더 앞으로 가야 한다는 굳은 의지가 나를 여기까지 이끌어 왔다.

낙선자가 되고 나니 2011년 서울시장 보궐선거가 떠오른다. 고 박원순 변호사와의 혈투에 져서 집으로 돌아온 나는 모처럼 여유로운 시간을 즐기면서 딸에게 된장찌개를 끓여줬다. 정치에 발을 들여놓기 전에는 그래도 자주 밥을 해주었는데, 이렇게 평범하고 소박한 밥 한 그릇을 차려

준 게 얼마 만인지 모른다. 정치인으로서는 매사 노력하는 모범생이었겠지만 엄마로서는 빵점이나 다름없는 미안한 엄마였다. 내가 끓여준 된장찌개가 너무 맛있다며 "엄마 최고!"라고 치켜세우는 딸의 환한 미소가 선거에 진 시름까지 잠시나마 잊게 해줬다.

나야말로 신이 나서 다음에 또 야심차게 된장찌개를 끓여줬더니,

"엄마, 사실은 조금 싱거워요."

엄마가 오랜만에 찌개 한 그릇 끓여주는 게 좋았던 딸은 그렇게 빈말로 칭찬도 해줄 줄 아는 그런 딸이다.

정치에 입문하자마자 나는 대중적 인지도 높은 정치인으로 급성장했다. 여성 정치인이 지금보다 훨씬 드물 때이기도 했고, 여러 가지 이유로 스포트라이트를 많이 받았다.

표를 먹고사는 정치인에게 인지도는 가장 소중한 자산이지만, 역으로 가족들에게는 그것이 고스란히 희생과 불편으로 돌아온다.

내가 2004년 처음 국회의원이 됐을 때부터 아이들은 더 이상 엄마를 '독차지'할 수 없다는 것을 알게 됐다. 아들이 초등학교 5학년, 딸이 1학년일 때 일이 지금도 생생하다. 모처럼 아이들을 데리고 백화점을 갔는데 차에서 내리자마자 사람들이 나를 알아보고 다가와 사인을 해달라고 하자 아들이 "이제 엄마랑 안 다녀!" 하며 획 저리로 가버렸다. 모처럼 엄마와의 시간, 엄마를 독점해야 마땅한 시간마저도 남에게 빼앗기는 게 못내 섭섭했던 것이다.

2020년 4월 2일, 4·15총선 출정식 유세 트럭 위에 처음으로 함께 오른 딸과 남편.

2011년의 서울시장 보궐선거는 악몽 같은 마타도어와 함께 또다시 우리 가족에게 말로 표현할 수 없는 아픔과 절망을 안겨줬다. 선거가 끝난 후 아들과 서점을 갔는데, 나를 알아본 사람들이 뒤에서 수군대는 말을 아들이 듣고는 지난번과 똑같이 "앞으로는 엄마랑 밖에 안 나갈래!"라고 말했다. 마음에 커다란 못이 박히는 느낌이었다. 정치가 뭐기에 자식들에게까지 이런 고통을 줘야만 하는 것인지…….

그런 쉽지 않은 시간을 함께 헤쳐온 우리 가족이다. 그랬는데 21대 총선에서, 이번엔 내가 아니라 아들딸을 겨냥한 마타도어에 직면했을 때, 아이들의 심정이 오죽했을까? 하지만 어느덧 훌쩍 다 커버린 딸은 나 모르는 사이에 온갖 기사와 댓글을 다 꼼꼼히 찾아서 읽고있었다. 하기야 궁금증을 참기가 더 힘들었을 것이고, 아무리 귀를 닫고 있으려 해도 여기저기서 들리는 이야기를 다 막을 수는 없었을 것이다. 딸이 산전수전 다 겪은 엄마보다 강할 리가 없다. 여린 마음, 어쩔 수 없는 슬픔이 마음 한구석에 자리 잡아 딸을 힘들게 하고 있을 것임에 틀림없다. 그럼에도 적어도 앞에서는 '엄마보다 강한 딸'이 돼주려고 노력하는 아이의 모습이 대견하면서 나를 더 슬프게, 그리고 더 강하게 만들어준다.

그런 내 딸이 공식 선거운동이 시작되는 날, 유세 차량에 남편과 함께 올라섰다. 딸이 스스로 원했기에 이뤄진 일이다. 그런데 혹자는 내가 장애인인 딸을 정치에 이용한다고 손가락질했다. 그런데 나는 묻고 싶다. 장애가 없는 아이와 함께 선거운동에 나서는 것은 아무런 문제가 없고, 장애가 있는 딸과 함께 하는 것은 '이용하는' 것이라고 말하는 것 자체가 장애인에 대한 차별이 아닐까? 장애를 떠나 누구나 선거운동에 나설 동등하고도 평등한 권리와 자격이 있다. 우리 딸은 장애가 있기 때문에 나선 것이 아니라, 엄마를 도와주고 싶은 마음 하나로 나섰다. 이것에 '장애'를 가져와 재단하는 것 역시 장애에 대한 편견이요, 차별이다.

딸은 내가 세상을 바라보는 렌즈다. 세상 돌아가는 모습에 대해 딸이 무심한 듯 툭툭 던지는 말들이 내 정신을 번쩍 들게 하는 게 한두 번이 아니다. 당시는 코로나 19가 확산되면서 외부 활동이 급격히 위축되고 경제가 얼어붙을 때였다. 365일 일하는 정치인에게는 코로나 19가 직접 삶에 영향을 주지 않는다. 딸은 다르다. 우선 매일 가는 복지 시설의 문이 닫혀버리니 친구를 만날 공간과 기회가 확 줄어들었다. 남들보다 아무래도 건강상 불안이 크다보니 코로나에 대한 막연한 공포도 일반인들은 물론이고 어쩌면 기저 질환 있는 어르신들보다 더 클 수 있다. "정부가 중국인을 안 막아서" 발언도 아마 보통 성인과 다른 나름의 렌즈로 본 세상을 표현한 것 아니었을까? 이런 해프닝들을 보며, 나나 내 주변 사람들의 렌즈만으로 세상을 재단해서는 왜곡된 그림이 나올 수 있다고 스스로 경계하곤 한다.

나는 누구나 엘리트라고 할 만한 성장 과정을 걸어왔다. 화목한 가정에서 태어나, 좋다는 대학에 들어갔고, 어려운 시험에 합격해 많은 사람들이 선망하는 직업을 가져봤다. 그때 나에게 딸이 찾아왔다.

처음 딸을 만난 날을 잊지 못한다. 고 정채봉 작가의 글을 패러디하자면, 신은 나에게 매사 일일이 가르쳐줄 수 없기 때문에 딸을 만들어서 주었을까? 아이에게 울타리가 되어줄 수 있는 엄마, 자랑스러운 엄마상(像)이란 무엇일까 궁금해 하던 나날들이 '다음 세대가 더 살기 좋은 대한민국'이라는 나의 공직관(觀)으로 열매를 맺은 게 아닐까? 이런 꿈과 의무감이 아니었던들 한평생 먹을 욕을 1년, 심지어 하루에 다 먹기도 하는 삶을 꿋꿋하게 헤쳐올 수 있었을까?

딸의 용기는 나의 용기가 되었고, 딸의 도전이 나의 도전이 되었다. 4월 2일 첫출발하는 유세 버스에 딸과 함께 올랐을 때 나는 마음속으로 '이긴 선거'라고 믿었고, 지금도 딸과 함께 이긴 선거라고 믿고 있다.

입 대신 귀를 열고

103 대 180.

역대급 거대 괴물 여당의 탄생에 간신히 개헌 저지선을 지킨 우리 당은 난파선 신세가 따로 없었다. 사법부와 선관위에 이어 의회 권력까지 장악하고 장차 공수처까지 손에 쥐게 될 문재인 정권은 앞으로 어떤 광란의 질주를 할 것인가…….

황교안 대표가 선거 참패 책임을 지고 사퇴하고, 새 원내대표를 뽑기 전까지 심재철 원내대표가 어렵게 당을 끌고 나가야 했다. 차기 국회 개원 전에 새 원내대표를 선출한 4년 전의 예를 따라 5월 8일 주호영 원내대표가 선출되었고, 논란 끝에 김종인 비대위가 20대 국회 폐원을 하루 앞둔 5월 28일 출범했다.

9월 2일, 미래한국당은 국민의힘으로 간판을 바꿔 달았다. 10월 항쟁 1주년을 앞두고 당은 또다시 다가오는 서울·부산시장 등 재보궐선거를 앞두고 술렁이기 시작했다. 이 모두가 얼핏 나와 직접은 무관하게 진행되는 듯 보여도, '보수 정치인 나경원'이 외면해서는 안 되는 이슈들이다.

입을 닫고 모처럼 되찾은 고요한 일상 속에서 하나둘씩 정리를 해나가기 시작했다. 지역구 사무실도 정리가 필요했다. 현역 의원이 아니면서 기존의 큰 사무실을 유지할 필요도 여력도 많이 줄었다. 더 이상 서울 동작을에 남을 필요 없다는 일부의 진언도 있었으나 일축하고, 원외 당협위원장으로서 소임을 다하기로 했다.

선거 때는 물론 지난 6년 동안 도움 준 많은 분들에게 감사 인사를 드리기에도 벅찬 일정이다. 심혈을 다 바친 보좌진들에게 마지막으로 해줄 수 있는 것은 생계 걱정 없이 일할 수 있는 다른 자리라도 마련해 주는 것이었다. 유능한 인재들이기에 알아서 자리를 잡아 떠난 이들도 있고, 나도 최후의 1인까지 백방으로 알아보고 도왔다.

봄볕 드는 의원회관 사무실에 아직 한 달 반 더 머무르는 동안, 작년 1년 원내대표 임기중의 일들을 비로소 차분히 책으로 정리하기 시작할 수 있었다. 더불어 내 정치 인생 전체를 차분하게 관조할 수 있는 소중한 기회도 되었다. 나 자신을 돌아볼 수 없을 만큼 바빴고 아쉬움도 남는 그동안 시간들이 머릿속을 스쳐갔다.

'그래, 치열하게 살았구나.'

18년 정치 이력에서 여러 번 그랬듯이, 여백이 마냥 길지는 못할 것이다. 책임 있는 정치인으로서 다시 입을 열 때는 바로, 책 맨 앞에서 물었던 똑같은 질문에 스스로 답할 수 있을 때라야 할 것이다.

'왜 지금 나경원인가?'

감사의 말씀

감사의 말씀을 전할 분들을 모두 적으려면 책 한 권으로도 모자랄 것이다.

부족한 내가 여기까지 올 수 있었던 것은 전적으로 '사람들' 덕분이다. 너무나도 감사한 많은 분들의 이름을 적는 것은 그래서 결코 쉽지 않은 일이다.

다만 이 책이 주로 다루고 있는 원내대표 임기 1년을 함께 한 동지들의 이름을 적지 않을 수 없을 것 같다. 그들이 없었다면 나는 정말 외롭고 지쳤을 것이다.

강승규 비서실장을 중심으로 최고의 원팀으로 움직여 준 당직자들. 김철희 원내행정국장, 서지영 보좌역, 이승준·김대정·이준호 팀장, 윤주진 연구위원, 그리고 김소현 과장과 전가영 간사, 김혜경 비서, 이상구 감독.

또 의원실 보좌진으로서 궂은일을 마다하지 않고 나를 지켜준 최수영

비서관, 조성진 부장과 한성연·김상환 보좌관, 윤다솜·윤형석 비서관, 이수영·서홍석·이수경·김민태 비서.

원내대표 임기 마지막 즈음에 함께 했던 그 점심식사. 결코 잊지 못할 겁니다. 우린 자랑스러웠고, 떳떳했고, 그래서 서로에게 감사했습니다. 나 때문에 여러분이 많이 힘들었을 겁니다. 그러나 우리는 한 마음으로 움직였습니다. 사심 없이 오직 국가와 당을 위해 일한 우리의 열정은 반드시 기억될 것입니다.

여러분들에게 이 말을 전하며 책을 마무리 짓고 싶었습니다.

감사합니다. 그리고 사랑합니다.

부 록

1. 첫 번째 원내교섭단체 대표 연설 / 2019. 3. 12

2. 관훈토론회 기조연설 / 2019. 6. 20

3. 두 번째 원내교섭단체 대표 연설 / 2019. 7. 4

4. 세 번째 원내교섭단체 대표 연설 / 2019. 10. 29

5. 패스트트랙 재판 첫 공판 모두발언 / 2020. 9. 21

부록 1

무너지는 헌법 가치 국민과 함께 지켜내겠습니다

제367회 국회(임시회) 교섭단체 대표 연설
(2019. 3. 12)

존경하는 국민 여러분!
문희상 국회의장님을 비롯한 선배 동료 의원 여러분!
이낙연 국무총리를 비롯한 국무위원 여러분!
자유한국당 원내대표 나경원입니다.

국민 여러분께 사과드립니다

국민 여러분!
저는 오늘 이 자리에서 국민 여러분께 깊은 사과의 말씀을 올리고자 합니다.
사상 최악의 미세먼지로 숨조차 마음껏 쉬지 못하는 국민 여러분, 우리 아이들이 미세먼지로 건강이 나빠지지 않을까 미안하고 안쓰러워하시는 국민 여러분,

죄송합니다.

일거리를 구하지 못해 인력 시장을 뒤로하고 무거운 발걸음으로 집으로 돌아와야 하는 근로자분들, 가족처럼 사랑하는 종업원을 내보내고 한산한 골목에서 텅 빈 가게를 지켜야 하는 자영업자분들, 죄송합니다.

올해도 취업의 문턱을 넘지 못해 부모님께 늘 죄송해야만 하는 청년 여러분들, 죄송합니다.

국민 여러분!

정치의 본질이란 책임과 해결입니다. 문제가 있으면 책임지는 것이 정치이고, 또 그 문제를 해결하는 것도 정치입니다. 맞습니다.

지금 정부는 문재인 정부입니다. 그리고 더불어민주당이 집권 여당입니다. 하지만 그 흔한 유감 표명도 찾아보기 힘든, 오만과 무능과 남 탓으로 점철된 문재인 정부이기에, 제1 야당의 원내대표로서, 또 대한민국의 국회의원으로서 제가 국민 여러분께 대신 사과드리겠습니다.

국민 여러분!

지난 70여 년의 위대한 대한민국의 역사가 좌파 정권 3년 만에 무너져 내려가고 있습니다. 자유한국당보다 더 잘할 것이라는 말로 시작했지만, 언제부터인가 모든 책임을 자유한국당에 전가하고, 이제는 자유한국당도 그랬다며 두루뭉술 넘어가려 합니다. 위선과 모순의 정부입니다.

그 결과 한강의 기적의 역사가 기적처럼 몰락하고 있습니다. 한미 동맹은 붕괴되고 있고, 경제는 얼어붙고, 산업 경쟁력은 급속도로 추락하고 있습니다. 그리고 이 땅의 자유민주주의가 후퇴하고 있습니다. 힘겹게 피와 땀과 눈물로 쌓아올린 이 나라가 무모하고 무책임한 좌파 정권에 의해 쓰러져가고 있습니다.

문재인 정부 경제 정책, 위헌입니다

여기저기서 "먹고살기 힘들어 죽겠다" "지금껏 이렇게까지 힘들었던 적이 없었다"는 한탄이 쏟아집니다. 성장 동력은 꺼졌고, 힘든 사람들은 더 힘들어졌습니다. 일을 하고 싶어도 일자리가 없습니다.

이것이 문재인 정부가 내건 정의롭고 공정한 경제입니까?

소득 주도 성장의 실패는 자명합니다. 시장 질서에 정면으로 반하는 정부의 인위적인 개입과 재분배 정책이 고용 쇼크, 분배 쇼크, 소득 쇼크로 이어졌습니다.

최저임금 실패의 이유는 간단합니다. 그만큼 임금을 줄 수 있는 소상공인이 많지 않습니다. 그렇다면 결론은 해고, 실업, 그리고 소득 상실입니다. 지난해 4분기 하위 20퍼센트인 1분위의 근로 소득이 36.8퍼센트나 떨어졌다고 합니다. 최고의 복지인 일자리가 증발하는데 어떻게 국민들이 더 잘살 수 있겠습니까?

지난해 초, 연말이면 경제가 나아질 것이라는 게 바로 이 정부의 설명이었습니다. 결과는 어떻습니까?

최근 글로벌 신용평가회사 무디스가 2019년도 한국 경제 성장률 전망치를 2.1퍼센트로 대폭 낮췄습니다. OECD 역시 경제 성장률 전망치를 하향 조정했습니다.

지난 20세기 실패한 사회주의 정책이 오늘날 대한민국에서 부활하고 있습니다. 베네수엘라의 현실을 두 눈으로 보고도 그 길을 좇아가고 있습니다. "시장은 불공정하고, 정부는 정의롭다"는 망상에 빠진 이 좌파 정권이 한국 경제를 벼랑 끝으로 내몰고 있습니다.

세금은 국민 호주머니에서 나오는 국민의 땀과 노력의 결정체입니다. 누구든 대통령이 되기만 하면 마음대로 쓰라고 주는 쌈짓돈도 아니요, 선심 쓰듯 나눠주라고 주는 쿠폰도 아닙니다. 공정하게, 합리적으로, 최대한 아껴 써야 하는 돈입니다.

그런데 문재인 정부는 '세금 퍼주기'로 자신들의 경제 실정을 가리기에만 급급합니다. 제멋대로 예비 타당성 면제로 전국에 낭비성 예산을 퍼붓습니다. 여당 소속 지자체장들은 현금 나눠주기에 골몰합니다.

과도한 '세금 쥐어짜기'도 시간이 지날수록 더해 갑니다. 문재인 정부 들어 매년 세금을 25조 안팎씩 더 걷고있습니다.

분노하셔야 합니다. 국민들께서 이 세금 퍼주기 중독을 멈춰 세워주십시오.

일자리 정책은 어떻습니까? 5,400억도, 5조 4,000억도 아닌 무려 54조를 썼습니다. 국민 한 사람당 100만 원씩 쓴 것이나 다름없습니다. 하지만 결과는 19년 만의 최악의 실업입니다.

경제 살리기에는 정도(正道)만이 있을 뿐입니다. 일자리는 기업이 만들고, 소득은 시장에서 얻습니다. 일자리를 늘리고 싶으면 기업을 자유롭게 하고, 국민의 지갑을 두텁게 해주고 싶다면 시장을 활성화시키십시오. 국민에게, 기업에게, 그리고 우리 경제에 '자유'를 허락하십시오.

우리 헌법은 개인과 기업의 자유와 창의를 우선으로 하고 있습니다. 제발 우리 헌법대로, 헌법에 적힌 대로만 하십시오.

문재인 정권의 경제 정책은 위헌입니다. 대한민국 헌정 질서를 정면으로 무시하는 '헌정 농단' 경제 정책입니다.

특히 지금 가장 걱정해야 할 세대는 바로 40대 이하 청년·청소년입니다.

현 정부 들어 국민연금 고갈 시점이 2057년으로 3년 더 앞당겨졌습니다. 10년 만에 수익률 마이너스마저 기록했습니다. 사학연금은 2040년, 노인장기요양보험은 2022년에 고갈됩니다. 바로 지금 열심히 땀 흘려가며 세금을 내는 40대 이하 청년·대학생·청소년들의 노후가 이 정권 하에서 흔들리고 있습니다. 합계 출산율 0.98명 시대, 미래가 불투명한 청년들이 결혼과 출산을 포기하고 있습니다.

문재인 정부가 대한민국의 미래를 더욱 어둡게 만들고 있습니다. 그러니 먹튀 정권, 욜로 정권, 막장 정권이란 이야기를 들어도 전혀 이상할 것이 없습니다.

임기 후 대한민국은 어떻게 되든 상관없다는 것입니까? 정권을 위한 정부입니까, 국가를 위한 정부입니까? 특정 세력을 위한 대통령입니까, 국민을 위한 대통령입니까?

가짜 비핵화로 얻은 것은 한미 훈련 중단뿐입니다

지난 2월 28일, 우리는 확인했습니다. 북한은 핵 폐기 의지가 없다는 사실을 말입니다.

그동안 북한의 협상은 핵 폐기가 아닌 핵 보유를 위한 것이었습니다. 북한은 영변 핵 시설 폐기만으로 은근슬쩍 대북 제재를 무력화시키려 합니다. 미국이 영변 외 핵 시설을 꺼내자 바로 협상은 결렬됐습니다. 이번에 종전(終戰) 선언까지 가능하다던 청와대 측의 '김칫국' 발언들이 참으로 민망해지는 순간이었습니다.

문재인 정부는 그동안 분명히 "대한민국이 생각하는 비핵화와 북한이 생각하는 비핵화가 다르지 않다"고 말해 왔습니다.

그렇다면 묻겠습니다.

'무늬만 핵 시설 폐기'와 '대북 제재 무력화'가 바로 문재인 정부의 생각입니까? 북한의 비핵화가 아닌 '조선반도 비핵화'가 문재인 정부의 비핵화 플랜입니까?

우라늄 농축과 핵 시설 재가동 이야기가 들려옵니다. 그런데 문재인 정부는 늘 북한이 비핵화에 적극적이라고 설명해 왔습니다. 속은 겁니까, 아니면 그렇게 믿고 싶었던 것입니까? 알면서도 국민을 속인 것 아닙니까?

진짜 비핵화라면 자유한국당도 초당적으로 돕겠습니다. 하지만 가짜 비핵화라면 결코 동의할 수 없습니다. 북한 비핵화에 진전이 없다면, 우리가 우위에 있는 감시

정찰 능력을 스스로 포기한 군사 분야 부속 합의서는 우리에게 독이 될 뿐입니다.

김연철 통일부 장관 후보자 지명은 더 심각합니다. 김 후보자는 사드 배치 당시 "나라가 망한다"며 반대했습니다. 대북 제재를 비판하기도 했습니다. 사드·대북 제재가 싫다는 문재인 정부의 본심이 드러난 것입니까?

최근 미국을 방문한 저는 미 펠로시 하원의장으로부터 "북한이 비핵화(denuclearization)는 하지 않고 대한민국의 무장 해제(demilitarization)를 추구하고 있는 것이 아니냐"는 이야기를 들었습니다. 코리 가드너 미 상원 동아태소위원장은 북한의 변화가 없는데도 남북 경협을 서두르는 한국을 비판하기도 했습니다.

이 와중에 문재인 정부는 개성 공단, 금강산 관광 재개를 운운하고 있습니다. 한미 간 엇박자가 점차 심해지고 있습니다.

최근 키리졸브·독수리훈련에 이어 을지프리덤가디언훈련까지 종료됐습니다. 한미 동맹의 살아있는 증거인 3대 훈련이 모두 역사 속으로 사라지게 된 것입니다. 핵심 훈련이 없는 동맹이 존속 가능합니까? 저는 사실상 한미 양국이 '별거' 수순으로 가고있는 것이 아닌지, 참으로 걱정스럽습니다. 별거 상태가 언제 이혼이 될지 모릅니다.

한미 동맹만이 문제가 아닙니다. 반미·종북에 심취했던 이들이 이끄는 '운동권 외교'가 이제 우리 외교를 반미·반일로 끌고가는 것은 아닌지 걱정입니다.

문재인 정부 외교 안보 정책은 원인과 결과, 진실과 거짓을 구별하지 못하는 위험한 도박일 뿐입니다. 이제 그 위험한 도박을 멈추십시오.

외교 안보 라인 전면 교체가 시급합니다. 청와대 안보실장, 외교부 장관, 국정원장을 교체하십시오. 김연철 통일부 장관 후보자 지명을 철회하십시오.

북한에 대한 밑도 끝도 없는 옹호와 대변, 이제는 부끄럽습니다. 더 이상 대한민국 대통령이 김정은 수석대변인이라는 낯뜨거운 이야기를 듣지 않도록 해주십시오.

잘못을 시인하는 용기가 필요한 때입니다

경제와 안보라는 국가의 축이 흔들리는 동안, 문재인 정부는 오로지 '적폐 청산'에만 집착했습니다. 자신들은 깨끗하고 정의롭다고 해왔습니다.

더하면 더했지, 덜하진 않은 것 같습니다. 불법 사찰과 블랙 리스트 의혹은 이 정권의 추악한 민낯을 보여줬습니다. 남이 하면 블랙 리스트, 내가 하면 체크 리스트입니까? 한 초선 의원이 막대한 예산과 정책을 어떻게 그렇게 쉽게 주무를 수 있었겠습니까?

국가 채무 조작은 세상 물정 모르는 사무관 탓이라고 합니다.

딸 부부의 해외 이주 의문을 제기하자 해명은커녕 화를 냈습니다.

이 정부가 적폐 청산이라는 '과거와의 싸움'에만 매달린 동안 우리 민생은 완전히 파탄 났습니다.

대한민국에서 가장 시급한 민생 문제가 무엇입니까? 바로 미세먼지입니다. '미세먼지 30퍼센트 저감'을 공약했던 문재인 정부는 도대체 지난 기간 동안 무엇을 했습니까?

탈원전은 또 어떻습니까? 세계 최고 수준의 기술과 수주 경험을 갖고도 먼저 탈원전을 외치는 대한민국을 전 세계가 의아한 눈빛으로 보고 있습니다. 전력 수급 불안으로 산업 전반이 흔들립니다. 전기료 인상은 불 보듯 뻔합니다. 원전 산업은 붕괴되고, 학계마저 침체됐습니다. 그야말로 백해무익입니다.

탈원전의 쌍둥이 민생 파탄 정책이 바로 금강·영산강 보 철거입니다. 보의 수자원 관리 및 홍수·가뭄 예방 효과는 수치와 통계, 그리고 경험으로 입증된 사실입니다. 그럼에도 이 정부는 애초부터 '무조건 해체'라는 정답을 정해 놓고 국가 시설을 파괴하고 있습니다.

미세먼지, 탈원전, 보 철거 — 문재인 정부가 '좌파 포로 정권'이라는 명백한 증거입니다.

미세먼지, 중국의 영향이 절대적입니다. 하지만 북한이 중국에 많은 걸 의존하고 있으니 이 정부는 중국에 당당하지 못한 것입니다.

탈석탄으로 미세 먼지를 줄여야 하는데 탈원전 세력에 발목 잡혀있습니다.

보 해체를 주장해 온 좌파 단체, 시민 단체에 정부 정책이 휘둘리고있습니다.

뿐만 아닙니다. 강성 노조에 질질 끌려다니는 이 정부는 노동 개혁을 시작도 못했습니다.

명백한 법외 노조인 전교조에 대한민국 교육이 좌지우지됩니다. 사드, 밀양 송전탑, 제주해군기지, 광우병, 쌍용차 집회 등 불법·시위 관련자들을 3·1절 특사로 풀어줬습니다. 참여 정부 당시 불법 노조 활동으로 해직된 전공노 조합원을 복직시켜 주겠다고 합니다.

도대체 왜 그렇겠습니까?

바로 문재인 정부가 강성 귀족 노조, 좌파 단체 등 정권 창출 '공신' 세력이 내미는 '촛불 청구서'에 휘둘리는 심부름 센터로 전락했기 때문입니다.

지지층 이탈과 내부 반발에도 불구하고 우리 당이 요구했던 한미 FTA 추진과 이라크 파병, 제주해군기지를 과감하게 수용했던 노무현 전 대통령을 떠올려 보십시오.

문재인 대통령은 좌파 단체, 강성 노조의 눈치만 볼 것이 아니라 과감하게 잘못을 시인하십시오. 결단이 필요합니다. 용기가 필요합니다.

삼권 분립이 무너지고 있습니다

경제·안보·민생이 무너져내리는 가운데 이제는 우리 민주공화정의 기본 뼈대인 삼권 분립도 위협받고 있습니다.

유감스럽게도 문재인 정권이 댓글 공작과 무관하다고는 말할 수 없습니다.

과거 국정원 댓글 아이디 300여 개, 드루킹 댓글 아이디는 2,300개. 국정원 댓글 27만여 건, 드루킹 댓글은 8천만 건. 규모 · 치밀성 · 효과 모든 측면에서 압도적으로 무시무시한 드루킹 댓글 공작입니다. 현직 경남지사가 구속될 정도로 심각한 범죄입니다.

그런데 1심에서 유죄 판결을 내린 판사는 이 정권이 앞세운 검찰에 의해 기소됐습니다. 적폐 청산이라는 미명하에 이뤄지는 명백한 보복입니다.

자유민주주의 질서를 수호하기 위한 최후의 보루는 바로 사법부입니다. 이런 사법부를 탄압하고 공격한다는 것은 사실상 자유민주주의를 부정하는 것입니다. 정권에 반하는 판결을 내린 법관을 탄핵시키겠다는 정당이 정상적인 민주 정당입니까? 검찰을 앞세워 법관을 기소하는 정권이 진정 자유민주주의 정권입니까?

사법부만큼이나 중립과 공정이 철저히 요구되는 기관이 바로 선거관리위원회입니다. 선거의 심판이 되어야 할 선관위원에 문재인 대통령은 '대선 공신'을 내리꽂았습니다.

오직 총선밖에 안 보이는 문재인 정권 같습니다. 문재인 대통령은 기어이 사법부와 선관위를 모두 정권 하수인으로 만들고야 말겠다는 것입니까?

의회 민주주의 파괴도 극에 달하고 있습니다.

청문 보고서가 끝내 채택되지 못한 의혹 덩어리 장관 후보자의 임명 강행은 이제 문재인 정부에서는 일상이 되었습니다. 앞으로 연이어 개최될 청문회에서 또 어떤 기상천외한 답변들과 여당의 엄호성 질의를 볼 수 있을지 기대될 정도입니다.

국민 여러분!

자유한국당은 경제·안보 등 국정의 총체적 난맥 속에서 더 이상 국회를 방치할 수 없어 3월 국회 소집을 요청했습니다. 국민들을 공포에 떨게 하는 미세먼지에 대한 초당적 대처는 물론, 탄력근로제 단위 기간 연장, 주휴 수당 조정과 최저임금제 개선 등 민생 문제를 더 이상 미룰 수 없었습니다.

그런데 국회 문을 열자마자 민주당은 사상 초유로 '게임의 룰'인 선거법을 패스트트랙으로 강행 처리하겠다며 다시 국회를 파행으로 몰아가고 있습니다.

연동형 비례대표제는 전 세계 두 나라에만 있는 매우 독특한 제도입니다. 모두 의원내각제 국가입니다. 대통령제 국가에 연동형 비례대표제를 도입하는 것은 짝이 맞지 않는 옷을 입는 모양입니다. 결국 의회는 무소불위의 제왕적 대통령을 견제하지 못합니다.

민주당 주장과 달리 의원 수 확대도 불가피합니다. 독일의 경우, 지난 2017년 총선 결과 당초 598석의 의원 정수에서 무려 111석이 증가하여 총 709석까지 늘어났습니다.

표심 왜곡의 위헌 논란 소지도 있습니다. 정당 간의 야합 투표도 가능합니다. 한마디로 민주당의 2중대·3중대 정당의 탄생만을 가져올 수 있습니다.

내각제에 가까운 권력 구조 개선을 위한 원 포인트 개헌이 함께 추진되지 않는 한, 연동형 비례대표제 도입을 담은 선거제 개편은 사실상 의회 무력화 시도입니다. 의회 민주주의 부정입니다. 결코 용납될 수 없습니다.

자유한국당은 국회의원 숫자를 270명으로 줄이고, 비례대표제를 완전히 폐지하겠습니다. 국회의원 숫자는 줄이고, 대신 국회가 더 열심히 일하라는 것이 우리 국민의 준엄한 명령입니다.

정당 민주화가 사실상 실현되지 않은 현 시점에서, 비례대표제는 계파 보스 간의 밀실 공천과 밥그릇 나눠먹기로 전락하기 일쑤입니다. 유권자의 정확한 의사가 반영되지 않는다는 점에서 직접선거의 원리에 위배될 소지도 있습니다.

차제에 비례대표를 폐지하고, 그를 지역구 숫자 조정에 사용하여 지역구 의원의 대표성을 강화하겠습니다. 과소·과다 대표의 문제를 해소하겠습니다. 비례대표제의 장점과 순기능은 개혁 공천을 통해 지역구 국회의원 선거에 녹여낼 수 있습니다. '여성 후보 공천 30퍼센트'의 현행 권고 규정을 강행 규정으로 바꾸겠습니다.

내 손으로 직접 뽑는 국회의원이 좋은지, 정당이 알아서 정해 주는 국회의원이 좋은지, 직접 국민들께 물어보십시오.

지역구 조정 등이 필요한 선거제 개편은 아무리 의회 질서가 강 대 강으로 치달아도 반드시 합의에 의해 통과되어 왔습니다. 패스트트랙은 사상 초유의 입법 쿠데타, 헌정 파괴입니다.

다른 야당들에게도 간곡히 호소합니다. 당장 얻는 의석수에 의회 민주주의의 정신과 권력 분립이라는 헌법적 가치를 결코 포기하지 마십시오. 지금 야당들은 집권 여당에 의해 철저하게 이용당하고 있는 것입니다. 선거제 개편을 미끼로 좌파 독재 법안을 통과시키려는 것입니다. 내년에 여당이 단독 과반에 성공할 것으로 보이면 선거제 개편 논의는 백지화될 것이며, 그것이 여의치 않으면 결국 또 야당들을 이용하려고 들 것입니다.

우리 모두 솔직해집시다. 연동형 비례대표제는 의원 정수의 무한 확대와 극심한 다당제를 초래한다는 것! 결국 의원 정수는 300석을 넘어서는 안 된다는 불문의 헌법 정신에 반한다는 것을 고백합시다.

자유민주주의가 부정되고 있습니다

자유가 없는 민주주의는 자칫 권위주의와 독재·전체주의로 귀결될 수 있다는 것이 지난 역사가 우리에게 주는 교훈입니다.

국민의 기본권이 보장되지 못하고 표현의 자유 등이 억압당하는 민주주의란 결코 본연의 민주주의가 될 수 없습니다. 실제 수많은 독재·전체주의 체제가 겉으로는 민주주의를 내걸었습니다. 그래서 우리는 단순한 민주주의가 아닌 반드시 '자유민주주의'를 추구해야 하는 것입니다.

그런데 이 정부에서는 자유가 사라지고 있습니다.

HTTPS 접속 차단은 또 웬 말입니까? 이제 국민들의 인터넷 접속까지 들여다보겠다는 것입니까? 조지 오웰 『1984』의 전체주의 자기 검열 시대를 열겠다는 것입니까?

아이돌 외모 규제에서는 두 눈과 두 귀를 의심했습니다. 장발·미니스커트 단속의 부활입니다.

기업인들은 현 정권의 눈치를 보느라 정신이 없습니다. 정부·여당은 상법 및 공정거래법을 고쳐서 기업에 더 강한 족쇄를 채우려고 하고 있습니다. 스튜어드십 코드를 강제 도입해 국민연금을 무기 삼아 기업 경영에 개입하려고 합니다. 드루킹은 구속됐지만 드루킹 보고서는 청와대에서 읽히나 봅니다. 기업의 자유는 뺏고 희생만 강요하는 강탈 정권, 착취 정권입니다.

한편, 우리 국민들의 표현의 자유는 어떻습니까?

역사를 왜곡하면 형사 처벌을 하겠다고 합니다. 불편한 진실을 말하면 '가짜 뉴스'로 폄훼합니다. 좌파 독재는 명백한 '진짜 뉴스'입니다. 비판적 논조의 언론은 '수구 언론'으로 매도합니다.

국민의 입을 막고 국민의 머릿속까지 통제하겠다는 것입니까? '빅 브라더'에 이어 '문 브라더'라는 말이 나올까 염려됩니다.

중국의 동북 공정, 일본의 독도 왜곡만큼이나 우려스럽고 위험한 것이 바로 문재인 대통령의 '역사 공정'입니다.

2019년 대한민국 대통령의 입에서 '빨갱이'가 나올 줄은 꿈에도 몰랐습니다. 이제 우리 국민들은 상대에 누명을 씌우기 위한 잘못된 색깔론에 더 이상 휩쓸리지 않습니다.

종북을 종북이라고 말하면 친일입니까? 북한 체제에 비판적인 사람은 친일파입니까? 여전히 '70~80년대 세계관에 갇혀 운동권식 정치, 국민 갈라치기 정치로 좌파 이념 독재의 쇠말뚝을 박겠다는 심산으로밖에 보이지 않습니다.

결국 자신들만이 오직 선이요 정의이며, 모든 반대 세력을 악과 불의로 규정하는 이분법과 선민 의식에 찌든 정권입니다. 사상 독재, 이념 독재, 역사 독재입니다.

대한민국의 자유, 다시 세우겠습니다

존경하는 국민 여러분!

자유한국당은 지난 2월 27일 전당대회를 통해 신임 당대표와 최고위원을 선출함으로써 새로운 출발을 알렸습니다.

이제 문재인 정부의 실정을 그저 바라만 보고있을 수 없습니다. 제1 야당으로서 산적해 있는 민생 문제 해결과 국민의 자유 회복을 위해 나서겠습니다. 저희 당 소속 의원님들 한 명 한 명마다 자신의 전문성과 애국심을 십분 발휘하여 이 정권의 문제점을 짚음은 물론. 이 나라가 필요로 하는 대안을 제시하겠습니다. 비판을 위한 비판, 반대를 위한 반대가 아닌, 이유와 논리가 있는 비판, 대안이 있는 반대를 하겠습니다.

그런 의미에서 자유한국당은 다음과 같은 제안을 드립니다.

첫째, 경제 위기 극복을 위한 초당적 원탁회의 개최를 제안합니다.

소득 주도 성장 실패의 책임이 있는 사람들 대신, 전문성을 갖춘 경제 부처와 여야 정당들이 모여 경제 위기 극복을 위한 해법을 모색하겠습니다. '정치'가 아닌 '정책'의 관점에서 논의하겠습니다.

둘째, '국민 부담 경감 3법'을 제안합니다.

부동산 가격 공시에 관한 법률 개정과 지방세법 개정으로 무분별한 공시 지가 인상을 막고, 조세특례제한법 개정을 통해 신용카드 소득 공제 폐지를 막겠습니다. 국민의 세 부담을 덜어드리겠습니다.

셋째, 국론 통일을 위한 7자 회담을 제안합니다.

대한민국 대북 정책이 혼란과 실패를 거듭한 이유 중 하나가 바로 국론의 분열, 남남(南南) 갈등입니다. 우리가 생각을 모으지 못했는데 어떻게 북한을 상대하고 미국·일본·중국을 설득하겠습니까? 대통령과 각 원내교섭단체의 대표 및 원내대표로 구성된 7자 회담을 통해 대북 정책에 대한 이견을 좁히고 일관성 있는 통일 정책을 마련해야 합니다.

넷째, 자유한국당이 직접 굴절 없는 대북 메시지 전달을 위한 대북 특사를 파견하겠습니다.

정말 북한이 비핵화에 나선다면 담대하고 획기적인 대북 지원에 나서겠다고, 직접 김정은 정권에 전하겠습니다.

다섯째, 동북아·아세안 국가들로 구성된 대기 오염 물질의 장거리 이동에 관

한 협약을 맺어야 합니다.

미세먼지로 고통 받는 아시아 국가들이 많습니다. 우리가 이니셔티브를 쥐고 주변국과 공동 대응에 나서야 합니다.

여섯째, 제왕적 대통령제 폐해를 극복하기 위한 '권력 분산 원 포인트 개헌'을 제안합니다.

대통령에 너무 많은 권력이 집중돼 있는 점이 결국 반복되는 정권 차원 폐단들의 근본 원인입니다. 선거제 개편을 넘어, 권력 구조 개편을 위한 원 포인트 개헌이 해답입니다.

그리고 마지막으로 전 상임위 국정조사·청문회를 제안합니다.

하루가 멀다 하고 터져나오는 각종 비리와 부패를 국회 차원에서 조사하고 책임을 물어야 합니다. 만약 이 제안이 받아들여지지 않는다면 결국 특검 도입이 불가피할 것이고, 이마저도 막힌다면 전 국민적 투쟁이 확산될 것입니다. 자유한국당은 상임위-특검-국민 투쟁이라는 3단계 투쟁을 펼쳐나갈 것입니다.

국민 여러분, 위대한 대한민국을 함께 지켜주십시오

존경하는 국민 여러분!

위대한 대한민국은 결코 쉽게 세워진 것이 아니라는 사실을 국민 여러분들도 잘 아실 거라 생각합니다.

이 위대한 대한민국이 좌파 정권에 의해 무너지고 있습니다. 국민을 편 가르는 정치, 당장의 인기에만 집착하는 정치, 정의의 논리를 독점하며 상대를 악으로 규정하는 정치, 과거에 얽매여 미래를 내다보지 못하는 정치, 동맹의 소중함과 역사의 교훈을 외면하는 정치 — 바로 그런 정치가 이 나라를 뿌리째 흔들고있습니다.

최근 남대문시장에서 만난 상인은 눈물이 그렁그렁한 얼굴로 "들고일어나야 한다"고 말씀하셨습니다. 공주보에서 만난 농민은 "물과 돈을 소중히 여기지 않는 사람은 그 자리에서 당장 내려와야 한다"고 하셨습니다. 요즘 인터넷을 보면 20대들이 "투표로 보답하겠다"며 이 정부에 대한 불만을 토해 내고 있습니다.

저도 놀랐습니다. 이렇게까지 민심이 싸늘할 줄은 몰랐습니다.

국민 여러분!

저는 저 스스로에게 '왜 정치를 하는지' 묻곤 합니다.

제 대답은 한결같습니다.

우리 아이들이 더 나은 세상에서 살기를 바라는 마음, 그것이 제가 정치를 하는 이유입니다.

하지만 이대로라면, 대한민국 현대사 최초로 아이들이 부모 세대보다 더 힘든 세상을 살아가야 될 것입니다. 문재인 정부는 우리 아이들의 미래를 더 암울하게 만들고있습니다. 절대로 그렇게 되어서는 안 됩니다.

자유한국당이 마지막까지 이 땅의 자유를 지키겠습니다. 국민 여러분이 마음껏 숨쉴 수 있는 자유, 일하고 싶으면 일할 수 있는 자유, 마음껏 정권을 비판해도 불안하지 않을 자유, 값싸게 전기를 쓸 수 있는 자유, 올바르고 균형 잡힌 교육을 받을 자유, 북핵 위협과 안보 불안으로부터의 자유, 감시와 통제로부터의 자유를 지키겠습니다. 그리고 국민의 자유를 수호할 우리 헌법 가치를 지키겠습니다.

국가적 위기와 고비마다 이 나라를 지켜주신 위대한 국민 여러분!

자유한국당을 지켜봐 주십시오.

열심히 하겠습니다.

지금까지 경청해 주셔서 감사합니다.

부록 2

정치가 있어야 할 곳, 없어야 할 곳

관훈클럽 초청 관훈토론회 기조연설
(2019. 6. 20, 한국프레스센터)

안녕하십니까, 자유한국당 원내대표 나경원입니다.

정론직필 정신의 보루와도 같은 관훈클럽의 초청으로 이렇게 뜻깊은 토론회에 참석할 수 있게 돼 영광입니다.

오늘 이 자리가 우리 자유한국당의 철학을 국민들과 함께 공유하고, 또 패널분들의 날카로운 지적을 겸허히 담아가는 그런 소중한 기회가 될 것이라고 생각합니다.

많은 가르침과 허심탄회한 토론을 부탁드립니다.

정치가 사라진 정치, 정치에 신음하는 사회

정치는 결국 국민의 뜻을 한데 모아가면서 국가의 미래를 결정해 나가는 과정 그 자체입니다.

정치는 늘 살아있어야 하고, 또 활발해야 합니다. 자유민주주의 정치의 기본은 토론과 대화입니다. 정치의 실종은 곧 공존의 포기입니다.

하지만 그렇다고 해서 정치가 모든 사회 곳곳을 간섭하고 통제해서는 안 됩니다. 그것은 자칫 '정치 과잉'을 낳을 수 있습니다.

그렇다면 지금 대한민국의 정치는 어떻습니까?

저는 정치가 있어야 할 곳에 정치가 없고, 정작 정치가 물러서야 할 곳에서 정치 논리가 지나치게 만연하다고 봅니다.

정치 실종, 그것은 바로 자유민주주의 가치의 퇴보입니다.

문재인 정권 출범 후 우리 정치에서 타협은 찾아보기 어렵고, 오직 힘의 논리, 적대와 분열의 정치가 반복되고 있습니다.

정치 질서의 룰인 선거법마저 제1 야당의 의견을 배제한 채 강행 처리하겠다는 것만큼 반정치적인 행위는 없습니다.

전임 정권을 부정하기 위한 보복 정치를 자행하고, 사법부·선관위·언론 등을 장악해 사실상 생각이 다른 세력을 억누르는 것, 그것은 사실상 공존을 거부하는 신종 권위주의입니다.

반면, 정치적 논리가 작용해서는 안 되는 곳에서 우리는 과도한 정치 개입을 목격하고 있습니다. 경제·안보·기술·민생·외교 모든 분야가 정치 논리, 정치 세력에 의해 포로로 잡혀있습니다.

대표적으로 경제가 그렇습니다. 소득 주도 성장 정책이라는 초강력 정부 간섭 정책으로 시장이 교란되고, 일자리는 실종되고 있습니다. 재정 포퓰리즘으로 정부는 날로 비대해지고, 국민의 호주머니는 가벼워지고 있습니다. 정치가 시장의 보호막이자 심판의 역할을 넘어 시장 그 자체를 대체할 수 있다는, 실패한 이념에 사로잡힌 결과입니다.

안보와 외교 역시 정치에 끌려다니고 있습니다. 북한 정권에 대한 일방적 환상과 헛된 기대에 사로잡혀, 여전히 북한 체제의 본질을 직시하지 못하고 있습니다. 당장 핵을 머리에 이고 살아야 하는 국민의 대통령이 북핵과 대북 제재에 대한 안이한 태도로 오히려 북핵 위기를 장기화시키고 있습니다. 우리 체제 존립의 핵심축인 한미 동맹 역시 남북 관계라는 정치 어젠다에 밀려 후퇴하고 있습니다. 게다가 관제 민족주의가 한일 관계를 더욱 어렵게 만듭니다.

대표적인 민생 파탄 정책인 탈원전과 보 해체 — 결국 편향적인 특정 이념이 과학과 기술을 부정한 결과의 산물입니다. 정치로부터 가장 자유로워야 하는 사회 영역이 정치 논리에 휘둘린 결과인 셈입니다.

정치의 복원과 자유를 위한 정치

오늘 우리 사회가 직면한 정치·경제·안보 등 전 분야에 걸친 위기를 극복하기 위해서, 우리는 정치의 본질을 다시 돌아봐야 합니다.

정치가 있어야 할 곳에서 우리는 정치를 회복하고, 정치로부터 해방되어야 할 사회 영역에는 자유의 가치를 불어 넣어야 합니다.

개인의 정치적·경제적 자유를 보호하고, 그 자유를 침해하지 못하도록 하는 것이 정부입니다. 그리고 스스로 자유를 향유하기 힘든 어려운 이들에게 도움의 손길을 내미는 것까지 정부가 할 일입니다. 그 이상 사회 곳곳을 정부가 통제하고 개입하려는 것은 불가능할 뿐만 아니라 매우 위험한 시도입니다.

국민 모두가 자유롭게 생각하고 행동할 수 있다면, 훌륭한 국민성을 가진 우리 국민들, 그리고 늘 미래를 향해 도전하고자 하는 기업들이 반드시 대한민국의 풍요와 발전을 가능케 할 것입니다.

자유가 곧 미래 먹거리 산업입니다. 이제 정치는 뒤로 물러서고, 자유를 허락해야 합니다. 자유만이 성장과 분배를 모두 성공시킬 수 있습니다.

노동의 자유, 투자의 자유를 허락해야 합니다. 노조 본연의 존재 이유를 외면하는 정치 노조만 득세하면 새로운 산업 혁명의 가능성은 더더욱 요원해집니다.

자유로운 시장 질서하에 일자리는 늘어나게 돼있고, 세수가 더 늘어 더 많은 복지를 할 수 있습니다. 기업가 정신을 고취시키면서 동시에 삶의 안전망을 제공하는 정부가 되어야 합니다.

안보 역시 우리는 자유 가치에 충실해야 합니다. 6·25 전쟁은 북한의 남침으로부터 미국을 비롯한 유엔군과 함께 자유를 지킨 전쟁입니다. 그 과거를 잊는 순간, 우리의 자유 전선은 무너집니다.

한미 동맹을 중심으로 한 자유 동맹을 강화시킬 것입니다. 자유 위협 세력에게는 강력한 대응으로 답할 것입니다. 남북 관계 역시 한반도의 항구적 자유를 향한 위대한 여정의 차원에서 풀어나가야 합니다.

그리고 무엇보다도 우리 정치가 자유민주주의 정치의 본질을 회복해야 합니다. 상대를 궤멸과 고립의 대상으로 여기는 적대 정치를 넘어, 서로의 차이를 받아들이는 공존의 정치가 필요합니다. '절대 권력은 절대 부패한다'는 진리에 입각해, 권력 분산을 위한 정치 개혁이 시급합니다.

위대한 역사를 잇는 정치를 하겠습니다

대한민국의 지난 건국과 산업화·민주화라는 위대한 역사의 여정을 이어나가는 한 명의 정치인으로서 저는 늘 뿌듯함과 긍지를 마음에 안고 살아가고 있습니다.

이 기적의 역사를 써내려 온 위대한 지도자들을 계승하는 대한민국 대표 보수우파 정당의 원내대표서 깊은 책임감과 소명 의식을 느낍니다.

스스로 '나는 왜 정치를 하는가'라는 질문을 던져봅니다.

그런데 최근에 저는 스스로에게 '이 자랑스러운 대한민국이 회복 불가능할 정도로 망가지지 않도록 막아내기 위해서 나는 정치를 하고 있지 않는가'라는 답을 해봅니다.

이대로라면 대한민국은 정말 주저앉을 수도 있다는 비관론이 많은 국민들 사이에서 퍼지고 있습니다.

이대로 우리의 자랑스러운 역사가 끊어질 수는 없습니다. 대한민국의 뿌리를 지키고, 지난 역사를 올바르고 균형 있게 기억하는 미래 지향적 정치로 반드시 대한민국을 지키겠습니다. 그리고 반드시 헌법 가치와 자유를 지키겠습니다.

감사합니다.

부록 3

불안과 공포의 시대를 넘어 자유의 시대로

제369회 국회(임시회) 교섭단체 대표 연설

(2019. 7. 4)

존경하는 국민 여러분, 해외 동포 여러분!

문희상 국회의장님을 비롯한 선배 동료 의원 여러분!

안녕하십니까. 자유한국당 원내대표 나경원입니다.

우리 국민들은 불안의 시대를 살고 있습니다

오늘의 대한민국을 하나의 단어로 규정하자면 저는 '불안'을 말씀드리고 싶습니다.

지금 우리 국민들은 '불안의 시대'에 살고 있습니다. 희망이 있는 미래, 오늘보다 나은 내일, 국민들은 이런 장밋빛 구호들이 낯설게만 느껴집니다.

콸콸 쏟아져 나오는 붉은 수돗물은 말 그대로 공포입니다. 생명의 위협을 느끼는 재난입니다. 은명초 화재 사건, 정말 상상조차 하고 싶지 않은 비극적 사고로 이어질 뻔했습니다.

언제 나의 일자리가 사라질지 모릅니다. 언제 또 세금 폭탄이 떨어질지 모르고, 전기료·보험료가 폭등할지 모릅니다. 경제 위기는 삶의 불안을 가중시킵니다.

기업들도 비관에 빠져있습니다. 미중 무역 갈등의 폭풍 앞에 기업은 무방비 상태입니다. 최악의 한일 관계는 급기야 통상 보복으로 이어졌습니다. 이것은 재앙입니다. 기업은 절망하고 있습니다.

정치 불안은 거의 공포 수준입니다. 대통령이 나서서 국민을 쪼개고 가릅니다. 6·25 전사자 앞에서 김원봉을 추켜세웠습니다. 스스로 대한민국 대통령임을 망각하는 발언이었습니다.

"남북은 그 어떤 나라도 침략한 적이 없다. 서로를 향해 총부리를 겨눈 슬픈 역사다."

지난 스웨덴 연설 당시 문 대통령 발언입니다. 6·25는 대한민국을 향한 북한의 침략이 아니었습니까? 심지어 국방부가 북한과 6·25 70주년 공동 기념사업 개최를 검토한다는 보도도 있습니다. 김원봉 서훈으로도 모자라 이제 6·25 전쟁의 역사마저 부정하려고 하는 것입니다.

'독재의 후예' '빨갱이' 발언 등 대통령이 앞장서서 국민 분열을 조장합니다. 생각을 달리하는 국민들은 침묵할 수밖에 없습니다. 정권을 비판하면 불이익이 따른다는 공포심이 학계, 공직 사회 등을 짓누르고 있습니다.

공영 방송의 태양광 비판 재방송을 대놓고 청와대가 압력을 가해 막습니다. 태양광 비판 방송 제작의 사과 방송까지 강요했습니다. 신문에 정권 비판 칼럼을 쓴 언론인에게는 심지어 '토착 왜구'라는 모욕까지 가했습니다. 이 정권이 말하는 언론의 자유, 그것은 '정권을 찬양하는 언론의 자유'일 뿐입니다.

국민들은 너무 힘이 듭니다. 개인도, 기업도, 국가도 모두 불안합니다. 좀처럼 밝은 미래가 보이지 않는 어두운 터널을 한없이 달리고있는 대한민국입니다.

선배 동료 의원 여러분!

누가 이 불안을 극복해야 합니까? 바로 여기 있는 우리들입니다. 올바른 정치를 통해 불안을 희망으로 바꿔야 합니다. 그런데 과연 우리 정치는 지금 어떤 모습입니까?

의회 민주주의를 바로 세우고자 했습니다

정치란 '다름'을 인정하는 공존의 예술입니다. 대화와 토론을 통해 입장을 좁혀가는 과정입니다.

그런데 지금 우리 정치, 정치가 있어야 할 곳에는 정작 정치가 없고, 정치가 없어야 할 곳에는 정치가 만연합니다. '정치 실종'과 '정치 과잉'의 위기입니다.

안타깝게도 지난 4월 우리는 의회 민주주의가 무너지는 모습을 보아야만 했습니다. 바로 패스트트랙 폭거입니다. 그것은 정치의 전당인 이곳 국회에서 정치가 사라지는 우리 역사의 비극이었습니다.

국회의장님, 그리고 선배 동료 의원 여러분!

우리 모두 잘 알고 있지 않습니까? 다수당이 때로는 힘의 논리로 법안과 예산안을 밀어붙인 적은 있습니다. 하지만 선거제만큼은 여야 합의로 바꿔왔습니다. 그것이 의회 민주주의의 근간을 이루는 불문율입니다. 야당을 무력화시키고 제왕적 대통령제를 더욱 강화시키는 선거제, 결코 동의할 수 없습니다.

공수처 역시 마찬가지입니다. 곳곳에 야당을 탄압하고 삼권 분립을 무력화하는 권력의 칼을 숨겨뒀습니다.

민주주의에 숨겨진 악은 다수의 횡포입니다. 지난 패스트트랙이 바로 그 악의 탄생이었습니다.

자유한국당은 저항하지 않을 수 없었습니다. 더 이상 의회 민주주의가 파괴되지 않도록 의미 있는 약속을 받아내야만 했습니다. 그것이 지난달 28일 3당 교섭단체 합의입니다. 국회 정상화의 첫 단추를 꿴 것입니다.

국민들께 송구한 마음입니다. 너무 오래 걸렸습니다. 공정한 선거 제도 마련으로 보답하겠습니다. 국민 인권과 공정성이 담보된 사법 개혁을 완수하겠습니다.

문재인 정권, '신독재'를 경계해야 합니다

존경하는 국민 여러분, 선배 동료 의원 여러분!

자유가 없는 민주주의가 오히려 독재 수단으로 오용되고, 독재자가 선거를 악용해 득세한 사례를 우리는 역사에서 쉽게 확인할 수 있습니다.

저는 문재인 정권 역시 국민의 자유와 기본권이 아닌, 이 정권의 절대 권력 완성을 위해 민주주의를 악용하고 있다는 생각을 지울 수 없습니다. 이것이 바로 「이코노미스트」지가 말한 '신독재' 현상과도 부합합니다.

최악의 정치 혼란기에 출범한 문재인 정권. 국민들은 안정과 통합의 정치를 기대했습니다. 하지만 그 기대, 얼마 가지 않아 무참히 꺾였습니다.

지난 문재인 정권 2년, 반대파에 대한 탄압과 비판 세력 입막음의 연속이었습니다. 정권을 비판하면 독재·기득권·적폐로 몰아갑니다. 경제·외교·민생 무엇 하나 제대로 하지 못하는 무능을 이 정권은 적폐몰이로 덮으려고 합니다. 대통령이 앞장서서 분노의 여론을 자극합니다. 좌편향 언론과 극렬 세력의 돌팔매질이 시작됩니다.

그렇게 문재인 정권은 증오의 정치만을 반복해 왔습니다. 절대 권력 완성에 방해가 되는 세력과 기관은 철저하게 탄압하고, 장악하고 있습니다. 저항하는 언론인에게는 모욕을 퍼붓습니다. 공영 방송을 정권 찬양 방송으로 전락시켰습니다.

대법원·헌법재판소, 착착 접수해 가고 있습니다. 걸림돌이 될 만한 그 어떤 것도 용납하지 않습니다. 이 사회 전체를 청와대 앞에 줄 세우겠다는 것입니다.

마지막 퍼즐은 지난 패스트트랙 폭거로 현실화됐습니다. 제1 야당을 완전히 궤멸시키기 위한 선거법을 여야 합의도 없이 다수의 논리로 밀어붙입니다. 야당의 당연한 저항을 저들은 빠루와 해머를 들고 진압했습니다. 그리고 경찰을 앞세워 집요하게, 마지막까지 탄압합니다.

차베스의 집권과 절대 권력화도 민주주의 제도 위에서 이뤄졌습니다. 이대로라면 문재인 정권도 방심할 수 없습니다.

독재는 스스로 독재임을 인지하지 못합니다. 야당의 경고에 귀 기울이십시오.

항구적 자유가 곧 평화입니다

최근 남·북·미 정상이 판문점에서 만났습니다.

트럼프 대통령의 대선 이벤트이든, 문재인 대통령의 총선 이벤트이든 상관없습니다. 비핵화를 달성할 수 있다면 무엇이든 좋습니다.

하지만 우리는 분명히 현실을 직시해야 합니다. 변한 것은 없습니다. 북핵 폐기, 시작도 안 했습니다.

이스칸데르급 미사일이 우리 국민을 겨냥하고 있습니다. 트럼프 대통령, 단거리라 괜찮다고 했습니다.

어느덧 '북핵 동결'이 미국에서 언급됩니다. 그런데도 대한민국 대통령은 한마디도 말 못 하는 객(客), 손님을 자처했습니다.

문재인 대통령은 '사실상의 종전 선언'을 규정했습니다. 섣부른 종전 선언 발언은 북한의 주한 미군 철수 주장에 힘을 실어줄 뿐입니다. 한 번의 만남으로 종전 선언이 가능할 만큼 지난 북한의 침략과 도발이 가벼운 역사입니까?

북한의 핵과 미사일은 더 고도화되고 있습니다. 북한의 핵 보유국 지위가 기정 사실화될 우려가 있습니다.

제가 지난 3월에 제안했던 대북 특사와 유사한 제안을 어제 이인영 원내대표께서 했습니다. 북한이 듣고 싶은 이야기가 아닌, 북한이 반드시 들어야 할 대한민국 국민의 목소리를 전하는 기회가 된다면 자유한국당도 적극 임하겠습니다.

대화는 중요한 수단이며 의미 있는 시도이지만, 그것이 반드시 평화를 담보하지는 않습니다.

국민 여러분, 무엇이 진정한 평화입니까?

온전히 자유를 누리는 상태가 곧 평화입니다. 자유가 없는 평화, 그것은 노예적 평화, 거짓 평화입니다. 한반도의 항구적 자유가 곧 한반도의 평화입니다. 북한 주민도 자유를 누릴 수 있어야 진정한 평화일 것입니다.

그런 의미에서 문재인 대통령은 북한에 먼저 수시 이산가족 상봉과 서신 교환을 관철하십시오. 분단의 아픔을 치유하고, 북한 사회 변화를 끌어내야 합니다.

한일 관계 역시 자유의 관점에서 복원돼야 합니다. 한·미·일 삼각 공조는 동북아 안정의 핵심 축입니다.

일본 정부는 즉각 통상 보복을 철회하십시오. 정치적 갈등을 경제 보복으로 가져가는 것, 자유 무역에 반하는 매우 부적절한 조치입니다.

문재인 대통령도 대일 외교를 전면 재검토해야 합니다. 감상적 민족주의, 닫힌 민족주의에만 젖어 감정 외교, 갈등 외교로 한일 관계를 파탄 냈습니다.

일찌감치 일본 정부가 통상 보복을 예고해 왔음에도, 문재인 정부, 수수방관하며 사태를 악화시켰습니다. 며칠 전까지만 해도 "가만히 있지 않겠다"던 강경화 장관, 이제 와서 "연구 중"이라며 묵묵부답입니다. 청와대는 산업부 핑계를 대고, 산업부는 기업 핑계를 댑니다. 무능과 무책임의 극치입니다.

이대로 일본의 통상 보복이 계속된다면 우리 주요 산업은 엄청난 타격을 입습니다. 민생은 돌이킬 수 없을 만큼 피폐해질 것입니다. 무능 외교가 민생 파탄마저 가져오는 것입니다.

과거는 잊지 말되 미래 지향적인 한일 관계가 필요합니다. 한일 관계 개선을 위한 다차원·다채널 외교가 시급합니다.

즉각 긴급 의회 외교를 추진하겠습니다.

노조의 사회적 책임을 묻겠습니다

국민 여러분,!

우리 경제는 이제 구조적 한계에 다다르고 있습니다. 고비용 저효율이 고착화되고, 저성장 기조가 장기화되고 있습니다. 이제 우리는 경제의 체질을 바꾸고 비효율을 극복하지 않으면 안 됩니다.

그중에서도 가장 시급한 과제, 바로 노동 개혁입니다.

근로자의 권익과 복지를 위해 있어야 할 노조가 집단 이기주의에 함몰돼, 대부분의 근로자 또는 예비 근로자의 목소리를 외면하고 있습니다.

문재인 정부는 겉으로 '친노동'을 표방합니다.

틀렸습니다. 문재인 정부 노동 정책은 '친노조' '친민노총'일 뿐, 가장 반노동적인 정책입니다.

국회 담장을 부수고, 각종 불법 파업을 주도합니다. 고용 세습, 채용 및 승진 비리로 얼룩져 있습니다. 경찰관을 폭행하고 공권력을 조롱하기도 합니다. 이제 민노총은 대한민국 법 질서 위에 군림하는 대한민국 최대 권력 조직이 되었습니다.

어제 여당 원내대표가 공개적으로 민노총 위원장 구속 수사를 비판했습니다. 여전히 집권 세력이 민노총의 '촛불 청구서'로부터 자유롭지 못하다는 사실을 보여줬습니다. 이제 거대 노조 역시 대기업 못지않은 막강한 정치 사회적 영향력을 행사합니다. 거대 이익 집단, 권력 집단인 것입니다.

기업의 사회적 책임 'CSR'도 필요하지만, 이제 노조의 사회적 책임 'USR'도 필요합니다.

'노조의 사회적 책임법'을 만들겠습니다. 노조의 각종 사업, 내부 지배 구조, 활동 등의 투명성·공익성 제고가 반드시 필요합니다.

막대한 사회적 비용을 유발하는 불법 행위, 이제 더 이상의 관용은 안 됩니다. 파업 기간 동안 다른 근로자를 고용할 수 있도록 파업시 대체 근로 허용을 추진하겠습니다. 반드시 불균형 노사 관계를 바로잡겠습니다.

더 이상 우리 경제가 노조에 발목 잡혀선 안 됩니다. 각종 개혁 과제가 노조에 의해 무산되어서도 안 됩니다. 강성 노조가 아닌 책임 노조, 귀족 노조가 아닌 권익 노조가 되도록 자유한국당이 반드시 노동 개혁을 이끌겠습니다.

'근로 기준'의 시대에서 '계약 자유'의 시대로 가야 합니다

낡은 노동 법규의 개혁도 필요합니다.

신산업 등장과 시장 다변화에 따라 노동 패러다임도 급격히 변합니다. 휴식과 노동의 경계가 모호해지고 있습니다.

이제 노동 법규는 4차 산업 혁명에 맞는 노동 시장 수요에도 부응해야 합니다. 고용 인프라로서의 노동 법규가 요구됩니다.

그동안 근로기준법의 틀 안에서 근로 제도 및 노동 관계를 규정해 왔습니다. 최저임금 인상, 주휴 수당 개편, 주 52시간 적용 등은 기존의 근로기준법 틀에서의 논쟁입니다.

하지만 점차 근로기준법의 시대는 저물어가고 있습니다. 더 이상 단일 기준으로 모든 근로 형태를 관리·조정할 수 없는 경제 시스템입니다.

새로운 산업 환경과 근로 형태에 맞는 '노동자유계약법'도 근로기준법과 동시에 필요합니다. 국민들에게는 마음껏 일할 자유를, 우리 산업에는 유연한 노동 시장을 보장해야 합니다. 신규 일자리 창출, 바로 계약 자유화에서 시작됩니다.

'일할권리보장법'으로 주 52시간 피해를 최소화하고, '쪼개기알바방지법'으로 주휴 수당 부작용을 막겠습니다. 모든 국민의 일할 자유를 위한 법 개정입니다.

이제 국가가 일방적으로 정해 주는 '기준'의 시대에서, 경제 주체가 자율적으로 맺는 '계약'의 시대로 가야합니다. 그 자유경제의 길을 자유한국당이 열겠습니다.

기업가 정신 르네상스를 열겠습니다

'한강의 기적'이라는 대한민국 역사는 그 자체가 기업의 중요성을 증명하는 교과서입니다.

하지만 집권 세력은 여전히 시대착오적 기업관을 극복하지 못합니다. 이윤을 착취의 결과물로 보고있습니다. 기업인의 부를 탐욕의 산물로 규정합니다. 광범위한 기업 탄압과 별건 수사, 먼지털이식 수사, 경영 간섭이 반복됩니다. 어느 기업인이 투자와 신규 고용에 나서겠습니까? 기업 엑소더스, 반기업이 불러온 필연입니다.

이제 우리는 친기업-반기업이라는 낡은 이분법적 사고에서 과감히 벗어나야 합니다. 지금 우리 시대에 필요한 것은 바로 '기업가 정신 르네상스'입니다.

정부와 정치권에 기업인을 존중하는 문화가 필요합니다. 기업인을 잠재적 범죄자가 아닌 애국자로 보는 시각 전환도 필요합니다. 우량 기업의 경영 안정과 지속성을 위해 가업 승계에 따른 세 부담·규제를 대폭 완화해야 합니다.

과거 대통령들은 국내 기업의 투자와 고용을 독려하고, 해외 진출을 위한 외교적 지원을 아끼지 않았습니다. 해외 기업 유치를 위한 세일즈에도 적극 나섰습니다. 그런데 문재인 대통령에게서는 그런 모습을 찾기 어려운 것이 현실입니다. 투자 유치를 위해 외국 기업가들을 추켜세우던 트럼프 대통령의 모습에서 씁쓸함이 느껴진 이유입니다.

자유한국당이 기업가 정신 르네상스에 앞장서겠습니다. 기업인이 인정받고 존중받을 수 있는 사회, 마음껏 도전할 수 있는 열린 사회를 만들겠습니다. 각종 규제 완화와 악법 폐지로 기업인들의 숨통을 틔워주겠습니다.

일할 자유, 기업의 자유, 시장의 자유 — 이제 경제의 자유를 허락해야 합니다. 자유가 곧 미래의 먹거리 산업입니다.

작지만 강한 정부가 필요합니다

문재인 정부의 시장 개입은 생태계 교란입니다. 그 기저에는 시장 불신이 있습니다.

문재인 정부의 최저임금 폭탄으로 우리는 일자리·성장·분배를 모두 잃었습니다. 주 52시간의 무리한 적용은 일할 기회마저 뺏었습니다.

정부는 과도한 개입을 줄이고 민간을 신뢰해야 합니다. 모든 것을 정부가 정해주고 통제할 수 있다는 '치명적 자만'은 경제의 치명적 몰락으로 이어집니다.

정부의 건잡을 수 없는 비대화도 막아야 합니다.

안보·치안·보건·교육·인프라 건설 등 정부가 해야할 역할은 분명히 있습니다. 하지만 사회 곳곳을 무분별하게 대체하려는 정부는 결코 우리 헌법이 허락한 정부가 아닙니다. 그것이 바로 베네수엘라를 몰락시킨 좌파 포퓰리즘 정부의 전형입니다.

'문 케어'가 대표적인 정책 사례입니다. 무분별하게 혜택을 늘려 의료 시장을 붕괴시키고 있습니다. 급격하게 고갈되어 가는 재원을 채우기 위해 결국 건강보험료 폭탄을 터뜨리고 있습니다. 비현실적 공약으로 국민의 환심을 사고, 뒷수습은 국민에게 떠넘깁니다. '문 케어'가 바로 좌파 복지 정책의 무능과 무책임이라는 민낯을 보여줍니다.

우리 당은 건강보험료의 급격한 인상을 막고 건보 기금을 정상화하겠습니다. 적립금 사용시 국회 승인을 받도록 법을 개정하고, 건보 재정과 보험료 증가에 대한 종합 플랜을 정부로부터 제출받아 면밀히 검토하겠습니다.

이 정부가 조급증을 내는 추경도 마찬가지입니다. 곳곳에 총선용 퍼주기 사업이 끼워져 있습니다. 통계 조작 세금 일자리 예산이 숨어있습니다.

이번 임시국회에서 낭비성 추경을 모두 걸러내고, 정말 재해 재난과 민생을 위한 예산만 남기겠습니다.

작지만 강한 정부가 필요합니다. 그래야 지속 가능한 복지, 지속 가능한 국가가 가능합니다.

재정은 미래를 위한 투자에 써야합니다. 국민이 더 자유롭고 안전하게 살아갈 수 있도록 교육, R&D, 국가 기반 시설에 집중해야 합니다. 그리고 성큼 다가온 디지털 이코노미 시대와 4차 산업 혁명에 맞는 제도 환경을 정비해야 할 것입니다.

교육의 자율과 창의를 지키겠습니다

국민 여러분, 선배 동료 의원 여러분!

교육은 미래에 대한 투자입니다. 아이들에게 줄 수 있는 최고의 선물이기도 합니다. 6·25 전쟁 중에도 교실을 열어 아이들을 가르쳤던 위대한 국민성이 있었기에 지금의 번영과 풍요가 가능했습니다.

우리 역시 같은 사명을 띠고 있습니다. 훌륭한 교육으로 우리 아이들의 미래를 열어줘야 합니다.

교육의 다양성·자율성은 필수입니다. 획일적 교육은 미래 인재를 길러낼 수 없습니다.

그런데 지금 벌어지는 '자사고 죽이기'를 보십시오. 한마디로 획일주의에 의한 자율과 창의의 말살입니다. 전북 상산고의 경우, 교육감 전횡은 독재 수준에 가깝습니다.

운동에 재능이 있는 아이에게 훈련 기회를 주고, 미술에 재능이 있는 친구에게 교습을 해주는 것처럼, 공부를 더 하고 싶은 아이에게 더 높은 수준의 학습 기회를 주는 것이 도대체 왜 잘못된 것입니까?

우리 공교육은 위기입니다. 교실 붕괴, 잠자는 학교, 이미 오래된 현실입니다. 경쟁과 자율이 없기 때문에 하향 평준화되었습니다.

지금은 공교육 대개혁이 시급합니다.

최소한의 자율을 가진 자사고마저 없애겠다는 것, 그것은 역주행의 교육 정책입니다. 오히려 자사고 같은 학교가 더 많아져야 합니다. 공교육에는 경쟁의 가치를 불어넣어 학생들이 질 좋은 교육을 누릴 수 있어야 합니다. 교원 평가제의 내실화, 교육 과정의 다양화 — 자유한국당이 책임지겠습니다.

개천에서 용이 나올 수 있는 사회 — 공교육 정상화를 통해 가능합니다. 기회의 사다리를 복원하겠습니다. 저출산의 주요 원인인 사교육 부담 역시 공교육 정상화를 통해 대폭 완화할 수 있습니다.

국민 인프라가 무너지고 있습니다. 삶이 위협받고 있습니다

전기·가스·수도·통신 등은 이제 우리 삶에서는 없어서는 안 될 인프라입니다. 그래서 우리는 흔히 이러한 공공 서비스들을 '라이프라인', 생명줄이라고 말하기도 합니다.

그런데 지금 수도와 전기라는 대표적인 생명줄이 위협받고 있습니다.

먹고 마시고 씻는 데 쓰는 물이 수돗물입니다. 갓난아이를 씻기는 물도 수돗물입니다. 그런 수돗물이 붉은 수돗물이 되어 나오는데 문재인 정부, 대책 마련은커녕 원인 규명도 하지 못한 채 전전긍긍하고 있을 뿐입니다. 도대체 우리 상하수도 관리를 어떻게 했기에 이런 무시무시한 재난이 일어날 수 있는 것입니까?

정부가 있어야 할 곳에 정부가 없고, 정부가 없어야 할 곳에서 정부가 모든 것을 하려고 합니다. 직무 유기와 직권 남용의 이중주 정권입니다.

자유한국당은 국회 차원에서 붉은 수돗물 원인을 규명하고, 전국 단위의 전수조사를 적극 건의하겠습니다.

국민의 안전 보장만큼은 큰 정부가 요구됩니다. 온수관 파열, 싱크홀, 통신구 화재 등 노후화된 시설이 국민을 불안하게 합니다. 이런 사고들이 반복되지 않도록 매년 10조씩 투자해서 10년간 전국의 노후화된 인프라를 교체해야 합니다. 이를 위한 '생명 안전 인프라 뉴딜'을 제안합니다. 국민 세금, 바로 이런 데 쓰라고 있는 것입니다.

원자력이라는 에너지 인프라 역시 이 정권의 미신적 논리에 처참히 무너집니다. 탈원전으로 원전 생태계가 무너지고, 국보급 인재와 기술이 빠져나가고 있습니다. 우리의 경쟁력과 미래가 빠져나가는 것입니다. '태양광 마피아'가 국민 혈세를 축내고 있고, 전국의 국토가 무분별한 태양광 설치에 할퀴이고있습니다. 심지어 우리 원전 기술을 수출해 놓고도 그 원전의 5년짜리 하도급 계약을 따는 데 그쳤습니다.

탈원전하겠다는 정부를 어느 나라가 믿고 자국 원전 정비 독점 계약을 하겠습니까?

그동안 탈원전과 전기료 인상은 무관하다고 이야기해 왔던 문재인 정부입니다. 거짓말이었습니다. 결국 요금 인상을 암시했습니다.

이미 눈덩이 적자로 돌아선 한국전력이 여름철 전기 요금마저 깎아준다고 합니다. 결국 3천억 원 적자를 추가로 떠안아야 합니다. 그 돈, 누구의 돈입니까? 바로 국민의 돈입니다. 국민 세금으로 보전해 준다는 것입니다.

국가 기반 시설이 정권의 이해관계에 휘둘립니다. 여론 무마용으로 선심성 정책을 남발하고, 몰래 국민 세금으로 갖다 메우고 있는 것입니다. 정말 무책임한 정권입니다. 부도덕한 정권입니다.

애초부터 탈원전 자체를 포기했으면 될 일입니다. 전력만 풍부하면 전기료 인상도, 여름철 전력난도 걱정할 이유가 없습니다. 하지만 여전히 탈원전의 망령에서 조금도 벗어나지 못하고 있는 것입니다.

6개월 200만 원짜리 '미세먼지 감시단'을 뽑는 것을 미세먼지 저감 대책이라고 내놓는 정부입니다. 재해 재난 대책마저도 일자리 착시를 위해 동원하는 정부, 애초에 국민 안전에는 무감각한, 무관심한 정부입니다.

조작 정권, 국정조사가 반드시 필요합니다

이 정권의 '조작·은폐 본능'은 이번에도 유감없이 드러났습니다.

통계 조작해서 일자리 착시 유발합니다.

대통령 딸 부부 의혹 철저하게 숨기고, 심지어 의혹을 제기하면 보복까지 가합니다.

지난달 15일 북한 동력선 삼척항 입항 사건, 우리 경계 실패의 실상이 드러난 충격적 사건입니다. 게다가 권력에 의한 조직적 은폐·축소 정황마저 드러났습니다. 국방부 합동조사단 발표, 역시 예상했던 대로 청와대 각본·연출의 퍼포먼스에 불과합니다. 아무도 믿지 못할 셀프 면죄부 조사에 불과합니다.

정의용 안보실장, 서훈 국정원장 등 안보 라인은 즉각 경질되어야 합니다. 당연히 청와대·국정원·국방부·통일부 등 관련 기관 전부를 대상으로 한 국정조사가 필요합니다.

교과서 조작 사건 역시 마찬가지입니다. 우리는 대한민국 '정부' 수립이라고 기술하고 북한은 '국가' 수립으로 기술하는 편향성은 별론으로 하고서라도, 집필 과정은 더더욱 충격입니다. 집필자를 배제하는 것도 모자라 심지어 도장을 훔치는 문서 조작까지 사주했습니다. 이는 학자의 양심을 훔친 것입니다. 이 정권에서 다른 교과서 역시 비슷한 수법으로 조작됐을 가능성을 배제할 수 없습니다.

국정 교과서 집필·출판·인쇄 제도 전반에 걸친 국정조사가 반드시 필요합니다. 추가로, 현재 배포된 해당 교과서를 전량 수거해서 전부 폐기해야 합니다.

자유한국당은 답을 알고 있습니다

존경하는 국민 여러분, 그리고 선배 동료 의원 여러분!

그 어느 정권도 백 퍼센트 성공할 수만은 없습니다. 어느 정부나 지지하는 사람들도 있고, 또 반대하는 사람들이 있기 마련입니다.

늘 어느 정부나 실수를 합니다. 지금껏 위기를 겪지 않은 정부가 어디 있었습니까?

그래서 우리는 자유민주주의를 더욱 신뢰해야 합니다. 야당의 견제와 비판이 있기에 정부와 여당은 오판을 줄여나갈 수 있습니다.

문재인 정부 출범 후 2년 2개월이 지났습니다.

그런데 지금 경제·안보·외교·민생을 보십시오. 모든 분야에서 퇴보를 거듭하고 있습니다. 심지어 여당에서도 우려의 목소리가 나옵니다.

문재인 정부가 집권 중반기를 향해 달려가고 있습니다. 이제는 독선과 아집에서 벗어나야 합니다. 야당의 목소리에 귀 기울여야 합니다. 지금 이대로 일방통행만 거듭한다면 대한민국은 돌이킬 수 없을 만큼 부서질 것입니다.

자유한국당은 답을 알고있습니다. 자유의 가치에서 위기 돌파의 지혜를 찾을 수 있습니다.

문재인 정부는 시장과 기업을 불신합니다

— **자유한국당은 시장과 기업을 신뢰합니다.**

문재인 정부는 세금 알바 일자리만 만들겠다고 합니다

— **자유한국당은 안정적인 양질의 일자리를 만들겠습니다.**

문재인 정부는 북한의 선의만을 말하고 있습니다

— **자유한국당은 눈에 보이는 비핵화를 말합니다.**

문재인 정부는 지속 불가능한 소모성 복지를 남발합니다

— **자유한국당은 지속 가능한 책임 복지를 주장합니다.**

문재인 정부는 감상적 민족주의 외교를 합니다

— **자유한국당은 철저히 국익 중심의 외교를 합니다.**

누가 지금 이 시대에 필요한 대안을 갖고 있습니까? 자유한국당입니다. 문재인 정부는 틀렸습니다. 문재인 정부 정책들은 문제를 해결할 수 없습니다.

자유한국당이 앞으로 답을 제시하겠습니다. 이 시대가 필요로 하는 자유와 책임의 정치로 경제를 살리고, 안보 위기를 극복하고, 나아가 민생을 회복하겠습니다.

경청해 주셔서 감사합니다.

부록 4

광화문 10월 항쟁을 받들어 위대한 대한민국을 다시 세우겠습니다

제371회 국회(정기회) 교섭단체 대표 연설

(2019. 10. 29)

존경하는 국민 여러분!

문희상 국회의장님과 선배 동료 의원 여러분!

참석해 주신 국무위원 여러분!

자유한국당 원내대표 나경원입니다.

광화문 10월 항쟁, 평범한 국민의 위대한 저항입니다

제1 야당 원내대표로서 감히 국민을 대신하여 대통령께 묻겠습니다.

문재인 대통령께서는 조국 전 장관 임명을 강행하면서 "명백한 위법 행위가 확인되지 않았는데도 의혹만으로 임명하지 않는다면 나쁜 선례가 될 것"이라고 말씀하셨습니다. 지금도 정말 그렇게 생각하십니까?

8월에는 "우리 경제의 성장세가 건전하다", 시정 연설에서는 "우리 경제가 견실하다"고 강조했습니다. 경제가 좋다는 말, 사실입니까?

평양에서 열린 무중계·무관중 축구 경기, 우리 선수들 신변이 위협당한 것은 알고 있었습니까? 그것이 이 정권 대북 정책의 치적입니까?

최근 광화문과 서초동으로 민심이 찢겨진 현실을 목도하고도 "국론 분열이라고 생각하지 않는다"고 했습니다. 아직도 그렇게 생각하십니까?

대통령께서 응답해 주십시오.

이 자리에 계신 여당 의원님들도 한번 답해 보십시오.

변명과 궤변, 핑계, 남 탓만을 하실 거라면, 그런 답변은 듣고 싶지 않습니다.

어린 중학생 두 명이 누구의 권유도 없이 광화문을 찾았습니다.

천안의 택시 기사님은 새벽 한 시 영업을 마치고 곧장 광화문으로 향했습니다. 밤새 농성하고 귀갓길이 막막한 시민들을 괜한 미안한 마음에 집까지 데려다주고 끝내 차비도 받지 않았습니다.

이 서슬 퍼런 정권에서 불이익을 받을까 걱정돼 복면과 마스크를 쓰고 집회를 찾은 이도 있습니다. 괜한 구설에 오를까 구태여 인근 서점을 들러 책을 한 권 샀다고도 합니다.

하지만 어떤 불안함과 두려움도 광화문을 향한 국민의 발길을 막진 못했습니다.

광화문 10월 항쟁은 전문 시위꾼이 분위기를 몰고 화려한 무대와 치밀한 기획을 통해 억지로 만들어낸 가짜 광장, 가짜 민심이 아니었습니다. 평생 일만 하며 살아온 우리 아버지, 집회라고는 상상조차 해보지 못한 우리 어머니, 아이들 키우느라 정신없는 젊은 부부, 공부하랴 취업 준비하랴 하루하루가 바쁜 학생들, 이 모두가 바로 광화문 10월 항쟁의 주인공입니다. 이것은 평범한 국민의 위대한 저항입니다.

저는 이 위대한 저항에 감사와 존경을 느꼈습니다. 동시에, 성난 민심의 그 거센 분노가 얼마나 무서운 것인지 두려움과 경외심을 가졌습니다. 우리 국민이 광장을 향하는 이 사태에 이를 때까지 도대체 자유한국당은 무엇을 했는가, 깊이 반성하기도 했습니다.

저는 이 10월 항쟁의 뜻을 우리 자유한국당이 깊이 받들고, 겸허한 마음으로 투쟁할 것을 다짐했습니다.

조국 전 장관 사퇴로 10월 항쟁이 멈출 것이란 기대는 이 정권의 착각일 뿐입니다. 10월 항쟁의 절규가 향한 곳은 바로 청와대입니다. 문재인 정권 2년 반에 대한 심판은 이제 막 시작된 것입니다.

잃어버린 2년 반, 속았고 빼앗겼고 무너졌습니다

2017년 5월, 유례없는 헌정 위기 속에 위태롭게 출범한 문재인 정권입니다.

안타깝게도 문재인 정권 2년 반, 무엇 하나 잘한 것이 없는 '완전한 실패'의 국정운영이었습니다.

국민은 이 정권의 거짓말에 속았습니다. 계속해서 빼앗기고 잃어버려야만 했습니다. 나라 전체가 무너지는 것을 바라봐야만 했던 암흑의 시간이었습니다.

기만, 박탈, 파괴 — 이 세 단어 외엔 지난 2년 반의 문재인 정권을 설명할 길이 없습니다.

1. 기만! 국민은 속았습니다

"이게 나라냐"며 외쳤던 문재인 대통령입니다. "기회는 평등하고, 과정은 공정하며, 결과는 정의로울 것"이라고 했습니다. "특권과 반칙이 없는 세상을 만들겠다"고 했습니다.

하지만 국민은 속았습니다. 취임사는 한 편의 허구 시나리오였습니다. 코드와 이념의 사슬로 묶인 측근들이 모든 권력과 기회를 독식했습니다. 하는 일마다 편법과 위법, 힘의 논리로 과정은 비틀어지고 굴절됐습니다. 정의는 형체를 알아볼 수 없을 정도로 무너졌습니다.

조국 전 장관 임명 강행은 거짓말 정권의 정수를 보였습니다. 불쑥 국회를 찾아 밤을 새워가며 늘어놓은 그 수많은 거짓말에 국민은 경악했습니다. 결국 배우자 구속으로까지 이어진 사모 펀드에 대해 "몰랐다, 이번에 처음 들었다" 새빨간 거짓말을 습관적으로 늘어놨습니다.

멍석을 깔아준 여당, 정말 부끄럽지도 않습니까? 더불어민주당에게 의회의 존엄성은 그토록 가벼운 것이었는지 참으로 안타깝습니다.

취임하자마자 적폐몰이에 나선 이 정권, 얼마나 깨끗한 척, 자신들을 포장했습니까? 도덕과 정의의 논리를 독점하며 비수와 같은 말들로 상대를 공격했습니다. 그런데 알고 보니 훨씬 더 추악한 불의의 기득권 집단이었습니다. 탐욕 좌파였던 것입니다.

내로남불과 이중성은 더욱 치를 떨게 만듭니다. 본인들 자녀는 특목고·자사고의 혜택을 누리게 하고, 정작 국민들의 기회는 허락하지 않습니다. 통상적인 부동산 투자도 죄악시하면서 본인들의 불법성 투기는 눈감아 줍니다. 정치 보복의 칼을 휘두르는 검찰은 정의의 사도이고, 나의 측근을 수사하는 검찰은 적폐가 되는, 지긋지긋한 모순 앞에 이들은 천연덕스럽습니다.

정권 비판 태양광 다큐를 아예 방영조차 못 하게 틀어막았습니다. 노골적인 언론 탄압, 공영 방송 장악입니다.

블랙 리스트, 휴대폰 불법 사찰, 공무원 탄압, 그 수법과 정도는 훨씬 더 집요했습니다. 덜미가 잡히면 잡아떼고 부인합니다. 거짓말로 거짓말을 덮는 정권입니다.

국민은 완전히 속았습니다. 기만당한 국민의 실망과 상처는 이루 말할 수 없습니다. "문재인 대통령을 뽑은 내 손가락이 너무나도 원망스럽다"는 말씀들을 하십니다.

하지만 끝끝내 사과 한마디 안 하는 뻔뻔한 정권, 염치없는 대통령입니다.

2. 박탈! 국민은 빼앗기고 잃어버렸습니다

지난 2년 반, 우리 국민의 삶은 상실과 박탈의 시간이었습니다. 이 정권의 무능·무모·무책임 정책들은 국민을 더 가난하고 초라하게 만들었습니다.

경제 성장을 그토록 자신했던 정권입니다. 결국 성장률은 1퍼센트대로 주저앉아 버릴 위기입니다. 튼튼했던 우리 경제를 저성장의 늪으로 밀어넣었습니다.

끝내 포기할 줄 모르는 소득 주도 성장 정책, 국민은 일자리와 소득을 모두 잃었습니다. 정부의 무분별한 개입으로 시장은 활기를 잃었고, 자영업자는 손님을 잃고 절망을 떠안았습니다.

혈세를 쏟아부어 간신히 고용 분식에 성공했지만, 3040 일자리는 24개월 연속 감소했습니다. 가짜 일자리만 늘어나고, 진짜 일자리는 씨가 마르고 있습니다.

어렵고 힘든 사람들일수록 더 내몰렸습니다. 1분위 가구 처분 가능 소득은 6분기 연속 마이너스를 기록했습니다. 소득 격차는 역대 최악입니다. 대한민국이 중산층을 잃어가고 있습니다.

훌륭한 기업은 해외로 빠져나갑니다. 작년 해외 직접 투자액이 500억 달러에 육박했고, 2분기는 150억 달러로 역대 최대를 기록했습니다.

당장의 인기·표에만 집착하는 이 정권은 국민의 재산인 국가 재정을 마음대로 씁니다. 국민연금·건강보험·고용보험 등 청년의 노후 자금과 사회 안전망을 이 정권의 정치적 탐욕이 앗아가고 있습니다. 모두 고갈 시점이 급속도로 앞당겨지고 있습니다.

툭하면 떨어지는 세금 폭탄, 보험료 인상 — 왜 죄 없는 국민 유리 지갑만 열려야 하는 것입니까? 경제는 정권이 망쳐놓고 왜 뒷수습은 국민의 몫이어야 하는 것입니까?

한마디로, 문재인 정권 2년 반 동안 국민과 기업, 나라가 온통 가난해졌습니다. 70년 공든 탑이 무너졌습니다. 민생은 계속되는 포기와 좌절뿐입니다.

멀쩡한 원자력 발전을 왜 포기하고 전기료 인상을 감내해야 되는 것입니까? 제발 좀 가만히 내버려 두라는 4대강 보, 기어이 국민으로부터 뺏어가야만 하는 것입니까?

도대체 얼마나 우리 국민들이 포기하고 단념해야 이 상실과 박탈의 폭정은 멈추는 것입니까?

이민 설명회에 길게 늘어선 줄은 바로 문재인 정권의 부끄러운 자화상입니다.

3. 파괴! 대한민국이 무너지고 있습니다

그리고 지난 2년 반, 대한민국 곳곳이 무너져 내렸습니다.

국가와 국민의 생존 기반인 안보가 무너집니다. 국가의 기본 질서인 헌정 체제가 위태롭습니다.

북한에 한없이 굴종하는 대한민국, 우리 영토·영공이 유린당하는 대한민국, 헌법 정신이 대통령에 의해 짓밟히는 대한민국 — 2년 반 내내 문재인 대통령은 헌법상 직무 유기 대통령이었습니다.

당장이라도 북한이 핵을 폐기할 것처럼 말했습니다. 화려한 이벤트를 열며 마치 평화가 다 온 것처럼 말했습니다.

그런데 그 결과가 무엇입니까? 북한의 핵·미사일 능력은 더욱 고도화됐고, SLBM을 발사하며 대한민국과 동맹을 위협해 왔습니다. 동해 영해가 북한 목선에 속수무책으로 뚫리고, 서해상 함박도에 위협적인 군사 기지가 들어섰습니다. 금강산 관광 시설은 철거해 버리겠다고 합니다.

한미 동맹 붕괴, 한·미·일 공조 와해는 곧바로 '대한민국 깔보기'로 되돌아왔습니다. 중국·러시아 군용기가 영공과 카디즈를 유린하고, 정통 우방국 일본도 계속 우리를 자극합니다. 지소미아는 감정적 외교에 희생당했습니다.

대한민국이 설 자리가 점점 좁아집니다. 우습고 만만한 나라가 되고 있습니다. 무너진 안보의 비참한 대가입니다.

자유민주주의·시장경제·삼권 분립 등 우리 헌법 질서도 해체되고 있습니다.

대법원·헌법재판소를 코드 인사로 접수해, 사법부 장악의 신호탄을 쏘아올린 정권입니다. 정권 비판 언론·유튜버 등의 표현의 자유가 위축되고, 정부 정책을 비판하는 목소리가 수구와 친일로 몰립니다. 가짜 뉴스의 굴레가 자유 탄압의 도구로 사용됩니다.

정부의 무분별한 시장 통제, 걷잡을 수 없이 비대해지는 방만한 정부, 그리고 기업을 향한 간섭과 탄압 — 결국 사회주의 경제를 하자는 것입니다.

국민은 희망과 미래를 보지 못하고 있습니다.

광화문 10월 항쟁은 바로 더 이상 속을 수 없다는 진실의 외침, 더 이상 뺏길 수 없다는 권리의 외침, 그리고 무너지는 것을 보고만 있을 수 없다는 애국심의 외침으로 시작된 것입니다.

대한민국 국민의 대통령 맞습니까

존경하는 국민 여러분, 선배 동료 의원 여러분!

대한민국 역대 대통령은 모두 '국민의 대통령'이 되기 위해 노력했습니다. 문재인 대통령도 그렇게 약속했습니다.

하지만 문재인 대통령에게 국민이란, 이 정권을 지지하는 사람들뿐인 것 같습니다. 서초동 국민만 국민이고, 광화문 광장 국민은 국민이 아닙니까? 대한민국에는 친문·반문이라는 계급이라도 있는 것입니까?

대한민국을 분열로 몰아넣고, 제대로 된 사과 한마디 하지 않습니다. 분열과 상처의 책임, 끝까지 외면했습니다. 여전히 지지층만, 홍위병만 바라보고 가겠다는 대통령에, 국민들은 버림받은 자식의 심정입니다.

저는 문재인 대통령이 과연 국민 모두의 대통령이 맞는지 묻고 싶습니다. 진심으로 문재인 대통령을 대한민국 헌법상의 대통령으로 존중할 자신이 없습니다.

제발 분열이 아닌 통합의 대통령, 고집이 아닌 타협의 대통령이 되어주십시오. 국민 모두를 국민으로 여기는 대통령이 되어주십시오.

위대한 대한민국을 다시 세우겠습니다

존경하는 국민 여러분, 선배 동료 의원 여러분!

대한민국의 역사는 그 자체로 인류의 발전과 번영의 상징입니다.

식민 지배라는 암흑의 터널을 지나 이 땅에 최초의 자유민주주의 국가를 세웠습니다. 세계가 부러워하고 극찬하는 경제 발전 모델을 선보여 우리 민족의 저력을 과시했습니다. 세계인들이 우리의 음악·영화·기술을 사랑하고, 대한민국을 찾아오고 싶어 합니다.

그런 대한민국이 지금 잘못된 정권을 만나 위기에 직면했습니다.

공정이 무너지고, 자유가 지워지고, 대한민국을 흔드는 세력이 기승을 부립니다. 안보 위기와 재정 포퓰리즘은 오늘과 내일을 더욱 불안하게 합니다.

이대로 대한민국이 주저앉아서는 안 됩니다. 다시 일으켜 세워야 합니다.

광화문 10월 항쟁의 위대한 국민 뜻을 받들어 위대한 대한민국을 다시 세우겠습니다.

첫째, 공정의 사다리를 다시 복원하겠습니다.

조국 전 장관 임명 강행은 우리 국민의 공정과 정의에 대한 기대를 허망하게 무너뜨렸습니다.

열심히 노력하면 성공할 수 있는 사회, 개천에서도 얼마든지 용이 나올 수 있는 사회를 위한 희망의 사다리가 부서지고, 대신 특권의 지름길만 늘어난 것은 아닌지, 국민들은 박탈감에 시달리고 있습니다.

우리 정치권은 이제 그 상처를 치유하고 공정을 향한 갈망에 화답해야 합니다. 이번 기회에 우리가 놓쳤던 공정의 가치를 다시 바로 세워야 합니다.

문재인 대통령과 여당도 일제히 공정을 외치고있습니다. 그런데 국민들은 그 의도의 진정성에 깊은 의구심을 갖고계십니다.

조국 전 장관 사태로 인한 정권 위기를 모면하려고 준비도 없이, 부처와의 상의도 없이, 갑작스럽게 정시 확대를 대통령이 꺼내들었습니다. 게다가 2025년 특목고·자사고 일괄 일반고 전환을 교묘하게 끼워넣었습니다. 지지층 이탈이 두려운 나머지 서로 모순되는 두 정책을 함께 내놓은 것입니다.

위기 모면용 개혁안, 여론 무마용 개혁안, 이런 개혁은 개혁이 아닙니다.

자유한국당은 이미 정시 50퍼센트 이상 확대를 당론으로 채택한 바 있고, 입법화를 약속했습니다.

대통령과 여당이 진정 정시 확대 의지가 있다면 자유한국당은 조건 없이 협조할 것입니다. 하지만 결국 흐지부지, 용두사미로 끝내려 한다면, 자유한국당은 그런 가짜 개혁에 결코 동참할 수 없습니다. 제대로, 준비된 개혁안을 갖고 오십시오.

또한 대학 입시 제도뿐만 아니라 로스쿨, 국가 공무원 선발 등에 대한 전반적인 개혁을 논의하겠습니다.

계층 이동의 사다리는 반드시 투명하고 공정해야 하며 튼튼해야 합니다.

고용 세습은 청년에게 좌절감과 박탈감을 안겨주는 가장 대표적인 불공정 채용 비리입니다.

여당의 몽니로 국정조사는 시작조차 못 했습니다. 공공기관을 중심으로 고용 세습의 싹을 완전히 제거하고 기회의 평등을 국민에게 돌려드리겠습니다.

제2의 조국 사태도 막아야 합니다.

자유한국당은 '조국적폐방지법'을 추진하겠습니다. '정시확대추진법'을 포함해 '입시공정성확보법', 사법 방해죄 신설, 인사청문회강화법 등을 통해 헝클어진 공정의 질서를 바로 세우겠습니다.

둘째, 자유를 회복해 경제를 다시 살려내겠습니다.

무엇보다도 민생 회복이 시급한 과제입니다.

국민이 부자 되는 경제 — '민부론(民富論)'에서 말씀드렸듯, 꽉 막힌 시장과 경제의 숨통을 틔우기 위해서는 즉각 경제적 자유의 복원이 필요합니다.

'주휴수당제도개선법' '일할권리보장법' 등 소득 주도 성장 폐기 3법은 최소한의 시작입니다. 왜곡된 시장 질서를 되돌려 놓고 자유로운 고용과 취업 여건을 마련하겠습니다.

노동 개혁은 가장 시급한 개혁 과제입니다. '기업경영활성화법'을 반드시 통과시키겠습니다. 시대착오적인 감시와 규제를 과감히 걷어내서 기업가의 자유로운 투자와 고용을 유도하겠습니다. 백년 기업, 천년 기업을 위한 세제 개편도 서두를 것입니다.

4차 산업 혁명은 이제 더 이상 미래의 이야기가 아닙니다. 이미 우리 삶 전반에 다가온 현재의 변화입니다.

자유가 허락되지 않은 환경 속에서 우리 국민을 먹여 살릴 신기술 등장은 요원합니다.

없앨 건 과감히 없애고, 고칠 건 확 뜯어고치겠습니다.

데이터 3법, 더 이상 늦어질 수 없습니다. 정부·여당이 정말 의지가 있다면 하루 빨리 우리 국회가 결론을 내어봅시다.

아울러 의료·교육·복지·관광 등 사회 전반의 낡은 질서를 혁파해 신산업 유치로 국민의 일자리를 만들겠습니다.

자유와 창의만 허락된다면, 우리 국민의 저력과 역량은 또 다시 제2의 한강의 기적을 성공시킬 것입니다. 그 어떤 경기 부양책과 재정 투입보다도 자유를 회복하는 것이 가장 근본적인 경제 활성화 대책입니다.

셋째, 대한민국, 3대 헌법 파괴 세력과 단절해야 합니다.

안타깝게도 민주화 이후, 대한민국 체제에 근본적 의구심과 반감을 가진 이들이 '민주' '평등' '공정'과 같은 단어를 교묘히 빌려 우리 사회 곳곳을 접수해 국가 기본을 위협하고 있습니다.

교육 파괴의 전교조, 경제 파괴의 특권 귀족 노조, 그리고 법치 파괴의 좌파 법피아, 이 3대 파괴 세력과 과감히 단절해야 합니다.

최근 서울 인헌고등학교에서 벌어진 사태는 교육 파괴의 위험한 현주소를 보여줍니다.

교사가 학생에게 "가짜 뉴스를 믿는 사람은 개돼지다" "일베 회원이냐" 등으로 공격했습니다. 오죽하면 학생들이 직접 나섰어야 했겠습니까? 생활기록부 작성이 끝나고 나서야 겨우 용기를 냈다고 합니다.

이미 전교조에 의한 교실의 정치화, 학교의 정치화는 만연한 사회악입니다. 아이들을 세뇌시키는 정치 교사의 만행이 우리 아이들의 영혼을 검게 물들이고 있습니다.

교육이 독재 이념의 일방적 세뇌에 동원된 나치즘의 폐해를 똑똑히 기억해야 합니다. 우리도 같은 과오를 반복해선 안 됩니다.

전교조의 교육 파괴를 원천 봉쇄하는 입법 장치를 반드시 마련하겠습니다. 공교육 정상화를 통해 학생들의 학습권을 보장하겠습니다.

그리고 더 이상 우리 경제를 특권 귀족 노조의 포로 상태로 둘 순 없습니다.

공권력을 우롱하고 불법 폭력을 휘두르는 이들은 경제 파탄은 물론 법 질서 붕괴마저 초래합니다. 10퍼센트에 불과한 기득권의 이해관계에만 함몰돼 절대다수의 근로자의 권익을 외면하고 있습니다. 이 모순을 근본적으로 제거해야 합니다.

노조법 개정 등을 통해 노조의 사회적 책임을 강화하고, 노사 간 힘의 균형을 도모하도록 하겠습니다. 불법 폭력 시위에 대한 무관용 원칙을 확립해 공권력이 노조 앞에 굴복하는 일이 없도록 하겠습니다.

민변·우리법연구회·국제인권법연구회 출신 등 특정 이념에 사로잡혀 사법 질서를 어지럽히는 좌파 '법피아'는 법치주의의 기둥을 흔들고 있습니다.

국민 기본권 보호와 체제 수호의 마지막 보루가 바로 사법부입니다. 오직 양심, 사실, 법의 정신에 귀 기울여야 할 법조계가 특정 세력에 의해 지배당하는 형국입니다. 국회가 논의하는 사법 개혁은 반드시 좌파 법피아의 사법 질서 농단에 대한 방지책을 함께 논의해야 할 것입니다.

법관 임용 결격 사유를 추가하는 법원조직법 개정을 통해 법관의 정치적 중립성을 제고하겠습니다.

역설적이게도 이 3대 파괴 세력은 소수입니다. 하지만 이념으로 무장하고, 치밀하게 조직화돼 있는 이 소수가 건전한 다수를 쥐락펴락하며 헌법 질서를 파괴하고 있습니다.

자유한국당은 이 3대 파괴 세력과 대한민국의 영원한 단절을 반드시 이뤄내겠습니다.

넷째, 외교·안보, 기본으로 돌아가야 합니다.

문재인 정권의 친북 안보 실험, 수구적 민족주의 외교 실험, 모두 실패했습니다. 평화는 굴종으로 변질됐고, 동맹과 우방을 놓쳐버린 외교로 대한민국의 국제적 고립은 심화됐습니다.

이제 우리 외교·안보는 기본으로 돌아가야 합니다(Back to the basics). 국익이 우선입니다.

가장 먼저 복원해야 할 것은 한미 동맹입니다.

북한 눈치 보느라 없애거나 축소한 3대 한미 연합 훈련, 모두 정상화해야 합니다. 당장 내년부터 예전과 같이 훈련을 실시해야 합니다. 전시 작전 통제권은 완전한 북핵 폐기 전까지 무기한 연장해야 될 것입니다.

반일 정서에 사로잡힌 이 정권이 안보마저 볼모로 잡은 결과가 지소미아 파기입니다.

역사 갈등, 경제 갈등에 안보까지 휘말리게 할 수는 없습니다. 지소미아 정상화로 와해된 한미일 공조의 틀을 다시 확립해야 합니다.

9·19 군사합의는 즉각 폐기해야 합니다.

이미 북한의 미사일 도발, SLBM 발사 강행으로 휴지 조각이 되어버린 합의문입니다. 이 합의문을 붙들고 있느라 우리 스스로 무장 해제의 우를 범하고 있습니다. 9·19 합의 폐기가 북한에게 보낼 수 있는 가장 의미 있는 경고의 메시지가 될 것입니다.

마지막으로, 북한의 핵·미사일 위협에 대한 대응 태세를 더욱 보강해야 합니다.

이는 우리가 '민평론(民平論)'에서 말씀드린 '한미 핵공유협정' 체결이 대안이 될 수 있습니다.

북한이 핵을 전술적으로 사용할 가능성에 대비해 '킬 체인, 한국형 미사일 방어 체계, 대량 응징 보복' 3축 체계를 조기에 구축해야 합니다.

강한 안보와 동맹은 오늘을 위한 최고의 복지이자 미래 후손을 위한 가장 큰 선물입니다. 한미 상호방위조약을 체결해 번영과 평화의 기초를 닦은 건국 대통령의 혜안을 우리는 늘 가슴 깊이 새겨야 합니다.

다섯째, 예산 심사를 통해 재정 만능주의와 싸우겠습니다.

이제 곧 내년도 예산안 심사에 돌입합니다. 3년 새 무려 113조 원이나 예산을 팽창시킨 이 정권의 세금 중독과의 결전을 앞둔 상황입니다.

더 많은 복지와 공공 부문 일자리, 싫다고 할 사람이 누가 있겠습니까? 문제는 그것이 공짜가 아니라는 것입니다.

3년 연속 재정 확대 속도가 경제 성장률을 2배 이상 앞섰습니다. 명백한 무책임과 비정상의 재정 정책입니다.

514조 원이라는 어마어마한 예산 규모도 문제지만, 그 내용은 더더욱 심각합니다.

늘어난 예산 44조 원의 절반가량이 선심성·퍼주기 정책으로 편성돼 있습니다. 혈세 알바 만들기 추경으로도 부족해 고용 분식용 가짜 일자리에 우리 국부를 쏟아부으려고 합니다.

내년 국세 수입이 10년 만에 마이너스로 돌아섭니다. 그러면서 60조 원이나 더 빚을 지겠다고 하니, 국민 돈을 정말 쉽게 생각하고 있습니다.

이런 국가는 지속할 수가 없습니다. 지금의 청년들과 미래 세대에게 빚 폭탄을 넘기는 것입니다. 부모가 아이들 통장 꺼내서 흥청망청 쓰겠다는 것입니다.

선심성 포퓰리즘은 국민을 더 정부에 의존하게 만듭니다. 국민을 '노예의 길'로 내모는 것입니다. 국민의 자립 기반을 뺏는 것에 그치지 않습니다. 정부의 불합리한 횡포와 억압에 맞서지 못하게 국민의 손과 발을 묶는 '예속의 정치'입니다. 이것이 베네수엘라의 몰락, 아르헨티나 페론주의의 그 생생한 역사입니다. 재정 포퓰리즘은 독재와 빈곤의 강력한 무기가 됐습니다.

자유한국당은 2020년도 예산안 심사에서 재정 만능주의와의 전면전을 펼치겠습니다.

무조건 깎기만 하겠다는 것이 아닙니다. 국민의 생명과 안전, 민생과 경제, 그리고 공정과 혁신에는 과감히 투자하겠습니다. 반면, 임시방편용 혈세 일자리, 경제 실정을 덮기 위한 각종 전시성 정책, 밑 빠진 독에 물 붓기식 소모성 정책은 전액 삭감을 목표로 심의하겠습니다.

재정은 정부의 돈도, 정권의 돈도 아닙니다. 바로 국민의 돈입니다. 국민의 재산입니다.

자유한국당은 국민의 재산권과 기본권을 지키기 위한 예산 투쟁에 전력을 다하겠습니다.

공수처와 연동형 비례제, 20대 국회와 함께 사라져야 합니다

여의도 국회 위에는 또다시 불법 패스트트랙 폭거의 먹구름이 몰려와 있습니다. 언제 또 독재의 폭풍우가 국회에 불어닥칠지 모릅니다.

불법 무효 사보임, 불법 법안 제출, 날치기 강행 표결, 기습 정개특위 개의 등 패스트트랙 폭거의 모든 과정은 무효·불법·날치기로 점철돼 있습니다.

여기에 국회법을 정면으로 위반하는 '자동 부의'마저 시킨다는 것은 의회의 치욕입니다. 문희상 국회의장께서 더 이상 국회의장이기를 포기하는 것입니다.

절차적으로도 불법·무효임은 물론, 내용도 문제입니다. 공수처와 연동형 비례제는 우리 자유민주주의를 후퇴시키는 독재 악법이 될 것입니다.

공수처, 기소권과 수사권을 모두 쥐고 판사·검사·경찰 등을 표적 사찰·협박할 수 있는 대통령 직속의 무소불위 수사 기관입니다. 그곳은 좌파 법피아의 아지트가 될 것입니다.

윤석열 검찰총장을 적폐 청산 적임자로 임명해 놓고, 현 정권에 칼을 들이대는 순간 역적몰이를 하고 있습니다. 공수처까지 생기면 어떤 일들이 벌어지겠습니까? 바로 여당의 이해찬 대표가 지난 2004년 정확히 같은 이유로 공수처 설치를 반대했습니다.

과거에는 반대했던 공수처를 이제 와서는 왜 이리 급하게 서두르는 것입니까?

공수처 없는 이 정권의 최후는 너무나도 끔찍할까 두려운 것은 아닙니까? 결국 '친문 은폐처' '반문 보복처'가 절실한 것입니까?

이 정권은 검찰 개혁이라는 포장지로 공수처의 위험한 민낯을 교묘하게 가리고 있습니다.

검찰 개혁, 자유한국당이 간절히 바라던 것입니다. 표적 기소, 무더기 의원직 상실 — 자유한국당이야말로 얼마나 검찰 공권력 남용에 시달렸습니까? 얼마나 많은 보수 우파 인사들이 다쳤습니까? 검찰 개혁, 백 퍼센트 찬성합니다.

하지만 공수처는 검찰 개혁이 아닙니다. 검찰의 정치적 독립성이라는 개혁 과제에 공수처는 오히려 역행합니다. 기소권·수사권 분리 원칙과도 맞지 않습니다. 애초부터 검찰 개혁과 공수처는 모순인 것입니다. 게다가 헌법을 기초로 한 기존 수사 제도와 정면으로 충돌하는 위헌적 권력 기관입니다.

고위 공직자 수사에 그토록 열의를 가진 정권, 정작 청와대 특별감찰관은 왜 2년이나 비워둔 것입니까?

결국 공수처는 애초부터 검찰 장악, 사법 장악의 마지막 퍼즐에 불과했던 것입니다.

얼마든지 올바른 검경 수사권 조정과 검찰 개혁, 경찰 개혁으로 충분히 사법 개혁의 목표를 달성할 수 있습니다.

자유한국당은 검경 수사권 조정으로 진정한 검찰 개혁을 달성하고, 인사·예산·감찰의 자율성 확보로 권력으로부터의 검찰 독립을 이뤄내겠습니다. 대통령의 검찰이 아닌 국민의 검찰을 만들겠습니다.

연동형 비례제 역시 민주주의의 독소가 될 것입니다.

선거구 획정 하나를 두고도 여야는 기나긴 협상과 타협의 시간을 거칩니다. 그런데 무려 민주주의의 룰, 선거제입니다. 어떻게 그런 선거제를 그저 숫자의 힘으로만 밀어붙일 수 있단 말입니까? 독재 국가에서나 들릴 법한 참으로 후진적이고

야만적인 이야기입니다.

게다가 연동형 비례제를 만들면 우리 국회는 더더욱 갈기갈기 찢어질 것입니다.

20대 국회의 다당제 실험의 결과는 어떻습니까? 행정부를 견제하지 못하는 국회, 무기력하고 분열된 국회였습니다.

연동형 비례제까지 현실화되면 그야말로 국회는 권력을 쫓아다니는 영혼 없는 정치인들의 야합 놀이터로 전락해 버릴 것입니다.

해당 선거법을 만든 사람도 잘 모르는 선거제입니다. 영문도 모른 채 던진 한 표가 어떻게 우리 정치를 비틀지 알 수 없습니다. 이것이 어떻게 민주적인 선거제라고 할 수 있습니까?

조국 전 장관 불법에 대해서는 침묵하던 정의당, 여당 일각에서, 또 정의당에서 의원 수 확대를 공공연히 이야기하고 있습니다.

정의당은 절대 300석을 넘지 않겠다고 국민의 시선을 돌려놓고선, 불법 패스트트랙에 태우더니 말이 바뀝니다. 존재하지도 않은 합의마저 조작하고 있습니다. 배지 욕심, 의석수 욕심이라는 그 속내와 본색을 드러내고 있습니다. 탐욕 정치 세력 간의 야합입니다.

국민은 오히려 국회의원 숫자를 더 줄이라고 말씀하고 있습니다. 정치인을 내 손으로 직접 뽑기를 바랍니다. 그런 민심을 저버리고, 앞으로 의원 숫자가 늘어날 수밖에 없는 선거제, 내가 누구한테 표를 주는지도 모르는 선거제를 합의 없이 강행하는 것은 스스로 반민주주의자임을 선언하는 것입니다.

공수처와 연동형 비례제, 전 세계 웃음거리로 전락할 반민주적 폭거입니다.

영화 〈반지의 제왕〉이 떠오릅니다.

주인공 프로도처럼 우리 20대 국회도 공수처와 연동형 비례제라는 '절대반지'를 우리의 임기와 함께 완전히 역사의 용암에 던져버립시다.

10월 항쟁이 10월 혁명이 되지 않도록 하십시오

존경하는 국민 여러분, 선배 동료 의원 여러분!

국민들은 그동안 참고 또 참았습니다. 언젠가는 이 정권이 정신 차릴 줄 알았습니다. 그래도 대한민국 대통령이기에 국민 앞에 고개 숙일 거라 기다렸습니다.

그런데 문재인 정권은 국민 인내심의 임계점을 뛰어넘어 버렸습니다. 오죽하면 평범한 국민들이 앞다퉈 광장으로 쏟아져 나왔겠습니까? 문재인 대통령의 고집과 오기의 정치야말로 광장에서 '퇴진 촉구' 구호가 울려퍼지게 된 근본적인 원인입니다.

지금 문재인 정권은 중대한 기로에 서있습니다.

심판은 이미 시작됐습니다.

국민 심판대 앞에서 진심으로 반성한다면, 국민은 기회를 줄 것입니다. 다시 기다려줄 것입니다.

하지만 끝까지 버티고 국민을 외면하면, 그때는 10월 항쟁이 10월 혁명이 될 수도 있습니다.

꼬일 대로 꼬인 이 모든 갈등의 실타래, 결국 대통령의 결단만이 풀 수 있습니다.

경제·안보·민생 모든 정책의 기조를 바꾸고, 패스트트랙 불법 폭거의 야욕을 내려놓으십시오. 정치를 복원하고, 보복을 거두십시오. 궤멸의 정치를 내려놓으십시오.

정치는 오늘과 내일에 집중하고, 과거는 역사의 판단에 맡겨야 합니다. 증오의 씨앗, 이제 그만 뿌려져야 합니다.

통 큰 정치로 더 큰 사회를 만듭시다. 더 큰 정치로 행복한 국민을 만듭시다. 문재인 대통령의 용단을 촉구합니다.

대통령이 정치 복원만 결단을 내린다면 자유한국당 역시 적극 화답할 것입니다.

선배 동료 의원 여러분!

우리는 왜 이 의회를 세웠습니까? 민의의 전당은 무엇을 위해 존재하는 것입니까?

국민을 대표해 서로 협의하여 법을 만들고, 행정부를 철저하게 감시·견제하기 위해서입니다.

그런 의미에서 20대 국회는 실패했습니다.

독선과 일방주의에 의해 공존은 부정당했고, 문재인 정권의 폭주를 제어하지 못했습니다.

여당이기에 앞서 의회의 일원으로서의 정체성과 책무를 방기한 여당, 그 어떤 양보와 타협도 거부하며 오직 청와대 하명만 따르는 무책임을 보였습니다. 패스트트랙·긴급안건조정위 등 여러 장치가 자의적이고도 억지스럽게 해석되고 왜곡되어, 결국 다수의 횡포와 소수당 묵살의 도구로 전락했습니다.

불법 패스트트랙 열차를 여기서 멈춰주십시오.

국민 여러분, 존경하는 선배 동료 의원 여러분!

진정한 정치의 복원은 이곳 의회에서 시작되어야 합니다.

이견을 존중하고, 차이를 좁혀가며, 원만한 합의를 이뤄나가는 그 과정 자체가 바로 민주주의의 발전이자 정치의 발전입니다.

얼마 남지 않은 20대 국회입니다. 정치 복원이라는 여정의 그 첫 단추를 잘 채워놓고, 다음 21대 국회에 이 민의의 전당을 물려줘야 할 것입니다.

경청해 주셔서 감사합니다.

부록 5

우리는 헌법 정신을 지켜야 했고, 앞으로도 지켜내야 합니다

패스트트랙 사태 재판 첫 공판 모두발언

(2020. 9. 21)

저는 지난 12년 동안 과분하게도 국민의 직접적 선택을 받아 국민의 행복과 더 나은 대한민국을 위해 일할 수 있었습니다. 그런 제가 이렇게 법정에 서게 된 것에 대해 마음 깊이 송구하다는 말씀을 올립니다.

또, 그 누구를 탓하기 이전에 책임 있는 정치인으로서 오늘날 대한민국이 처한 위기와 혼란에 대해 무거운 책임감을 느낀다는 말씀도 드립니다.

앞으로 오직 헌법 정신과 정의의 원칙에 입각해 저의 입장과 주장을 소상히 국민들께 알리겠습니다. 또 모든 재판 일정에 성실히 임하도록 하겠습니다.

저는 오늘 모두발언을 통해 몇 가지 중요한 본질과 진실에 대해 말씀을 드리고자 합니다.

1. 우리가 반드시 지켜야 하는 것은 무엇입니까.

존경하는 재판장님.

오늘 제가 서있는 이 법정에서 우리는 수많은 법리를 다루게 될 것입니다.

국회법과 형법, 폭력행위 등 처벌에 관한 법률을 중심으로 치열한 공방과 증인 심문, 증거와 자료의 제출을 거치며 기나긴 재판 일정을 밟아나가야 할 것입니다.

그러한 복잡한 재판의 일정 가운데 우리가 반드시 놓치지 말아야 할 더욱 중요한 것이 있습니다.

그것은 바로 국민의 기본권을 지키고 공동체의 안정과 번영을 가능케 한 대한민국의 헌법 정신입니다. 바로 이곳 법정 역시 헌법의 정신을 딛고 세워져 있습니다.

헌법 제46조 2항은 이렇게 말하고 있습니다. 국회의원은 국가이익을 우선하여 양심에 따라 직무를 행한다. 헌법정신이 바로 국익의 요체이며, 또 국회의원이 지켜야 할 양심의 뿌리입니다.

우리는 이 신성한 법정에서 바로 헌법정신의 근본적 가치를 수호해야 합니다. 따라서 법을 적용하고 판결을 내리는 데 있어서도 헌법과의 충돌, 헌법 정신에 대한 훼손을 늘 경계하여야 합니다.

해방 이후 치열한 토론과 갈등 속에서 우리는 어렵사리 자유민주주의 헌법을 제창했고, 질곡의 역사를 거치며 마침내 1987년 오늘의 헌법을 마련하여 정치적 안정을 이룩하였습니다.

그 때 우리가 마련한 의회 민주주의와 삼권분립의 정신이 더 선명하게 빛날 수 있는 재판이 되어야 할 것입니다.

2. 지난 20대 국회는 '의회독재'의 시대였습니다.

존경하는 재판장님. 국회의원은 국민을 대표해 법을 제정하고 대통령과 행정부를 견제해야 할 막중한 책무를 갖고 있습니다.

우리 국회는 늘 다수결의 원리보다 합의의 정신을 더 중요하게 여겨야 합니다. 그러지 않는다면 단 한 석이라도 더 많은 정당이 모든 것을 일방적으로 정하는 결과가 초래될 것이기 때문입니다.

지난 2012년 우리 국회는 현행 국회법, 이른바 '국회선진화법'이라는 것을 마련하였습니다. 당시 우리가 국회선진화법을 만든 기본 정신은, 소수에 대한 다수의 존중, 그리고 합의제를 바탕으로 하는 민주주의의 성숙이었습니다.

이 재판에서 중점적으로 다룰 패스트트랙 제도의 도입 역시 같은 맥락에서 봐야 합니다.

330일이라는 충분한 숙의 기간을 규정한 것은 충분한 토론과 협의를 거치라는 입법 정신이 반영된 것입니다. 오늘의 제1야당이 과거 집권여당일 당시에 국회선진화법을 최소한의 범위에서 활용했던 것입니다.

특히 신속안건처리에는 모든 법안을 올릴 수 있는 것이 아니고, 그 대상은 사실상 제한돼 있습니다. 바로 북한인권법이 그 예입니다. 12년이나 잠들어 있던 북한인권법을 끝내 여야는 합의처리했습니다.

하지만 지난 20대 국회에서 국회선진화법은 철저히 집권여당의 '의회독재'의 수단을 전락해버렸습니다. 국회선진화법이 의회독재법이 되어버린 것입니다.

의원 개인의 양심과 의지를 짓밟고 이뤄진 불법 사보임이 무려 두 번이나 이뤄졌습니다.

존경하는 재판장님. 잘 아시겠지만 국회의원은 1명, 1명이 곧 헌법기관이며 국민의 대표자입니다.

당론이란 이름으로, 진영의 이익의 논리로, 의원 스스로 원치 않는 사보임을 강제하는 것이 과연 자유 민주주의 국가에서 가당키나 한 일이겠습니까?

헌법재판소에서 끝내 5:4로 권한쟁의심판 청구를 기각한 것은 매우 유감스럽고 안타까운 일이 아닐 수 없습니다.

법으로 정해진 330일의 일정도 모두 무시해버리고, 소수당에게 주어진 긴급안건조정위원회 제도도 무시하고, 제1야당에게 주어진 필리버스터 권한마저 봉쇄하면서 오직 힘의 논리, 다수의 횡포로 법을 통과시켰습니다.

이처럼 헌법 정신이 유린되는 비참한 현실 앞에 우리 제1야당은 저항해야 했습니다. 그것은 선택이 아닌 숙명이었습니다.

저희는 사실상 유일한 야당이나 다름없었습니다. 집권여당과 다른 소수 야당은 '정권 운명체'로 결속돼 한 마음 한 뜻으로 움직였습니다.

소수 108석 야당인 우리가 저항하지 않았다면, 역사는 우리를 용서하지 않았을 것입니다. 소수의 의견이 묵살되고 합의 정신이 후퇴하는 것을 방관하는 것은 스스로 국회의원의 직무를 포기하는 것이나 다름없습니다.

3. 정치의 사법화를 막고, 정치의 존재 의미를 지켜야 합니다.

존경하는 재판장님. 민주화 이후 우리 대한민국은 나름의 확고한 의회 민주주의의 전통을 세워왔습니다.

입법부를 구성하는 규칙인 선거법은 늘 여야의 합의에 의해 원만히 처리해왔습니다. 권력기관과 사법질서를 다루는 중대한 법안은 시간이 걸리더라도 함께 고민하여 대안을 찾았습니다.

또, 국회에서 벌어진 일은 가급적 국회 차원에서 매듭지으려 했습니다. 기나긴 진통과 거친 갈등을 겪어도, 우리는 '정치적 해결'을 하기 위해 노력했습니다. 그렇게 우리는 한 발짝, 한 발짝 전진해온 것입니다.

싸우는 국회, 동물 국회, 갈등 국회. 국민들께 더 품위 있는 모습을 보여드리지 못한 점은 저 역시 반성하고 또 반성합니다.

그러나 우리가 더 두려워해야 할 것은 보복과 처벌이 두려워 맞서지 않는 '침묵 국회', 그 누구도 불의에 맞서지 않는 '식물 국회', 그리고 적당히 권력을 나눠먹는 '담합 국회'입니다.

제가 이곳 법정에 서게 된 것은 송구한 일이나, 국회에서 벌어진 일이 법정에서 재판의 대상이 되는 것에 대해 저는 표현할 수 없는 참담함을 느낍니다.

제1야당의 정치적 저항권 행사를 법정에서 법리로 재단하여 형을 선고한다면, 과연 누가, 야당 의원으로서, 정권에 저항하고 불의를 지적할 수 있겠습니까?

문희상 전 국회의장도 수차례 강조하였습니다. 이것은 결코 사법적으로 풀 문제가 아니며, 가급적 상호 고발을 취하하고 국회선진화법에 있는 형사처벌 조항은 삭제하자고 했습니다.

지금 진행되는 이 재판 자체가 우리 역사에서 유례를 찾기 힘듭니다.

존경하는 재판장님. '정치의 사법화'는 바람직하지 않습니다. 정치는 정치의 몫으로 남겨주십시오. 그렇게 정치가 스스로 성장할 수 있도록 해주십시오.

4. 연동형 비례제와 공수처는 반드시 막아야 했고 그것이 옳았음은 이미 입증됐습니다.

존경하는 재판장님. 저와 우리 자유한국당이 당시 막으려 했던 것은 연동형 비례제와 공수처 설치법이었습니다. 그리고 시간이 흘러 지난해 말 두 법안은 제1야당과의 협의 없이 무단 처리됐습니다.

통과된 지 얼마 지나지도 않은 현재, 이미 두 법이 악법이었음은 역사적으로 증명됐습니다.

저는 재작년 어느 한 해외매체를 통해 '신독재'라는 개념을 접하게 됐고, 대한민국도 결코 예외가 아니라는 깊은 우려를 갖게 됐습니다.

사법 질서를 무력화하기 위해 고안된 공수처법, 제1야당을 영원히 정치적 소수로 고립시키고 영원히 의회 권력을 장악하기 위해 마련된 연동형 비례제. 이 두 법이 바로 대한민국을 신독재로 이끄는 길이었던 것입니다.

준 연동형 비례제는 한마디로 근본도, 족보도 없는 정체불명의 선거제입니다.

게다가 4+1 야합세력은 의원수를 늘려보려다 돌아서는 민심 앞에 결국 포기하고 의원 정수를 고정시키는 장치를 마련했습니다. 그 결과 국민 1명의 1표 가치가 저마다 달라지는 위헌적인 현상이 빚어졌습니다.

내가 던지는 표가 어디로 가는지 알 수 없고, 누군가의 표는 다른 사람의 표의 두 배 가치가 되는 선거제. 만든 사람도 국민 앞에 명쾌하게 설명하지 못하는 선거제. 이런 선거제 처리를 어떻게 보고만 있을 수 있습니까?

지난 제21대 총선에서 벌어진 비례 위성정당 창당 경쟁의 촌극을 기억하실 것입니다. 준 연동형 비례제를 만든 집권여당이 스스로 위성정당을 만들어 선거제 취지를 무너뜨렸습니다. 한마디로 연동형 비례제는 창작자마저 내다버린 선거제인 것입니다.

지금의 국회를 보십시오. 상임위를 독식한 여당은 무소불위 권한을 휘두르며 사실상 국회를 완전히 장악했습니다. 야당은 설 자리도, 목소리를 낼 기회도 없습니다. 만약 준 연동형 비례제로 야당이 분열했다면 의회독재는 더 가속화됐을 것입니다.

공수처는 또 어떻습니까? 이미 검찰의 독립성이 흔들리고 있습니다.

앞으로 공수처가 출범했을 때 과연 어떤 일들이 벌어질지 이제 우리는 충분히 앞날을 예상할 수 있습니다. 제가 원내대표로 있을 때 저는 당시 여당에게 대안을 제시했습니다. 이 정권 임기의 종료와 함께 공수처를 출범시켜서 공수처가 대통령 직속 하명수사처로 오해받지 않도록 하자고 했습니다.

하지만 여당은 거절했습니다.

임기가 끝나기 최소 6개월 전에는 출범해야 한다며 사실상 공수처로 정권의 안위를 지키겠다는 그 잘못된 의도를 드러내버리고 말았습니다.

준 연동형 비례제와 공수처법은 이토록 위험하고 무서운 악법입니다. 우리는 이 두 악법이 민주주의를 희롱하고 헌법 가치를 훼손하는 것을 막아야 했습니다.

존경하는 재판장님.

온몸을 내던져서라도 악법을 막아야 했던 제1야당의 숙명을 헤아려주십시오.

5. 당시 원내대표인 제가 모든 것을 짊어지겠습니다.

저는 2018년 12월 자유한국당의 원내대표로 선출돼 1년 여 동안 제1야당 소속 의원들을 이끌었습니다. 그러므로 당연히 2019년 4월에 벌어진 모든 일들의 의사 결정권은 바로 저에게 있었으며, 그로 인한 책임은 역시 모두 제게 있습니다.

짊어져야 할 짐이 있다면 그것은 저의 짐이며, 감수해야 할 고난 역시 저의 몫입니다. 동료 의원들에게 그 책임을 지우지 않아주시기를 간곡히 요청합니다.

존경하는 재판장님. 최근 우리 대한민국은 참으로 안타까운 정치사를 경험해왔습니다.

3년 반 전, 국회는 대통령 탄핵 소추안을 표결하였습니다. 그 당시 새누리당의 일부가 탄핵에 찬성하기도 했습니다. 궁극적으로 우리가 추구했던 것은 바로 민주주의 정치의 진보였습니다. 더 나은 민주주의를 위한 결단이었습니다.

하지만 그 결과 출범한 문재인 정권은 더 무섭게 역주행하고 있습니다. 자유민주주의의 기본을 위협하고 권력의 독점을 향해 가고 있습니다.

많은 국민과 지식인들이 문재인 정권의 권위주의화를 우려합니다. 이제 그 잘못된 질주를 이 법정에서 막아야 합니다. 그 시작이, 바로 2019년 패스트트랙 사태 당시 우리가 해야 했던 저항의 정당성을 인정하는 것입니다.

존경하는 재판장님.

부디 이 법정이 헌법 가치를 지켜내고 입법부의 자율성과 독립성을 지키는 자유민주주의의 보루가 될 수 있도록 현명한 판단을 해주시기 바랍니다.

나경원의 증언

펴낸날 초판 1쇄 2020년 11월 20일

지은이 나경원
펴낸이 김광숙
펴낸곳 백년동안
출판등록 2014년 3월 25일 제406-2014-000031호

주소 경기도 파주시 광인사길 30
전화 031-941-8988 팩스 070-8884-8988
홈페이지 http://www.백년동안.com
이메일 on100years@gmail.com

ISBN 978-11-86061-73-2 03340

※ 값은 뒤표지에 있습니다.
※ 잘못 만들어진 책은 구입하신 서점에서 바꾸어 드립니다.

이 도서의 국립중앙도서관 출판시도서목록(CIP)은 서지정보유통지원시스템 홈페이지(http://seoji.nl.go.kr)와 국가자료공동목록시스템(http://www.nl.go.kr/kolisnet)에서 이용하실 수 있습니다.(CIP제어번호: CIP2020047122)